글로벌 스포츠경영

글로벌 스포츠경영

이정학 지음

머리말

　최근 미래 시대변화를 설명하는 데 있어 '4차 산업혁명'이라는 단어는 너무나 익숙하고 당연한 것으로 받아들이고 있다. 2016년 다보스포럼에서 클라우드 슈밥 세계경제포럼 회장은 디지털, 바이오, 오프라인 등의 기술 융합이 4차 산업혁명이라고 정의하고 사물인터넷, 빅데이터, 인공지능, 3D프린팅, 자율주행 자동차, 블록체인을 4차 산업혁명 실현의 핵심기술로 꼽았다. 이러한 기술은 이미 전 산업 분야에 적용되고 있으며 스포츠 분야에서도 예외가 아니다.

　글로벌 기업에 있어 이러한 미래 산업변화에 따른 투자와 서비스 디지털도 중요하지만 4차 산업혁명을 견인할 수 있는 중추적 역할은 사람, 즉 기업경영에 있다. 스포츠산업이 고도화되더라도 생산을 위한 인적 인프라가 필요하듯이 스포츠기업 활동의 형태가 다양해지고 온라인화가 진행되더라도 스포츠기업 활동의 근간이 되는 요소 중 하나인 스포츠경영은 절대적이다. 핵심기술을 기반으로 한 스포츠 서비스, 프로그램 개발 및 장비와 용품의 첨단화도 이를 효율적이고 생산적으로 관리하고 운영해야 할 스포츠경영을 통해 더 많은 부가가치를 창출할 수 있기 때문이다. 이러한 맥락에서 본서는 4차 산업혁명이라는 전반적인 사회 환경변화 속에서 글로벌 스포츠경영자를 위한 새로운 역량을 강화하며 스포츠경영 이론과 실체를 통해 스포츠 관련 현장에서 보다 생산적이고 효율적인 스포츠 경영관리에 도움을 주고자 하였다.

이에 본서는 총 11장으로 구성되었으며 1장에서는 스포츠인 출신의 세계다국적 기업의 최고경영자를 소개하고 그들의 경영철학과 경영정신이 스포츠에서 출발하였음을 강조하였으며, 이를 바탕으로 스포츠경영의 정의와 글로벌 스포츠기업의 효율적이고 과학적인 운영관리를 위한 스포츠경영의 순환과정 기능에 대하여 설명하였다. 그리고 2장에서는 스포츠경영 순환과정 기능 중 계획(Planning)의 종류와 계획의 이론을 제시하고 이를 기반으로 스포츠경영 계획 수립과정에 대하여 설명하였다. 3장에서는 스포츠경영 순환과정 기능인 조직(Organization)의 원칙과 스포츠경영 조직을 구성하는 조직구조로 스포츠조직 현장에서 조직 내 직무와 역할의 공식적 배열로 활용되고 있는 기본적 조직구조를 설명하였으며, 최근 조직 환경의 변화에 빠르게 대응하기 위한 스포츠경영 조직설계를 추가하여 설명하였다. 4장에서는 스포츠경영 순환과정 기능인 지도(Leading), 즉 스포츠경영에 있어 경영자의 리더십을 통해 조직구성원들이 맡은 임무를 장기적, 단기적으로 유효하고 능률적으로 수행하며 글로벌 스포츠경영 조직목표에 기여하도록 조직원들에게 동기를 부여하고, 소통하는 모든 활동으로 관리자의 기능을 설명하고 관련 이론들과 효과적인 방법에 대한 내용들을 제시하였다. 특히 스포츠 팀이나 조직에서의 비공식 리더가 유명한 감독이나 경영자가 되어 훌륭한 조직을 이끈 사례를 제시하여 스포츠 감독의 역할과 기업경영자의 역할이 유사하며, 이를 바탕으로 스포츠 기업경영의 핵심인 리더십, 동기부여, 의사소통의 중요성을 강조하였다. 5장에서는 스포츠경영 조직의 경영성적과 경영활동에 대한 적절성을 평가하기 위한 스포츠경영 순환과정 기능인 평가(Evaluation)로 스포츠경영 평가를 위한 평가 기준을 제시하였다. 6장에서는 스포츠환경 변화에 적용 가능한 목표를 수립하고 목표 달성을 위해 관련 자원들을 효율적으로 동원하고 분배하는 통합적이고 종합적인 경영계획을 수립하는 스포츠 경영전략을 설명하였으며, 스포츠 경영전략을 구성하는 구성요소들과 스포츠 경영전략 과정, 스포츠 경영전략 유형을 구성하여 설명하였으며, 스포츠 경영전략 수립을 위한 SWOT분석 기법을 제시하였다. 또한 이 장에서는 스포츠 경영전략 수립을 위한 사업구조분석으로 활용되고 있는 분석 방법들을 제시하여 스포츠 경영조직이 실행하고 있는 사업부에 대한 위치와 성과분석 내용을 설명하였다. 7장에서는 스포츠경영활동 또는 관리라는 측면에서 스포츠시설관리 내용으로 스포츠시설 입지선정 결정기법과 스포츠시설 규모, 스포츠시설 배치 등 관련 선정 방법들을 제시하였으며, 이를 통해 원활한 스포츠시설 이용관리를 위한 서비스 효율화 차원의 다양한 이론과 시설관리 평가표를 사례로 들어 설명함으로써 스포츠시설 관리의 이해를 돕고자 하였다. 8장에서는 스포츠경영 활동을 실행하기 위해서는 탄탄한 기업의 재무적 기반이 뒷받침되어야 한다. 이에 스포츠경영 주체들이 필요한 자본을 언제, 어디서, 얼마만큼 조달할 것인가? 하는 자금조달측면과 조달된 자본을 어떻게 운용하여야 할 것인가를 결정하기 위한 재무분석과 투자분석 등 관련 이론과 사례를 들어 설명함으로써 스포츠경영의 재무관리 이해를 돕고자 하였다. 9장에서는 스포츠경영에 있어 재고관리의 개선효과를 극대화하기 위해 재고활동을 전략적 시각에서 재고요소들을 하나의 통합된 단위로 활동할 때 그 재고는 스포츠경영 기업의 핵심적 역량으로 주요 전략적 위치를 점할 수 있다는 내용을 다루었다. 이에 스포츠경영 재고관리를 위해 재고관리의 형태, 최적량의 보유재고 결정, 수요에 따른 이론적 재고관리 모형과 실무적 사례를 들어 스포츠경영의 재고관리 기능과 역할에 대한 이해를 돕고자 하였다. 10장에서는 스포츠기업의 경영조직 경쟁력을 좌우하는 핵심요인은 인재관리에 있으므로 인적자원계획 활동(인적자원의 수요공급계획, 직무분석, 핵심역량 등)과 인적자원육성 활동

(모집, 선발, 배치, 교육/훈련, 업적평가 또는 인사고과 등) 내용을 제시하여 스포츠경영의 인사관리를 보다 쉽게 이해하고 스포츠현장 실무에 적용할 수 있도록 구성하였다. 11장에서는 최근 지속가능경영 활동에 영향을 미치는 환경, 사회, 지배구조 등 비재무적 성과를 통해 기업의 경영가치를 향상시키는 ESG 경영기법과 각각의 핵심지표에 따른 ESG 영역별 내용, ESG를 기반으로 한 스포츠경영 활동 유형을 설명하였으며, 제4차 산업혁명의 시대에 스포츠기업이 추구해야 할 지속가능한 ESG 경영가치와 수익창출을 위한 경영활동을 제시함으로써 미래 스포츠경영 활동을 계획하고 추진하는 데 도움을 주고자 하였다.

이 책이 나오기까지 많은 분들로부터 직접 혹은 간접적으로 도움을 받았다. 먼저 20주년을 맞이한 드레포스(DREPOS: Dreaming People of Sports Management) 가족들에게 감사의 뜻을 전한다. 사랑하는 제자들, 늘 함께하며 큰 감동과 힘의 원천이 되어주고 꿈을 향해 쉼 없이 전진할 수 있도록 이들의 변함없는 도움으로 본서가 출판에 이를 수 있었다. 이뿐만 아니라 많은 프로젝트 수행과 연구 활동에 있어 묵묵히 믿고 따라와 주는 연구팀 초록회 구성원들에게 지면을 빌려 감사의 말을 전하고 싶다. 끝으로 필자가 본서

에서 인용한 논문과 서적 및 관련 인용 사이트의 저자들에게 깊은
감사의 뜻을 표한다.

2023년 3월
스포츠경영의 꿈과 열정을 지닌 사람들과 함께
이정학

차례

제7장 │ 스포츠경영의 시설관리

제8장 │ 스포츠경영의 재무관리

제9장 | 스포츠경영의 재고관리

제10장 | 스포츠경영의 인사관리

제11장 | 환경, 사회, 지배구조(ESG)와 스포츠경영

제1장

스포츠경영의 개념과 이해

1. 스포츠인 출신의 세계다국적 기업의 최고경영자

BMW 헬무트 판케 회장
출처: 블로그 네이버, blog.naver.com/minibv/22082852655196

　독일 자동차회사 BMW의 헬무트 판케 회장은 고등학교 시절 축구선수로 활약하는 등 열광적으로 축구를 사랑하는 기업인이다. 그는 '축구에서도 상대방의 움직임을 미리 예측해야 이길 수 있듯이 기업 CEO의 역할은 5-10년 뒤 기업 환경의 변화를 예측하고 빠르게 결정을 내리는 것'이라고 말한다. 이처럼 축구와 경영은 매우 유사하며 축구선수의 경험을 통해 BMW를 이끄는 그의 원칙은 축구의 3A 원칙에 두고 있다. 축구경기에서 승리하기 위해서는 정확한 예측(Anticipation), 예측에 따른 전술의 변화(Adaptive), 그리고 빠르게 행동(Act Fast)이라는 3A 원칙이 있다. 즉, 상대 팀에 대해 정확히 분석하고 여기에서 나온 데이터를 토대로 4-2-4 전법, 4-3-3 전법과 같은 전술을 개발한다. 그리고 상대 팀보다 빠르게 공격해야 승리의 기회를 잡을 수 있다. 축구에서 스타 플레이어인 공격수와 미드필더, 수비수가 모두 자신에게 맡겨진 역할을 충분히 소화해야 하듯이 기업경영도 마찬가지다. 5-10년 뒤 기업 환경변화를 예측하고 이에 맞게 빠르게 결정을 내리는 것이 CEO의 임무이다. 그리고 생산, 재무, 연구개발, 마케팅 등 각 부서가 힘을 모아 조직적으로 움직여야 한다. 이처럼 비즈니스 세계도 결국은 스포츠의 축구경기처럼 상대편과 전술을 바꿔가며 경쟁하는 것이다. 이 과정에서 CEO는 공격과 수비의 강약을 조절한다. 90분 내내 쉴 틈 없이 뛸 수 있는 체력은 바로 구성원에 관한 교육과 기업의 재무상태이다. 그는 BMW에서 초고속 승진을 거듭하며 1993년 미국 BMW 회장 겸 최고경영자로 발탁되고, 사우스캐롤라이나(South Carolina)에 신형 4륜 구동형 자동차인 X-5 생산 공장을 건설하여 단숨에 미국 고급 SUV 시장을 석권했다.

스위스 네슬레(Nestle) 그룹의 베르너 바우어(Werner Bauer) 부회장, 네슬레 그룹은 전 세계 77개국에 직원 23만여 명을 두고 당해 연도 67조 원의 매출액과 5조 3,000억 원의 순이익을 기록한 세계정상의 다국적 식품회사이다. 그는 젊었을 때 풀백(수비수)으로 축구장을 누볐다. 바우어 부회장은 축구와 마찬가지로 기업경영도 승리의 요체는 유능한 리더(지도자)에 달려 있다고 말했다. 그는 경기에서 승리하는 팀을 분석해 보면 90%는 선수와 감독이 머리를 한데 맞대고 뭉쳤기(brain together) 때문이며, 체력이나 실력요인은 10% 남짓하다고 말하기도 하였다. 바우어 부회장은 기업이 경쟁에서 이기려면 공격과 수비가 모두 강해야 한다는 소신으로 기업경영에 임하고 있다.

유럽 금융시장을 주무르는 거인 알리안츠(Allianz) 헤닝 슐트 놀르 회장은 1991년 '스스로 시장을 만들어 내지 못하는 기업은 무한경쟁 시대에 살아남을 수 없다'라며 개혁의 시동을 걸었다(중앙일보, 2001.4.3.). 슐트 놀르 회장은 스포츠팀과 기업은 서로 통한다고 보고 있다. 그는 직원(선수)을 철저하게 성과에 따라 평가하고 기량에 따라 인재를 적재적소에 배치하였다. 이들에게 '기업가 정신'을 불어넣어 비즈니스 세계(그라운드)에서 마음껏 뛰게 해주는 것이 CEO(감독)의 역할이라고 믿었다. 또 보수적인 독일 기업문화에서 벗어나 능력 있는 외부인사 영입 등 개방적인 경영시스템을 정착시켜 1백 년 전통의 알리안츠를 새롭게 바꿔 실적 향상을 극대화한 경영자이다. 그는 고등학교 시절엔 농구선수로 뛰었고, 대학 때는 펜싱선수로 전국대회에 출전한 경력을 가진 스포츠인 출신의 세계경영인이기도 하다(m.biz.chosun.com, 2002).

마크 터커 회장
출처: newspim.com 포토뉴스

AIA(AIG 그룹) 마크 터커 회장은 영국 프리미어 리그 프로축구 선수 출신이다. 20대에 영국 프로축구팀인 울버햄튼 원더러스 (Wolverhampton Wanderers FC), 로크데일(Rochdale A.F.C), 바넷 (Barnet) 등에서 선수로 뛰었다. 포지션은 센터포워드였다. 스포츠인 출신의 세계 경영자로서 그는 축구에서 경영의 교훈을 모두 배웠다고 한다. '어떤 것도 개인이 혼자 모든 것을 할 수 없다. 팀이 강해질수록 기회가 커진다. 비즈니스에서도 마찬가지다'라고 하였다.

이들은 한결같이 "스포츠에서 기업경영법을 배웠다"라고 말한다. 상대편의 약점을 간파하고, 대응전략을 신속하게 결정하는 과정은 비즈니스 세계와 아주 흡사하다는 설명이다. 또 스타 플레이어를 앞세우면서도 각자 맡은 역할을 중시하는 세트 플레이를 배웠다고 말했다. 심판에 복종하고 규칙을 지키는 윤리경영의 중요성을 깨달았던 것도 스포츠를 통해서였다. 그들은 기업경영의 핵심이 스포츠에 모두 담겨있다고 강조했다.

2. 경영의 역사

경영의 역사는 과학적접근에 의한 경영(Scientific Management)으로 테일러(Taylor)는 경영에 있어 합리적, 체계적인 과학적접근이 기업의 생산 효율성을 증가시킬 수 있다고 보았다. 그러나 과학적 경영은 개인의 정서나 선입견이 무시되며 객관성에 역점을 두며, 질적 지표보다 양적 지표에 중점을 두고, 관찰될 수 있는 것에만 근거를 둔다는 문제 제기가 나타난다. 이에 인간관계접근에 의한 경영(Human Relation Management)이 조직 행동론의 학문 분야로 발전되며 경영적인 사고의 발달이 인간적인 면에 의해 진행되어야 함이 대두된다. 경영의 효율화를 추구하기 위해서는 조직구성원 간의 협력에 의해 과업이 수행되어야 기업 목표를 달성할 수 있어 이에 요구되는 경영자의 리더십, 구성원과의 커뮤니케이션 등의 경영 이론을 연구하게 된다. 이러한 경영학의 초기 이론은 현재까지 영향을 미치고 있지만 다변하는 환경변화에 대응하기 위해서는 과학적접근에 의한 경영과 인간관계접근에 의한 경영의 장점만을 합병한 현대적 접근에 의한 경영(Z-theory)이론이 등장하게 된다. 즉 기업은 조직마다 문화와 추구하는 방식이 다르고 급변하는 환경에 대응하고 최적의 경영추구를 위하여 현대 상황론적접근에 의한 경영(Situational Management)이 강조되고 있다. 한편 1970년 서구기업들의 생산성 향상을 위해 인간관계 중심의 아시아 경영을 과학적 접근에 의한 경영을 추구하는 서구기업에 도입해 보려는 관심을 갖게 된다. 사회적, 경제적, 기술적 배경을 달리하고 있는 아시아의 경영문화와 철학을 액면 그대로 서구기업에 도입하는 데 어려움이 많음을 느꼈다. 그러나 1981년 UCLA의 윌리엄 오유치(William Ouchi)는 아시아의 인간관계접근에 의한 경영과 서구기업이 추구하는 과학적접근 경영문화의 장점만을 합병하여 효과적인 절충식 경영이론을 개발하였고 이를 Z 이론이라고 명명하였다.

3. 스포츠경영학

(1) 스포츠경영의 출발

스포츠경영학은 1958년 LA 다저스팀 구단주 월터 오말리(Walter O'Malley)에 의해 스포츠경영의 개념이 처음 시작되었다. 당시의 스포츠경영은 스포츠팀을 관리하기 위한 운영(팀 관리)에만 한정 지었다. 하지만 그는 1959년 스포츠조직의 합리적이고 효율적인 경영을 위해 전문적인 스포츠경영관리자의 필요성을 주장하고 구단 운영관리에 있어 전문적인 스포츠경영 방침을 추구하며 전문 스포츠경영의 출현에 큰 역할을 한다. 이후 1966년 미국 오하이오 대학과 세인트 토마스 대학에서 스포츠경영학 과정의 프로그램이 최초로 교과 과목으로 개설되어 현재 미국 내 약 200여 개 대학에 스포츠경영학 과목이 개설되어 있다.

LA 다저스 구단주 월터 오말리
출처: sabr.org/bioproj/person/water_omalley/

(2) 스포츠경영의 정의

비즈니스 세계에서 자주 혼동되고 있는 스포츠경영과 스포츠마케팅의 차이는 영역관계 개념도와 각각의 정의로 표시해보면 다음과 같다.

먼저 스포츠산업(Sports Industry)은 스포츠와 관련된 모든 경제적 활동으로 스포츠 관련 활동에 참여한 스포츠소비자를 만족시키기 위해 물질, 공간, 서비스를 제공하는 총체적 산업이다(이정학, 2012). 스포츠경영(Sports Management)은 Zeigler와 Bowie(1983)에 의해 스포츠와 관련한 인적, 물적 재원을 스포츠 단위조직에 효율적으로 투자하여 스포츠조직의 목적이나 목표를 달성하기 위해 다른 사람들과 함께 활동을 효과적, 효율적으로 수행해 가는 과정이라고 정의하였다. 반면 스포츠마케팅(Sports Marketing)은 기업이 제품이나 서비스 등을 스포츠를 이용하여 매출증대나 기업의 이미지 제고를 추구하고자 스포츠를 프로모션의 수단으로 이용하는 것으로 정의하고 있다(이정학, 2012).

앞의 정의처럼 스포츠경영은 스포츠에 관련된 경영·관리를 말하는 것으로 주로 스포츠 관련 기업이나 조직체의 경영, 스포츠팀의 선수관리 업무를 지칭한다. 1차적으로는 스포츠팀이나 팀 조직을 좋은 팀으로 만든다든지, 좋은 선수를 육성하는 것이 주안점이 된다. 이는 경기를 하는 측의 발상이다. 좋은 팀과 좋은 선수를 육성하면 그 연장선상에서 입장료와 스폰서 수입 등의 수익적 가치가 높아지게 된다는 논리이다. 이처럼 스포츠경영의 목적은 스포츠조직 자체의 향상에 있기 때문에 그 결과로서 스포츠마케팅과 같은 이윤창출이 생긴다든지 하는 일은 있을 수 있지만, 스포츠를 수익창출적 가치로 파악하고 있는 스포츠마케팅의 논리와는 명확히 입장을 달리하고 있다. 물론 좋은 팀(조직), 좋은 선수가 육성되지 않으면 수익 창출도 생기지 않기 때문에 스포츠경영과 스포츠마케팅은 서로 상통하는 공통부분이 많이 존재하지만, 어디까지나 양자 사이에 추구하는 목표의 첫 발상은 역방향이라는 점이 개념적 차이로 강조되고 있다.

 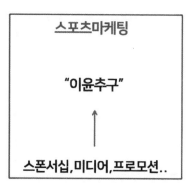

스포츠경영과 스포츠마케팅의 영역관계 개념도

세계 경제를 이끌어 가는 CEO 50인의 5가지 특징

1. 열정(Passion)

빌 게이츠

출처: news.naver.com 포토뉴스
2021.12.22

마이크로소프트의 빌 게이츠(Bill Gates)는 '나는 세상에서 가장 재미있는 직업을 가졌고 매일매일 이러한 일들을 배우러 오는 것을 매우 좋아합니다. 언제나 새로운 도전, 새로운 기회, 새로운 배울거리가 있거든요. 자신의 직업을 이처럼 열정적으로 즐길 수 있다면 결코 지치거나 힘들지 않을 것입니다'라고 하였다.

또한, 당시 페이스북 최초 COO(Chief Operating Officer)인 셰릴 샌드버그(Sheryl Sandberg)는 인터뷰에서 젊은이들에게 어떠한 충고를 해주시겠습니까?

라는 질문에 '즐겁고 가치 있는 일을 하기 위해서는
밖에 나가 하고 싶은 일을 하십시오. 기다리지도 말
고 인정받으려고도 하지 말고 열정과 믿음을 가지고
과감하게 실행하십시오'라 하였다. 세계 경제를 이끌
어 가는 최고경영자들은 이처럼 자신이 하는 일에 관
한 믿음, 에너지와 추진력, 그리고 조직을 이끄는 데
기본이 되는 열정을 지니고 있었다.

셰릴 샌드버그
출처: blog.naver.com[책]LEAN IN/린인

2. 지성과 명료한 사고(Simple)

성공한 비즈니스 리더들 대부분이 상당히 지
적이라는 것은 의심할 여지가 없다. 그들의 지성
은 일부는 타고난 것이지만 그들의 선천적인 영
리함만큼 중요한 것은 복잡한 것을 단순하게 만
드는 명료한 사고능력을 갖추고 있었다. 개인 맞
춤형 조립 컴퓨터(PC)의 판매기업인 델 테크놀로
지의 창업자이자 CEO인 마이클 사울 델(Michael
Saul Dell)은 Dell Computer의 직접판매 모델
(1984년 마이클 델이 대학 신입생 때 이해했던
것을 전 세계가 이해하는 데 15년이라는 시간이
소요되었다)인 중간유통을 거치지 않고 소비자와
판매자와의 직접판매를 통해 복잡한 유통 마진을

마이클 사울 델
출처: insightkorea.co.kr/news
/articleView.html?idxno=94641

단순화하여 가격경쟁에서 경쟁우위를 점할 수 있었다. 이 같은 급성장에 힘입어 그는
창업 10년 만에 세계 경영인 반열에 올랐으며 최근 '기업 혁신을 데이터에서 제품, 서
비스, 소비자로 이어지는 순환을 통해 이루어질 것이므로 가장 중요한 자산은 데이터
가 되며 인공지능은 데이터 활용 효율을 극대화할 것이다'(매경 2018.11.5.)라고 하며
새로운 사업모델을 소개하였다. 이처럼 열정적으로 세계 경제를 이끄는 그들은 복잡한
의사결정을 단순화하는 사고능력을 지니고 있었다.

3. 진정성 있는 소통(Connect)

사람이나 조직을 리드할 때 진정성 있는 소통이 되어야 하는
것은 너무도 당연한 일이다. 정직하게 소통하고 성공에 관한 갈망
을 구성원과 공유하는 것이 기업 성장의 중심이 되기 때문이다. 세
계 경제를 이끄는 리더는 구성원과 소통을 잘하는 능력을 지녔다.
LS그룹을 이끌었던 (고)구자홍 회장은 작더라도 진정성이 있는 사
회공헌 활동을 해야 한다는 지론에 따라 소외계층 지원 활동, 지역
사회 및 환경보호 활동, 글로벌 지원 활동 등을 펼치며 재직 당시
젊은 직원들과 맥주를 마시며 대화를 나누는 '캐주얼 데이'를 운
영하는 등 소통의 리더십을 선보였다. LS그룹의 초대회장으로 9년
동안 그룹 성장을 주도하여 국내 재계 13위 기업으로 성장을 주도
하기도 하였다(네이버 2022.2.11.).

(고)구자홍 회장
출처: LS

4. 억제된 자아(Control)

리더들은 자아에 대해 겸손하다. 세계 경제를 이끄는 최고경영자는 위기상황을 극

복한 후에도 자신을 낮출 줄 알고, 어려운 일의 성사에도 가족과 동료들이 함께한 노력에 고마워하는 자아를 지녔다. 오만한 리더보다 겸손한 리더가 성공적인 조직을 이끌 수 있는 억제된 자아를 지니고 있었다.

5. 긍정적 확신(Conviction)

실수를 배움의 기회로 바꾸면 긍정적인 태도를 유지할 수 있다. 실패를 두려워하는 순간 패배한다. 두려움은 창조적인 생각의 진행을 막는 제1 요인이다. 세계 경제를 선도하는 리더들은 연구와 실수를 되풀이하면서 더 많은 것들을 배워나갔다고 말했다. 리더는 직원들의 실수를 꾸짖기보다는 그 실수를 이용하려는 전략과 예견은 구성원들에게 가능성을 가지도록 용기를 주며, 자연스럽게 조직과 리더들의 성공을 이끌어 왔다.

'선장이 우선이고 배는 그다음이다. 아무리 엉망인 기업도 CEO가 유능하면 살려낼 수 있다.' 스웨덴 발렌베리 가문의 마르쿠스 발렌베리 시니어가 한 말이다. 세계 경제를 이끌어가는 CEO들은 공통으로 강력한 자기 확신(Conviction), 소통(Connect), 억제된 자아(Control), 사고의 단순화(Simple) 그리고 열정(Passion)으로 무장해 있다고 한다. 이처럼 그들은 강한 믿음과 열정으로, 구성원과 소통하며 가치를 공유하고, 그리고 열린 자세로 세계 경제 변화를 주도하고 있다.

4. 스포츠경영의 순환과정 기능

스포츠경영(Sports Management)은 스포츠조직의 목표를 효율적, 경제적, 과학적으로 달성하기 위한 일련의 과정으로 정의된다. '경영의 시대'라고 일컫는 21세기에 전문적이고 실용적인 학문으로 성장 발전된 스포츠경영학은 스포츠 기업경영을 연구대상으로 하고 있다. 보다 구체적으로 설명한다면, 스포츠경영학의 연구대상은 우선 스포츠 기업이라는 조직체를 생각할 수 있다. 그러나 스포츠경영학의 연구대상을 스포츠 기업이라는 조직체 그 자체만으로 한정해서는 안 된다. 그 이유는 스포츠 기업 조직이 경영이라는 행위, 즉 기업 활동을 효율적으로 관리하기 위한 구성원의 행동원리를 수반해야 하기 때문이다. 스포츠경영학은 경영에 관한 학문이고, 경영은 관리적 행위를 의미하기 때문에 스포츠경영학의 연구대상은 첫째, 스포츠 기업이라는 조직과 둘째, 스포츠 기업을 경영하는 행위를 모두 포괄하는 것으로 조직적 측면과 행위적 측면으로 이해할 수 있다. 이처럼 스포츠경영학의 연구대상이 스포츠 기업이라는 조직과 그것을 경영하는 행위를 포함하는 것이라고 정의할 때 스포츠 기업의 본질은 여러 각도에서 정의할 수 있다. 스포츠 기업은 첫째, 어떠한 활동이 이루어지느냐에 초점을 둔다면 사람이 모여서 일하는 곳, 스포츠 제품 또는 스포츠 서비스를 생산하거나 판매하는 곳으로 정의할 수 있다. 둘째, 추구하는 목표가 무엇인가에 초점을 둔다면 조직이나 팀의 향상 또는 스포츠를 통해 이윤을 추구하기 위하여 노력하는 조직으로 정의할 수 있다. 셋째, 스포츠 기업의 역할에서 본다면 스포츠를 통한 삶의 질 증진 및 사회생활 수준을 향상시키며 또한 고용기회를 제공하는 스포츠조직, 국가 경제발전 및 스포츠산업 증진의 원동력이 되는 스포츠기관 등이라고 할 수 있다. 스포츠 기업 조직을 운영하기 위해서 필요한 행위로서의 스포츠경영은 정해진 조직의 목표를 어떻게 하면 적은 비용으로 빠른 시일 내에 달성할 수 있는가에 관한 관심이 커지면서 그 중요성이 더욱 강조되기 시작하였다. 이러한 맥락에서 스포츠경영은 일반 경영과 마찬가지로 스포츠 기업을 보다 과학적이며 효과적으로 수행하기 위해서 하나의 순환과정, 즉 계획, 조직, 명령, 조정, 통제, 평가 등의 과정을 활용한다.

현대 경영의 아버지인 프랑스의 앙리 파욜(Henry Fayol: 1841-1925)은 계획, 조직, 명령, 조정, 통제로 순환과정을 구성하였다. 그는 조직수준이 높아질수록 경영 활동 비율도 높아져야 하며 경영 활동을 극대화하기 위해서는 순환과정을 지속적으로 운영관리 해야 한다고 하였다. 이러한 그의 이론을 1985년 스포츠경영학자인 첼라 두라이(Packianathan Chelladurai)는 스포츠조직은 스포츠 선수로 구성된 팀, 구단과 같이 조직 자체에 관한 향상이나 팀 조직의 좋은 성적을 주목표로 하므로 스포츠경영에 있어 순환과정 기능을 계획(Planning), 조직(Organizing), 지도(Leading), 평가(Evaluation)로 재구성하여야 함을 강조하고 있다. 이에 첼라 두라이의 스포츠경영 순환과정 기능을 본서에 적용하여 구성하였다.

제2장

스포츠경영 계획(Planning)

스포츠경영의 순환과정은 스포츠 기업 활동을 효과적이고 효율적으로 수행하기 위해서 경영자는 다른 기능들을 수행하도록 어떠한 과정들을 이용해야만 한다. 이러한 순환과정 중 계획은 스포츠 조직과 스포츠팀 구성원들을 위해서 목적을 정하고 그러한 목적을 달성하기 위하여 기업 활동 또는 프로그램을 명확히 하는 것이다. 이러한 계획은 스포츠 기업이 현재 위치한 곳으로부터 기업이 존재하기를 원하는 곳까지의 틈새를 메우는 것이기 때문에 스포츠경영 순환과정들 가운데서 가장 기본이 된다.

1. 스포츠경영 계획

현재 스포츠기업체를 둘러싼 외부환경은 시시각각 변화하고 있고 그것에 대응하기 위해서는 단순한 추측이나 경험만으로는 효과적인 경영 활동은 불가능하다. 또한, 스포츠기업체의 활동은 조직적 활동이고 많은 구성원의 협력을 필요로 한다. 스포츠경영에 있어 계획은 무엇을 해야 하고, 어떻게 그것을 해나가며, 언제 그것을 실시하며,

누가 그것을 해야 하는가를 사전에 결정하는 것이다. 따라서 사전에 누가, 언제, 어디서, 어떻게, 왜, 무엇을이라는 식의 명확한 경영계획의 설정이 중요하다. 결국 스포츠 경영계획이란, 스포츠 경영체가 행하는 경영 활동의 출발점에 위치하는 것이고 그것은 기업체의 외부 및 내부의 환경변화에 적응하기 위한 기본적인 의사결정과정이 된다.

2. 스포츠경영 계획의 종류

(1) 종합계획(총체적 계획)과 개별계획(부분계획)

스포츠기업체의 경영계획은 처음에 종합계획의 틀이 작성된다. 그것에 근거해 개별계획을 순차적으로 작성하고 내용조정 및 보완, 충실을 꾀함과 함께 개별계획의 내용을 흡수하여 종합계획을 수정해나가는 상호보완적인 작성방식이 일반적이며 효과적이다.

(2) 기간별 계획

스포츠 경영계획을 기간적 범위 내에서 분류하는 것으로 단기계획, 예산계획, 장기계획 등이 있다.

3. 스포츠경영 계획참여의 이론적 구조

경영계획을 수행하는 데 책임 있는 사람은 계획과정에 적극적으로 포함되어야 한다. 그렇지 않으면 그 계획은 단순히 계획 중인 채로 남아 있을 것이고 실행되지 못한 계획에 불과하기 때문이다. 따라서 구성원의 계획에 관한 참여는 집단참여 및 체계접근에 의한 두 가지 이론적 구조로 설명된다. 집단참여(Group Participation)는 계획을 수 행해야만 하는 사람들의 적극적인 참여를 의미하며, 체계접근 (Systems Approach)은 계획에 객관적, 합리적, 논리적 접근에 의한 계획참여를 의미한다. 따라서 스포츠 경영계획 수립 시 계획참여의 두 가지 이론적 구조에 부합한 참여가 반드시 고려되어야 한다.

4. 스포츠경영 계획 수립과정

스포츠경영 계획은 미래 스포츠경영 활동에 관한 계획이므로 가 능한 한 객관적이고 과학적 방법을 이용하여 정확하게 수립해야 한 다. 이에 스포츠 경영계획이 합리적 의사결정에 도달하기 위해 다 음과 같은 과정을 거치게 되는데 각 단계별 실행 가능한 행동 계획 을 고려하여 작성하게 된다.

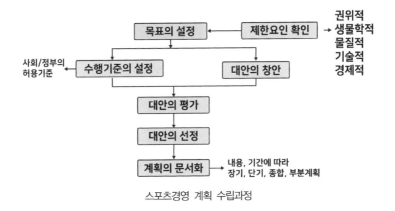

스포츠경영 계획 수립과정

(1) 목표 설정

스포츠 경영계획 수립은 우선 전체조직의 목표를 설정하고 그에 따라 부분별 목표를 세우게 된다. 설정된 목표에는 수익성, 성장성, 시장점유율, 생산성, 고객 만족 그리고 사회적 인식 등이 포함될 수 있다. 특히 스포츠조직들은 사회적 가치와 책임, 의무라는 관점에서 목표를 설정해야 할 것이다.

(2) 제한 요인의 확인

스포츠 기업이 목표를 계획하고 경영계획을 수립하는 데에는 많은 제한 요인이 뒤따른다. 이러한 요인으로는 제한된 자원, 자금, 시간, 인력 등이 있다. 따라서 제한 요인들을 경영 계획수립 이전에 철저하게 확인하는 것은 조직화된 목표를 설정할 때 중요한 요소가 된다. 이에 주요 제한 요인을 살펴보면 다음과 같다. 권위적 제한 요인(정부, 지자체의 규제, 인허가 등), 생물학적 제한 요인(스포츠팀 선수들의 신체적 특성 등), 물리적 제한 요인(기후, 지리, 환경, 시설 등), 기술적 제한 요인(전문적 지식이나 운동 프로그램 등), 경제적 제한 요인(재정적, 인적자원 등)이 있다.

(3) 대안 창안

효과적인 경영계획 결정을 할 때 가장 큰 위험성은 대안들을 개발하는 데 실제적인 어려움을 무시하고 스포츠경영 계획을 구체화하거나 그 대안들의 설정 과정을 지나치게 강조하려는 경향에 있다. 따라서 계획 설정에 억제가 되는 대안을 창안하여 구체적 계획을 설정하여야 한다.

(4) 수행기준의 설정

스포츠 경영계획 수립 시 발생할 수 있는 제한 요인을 파악하고 난 후 창안된 방안이나 대안들은 사회적 및 정부의 허용기준과 대안의 수행기준이 일치될 수 있도록 수행기준이 반드시 설정되어야 한다.

(5) 대안의 평가

실행 대안을 창안하고 수행기준을 세우고 나서 대안들에 대해 평가를 해야 한다.

(6) 대안의 선정

계획과정의 마지막 단계로 평가 기준에 따라 최고의 평가를 받은 대안이 주어진 목표의 수단으로 선택된다. 의사결정을 위한 객관적 분석과 세심한 주의력 등이 필히 요구된다.

(7) 계획의 문서화

추구하고 있는 경영계획, 목표를 달성하기 위해 수행해야 할 활동, 이러한 관점에서 구성원 및 부서의 책임성, 유지될 수 있는 기준들, 수행방법과 대책, 그리고 계획과 일치하도록 다양한 수준에서 행해질 수 있는 지휘 및 통제 등을 최종 경영계획으로 문서화하여야 한다.

제3장

스포츠경영 조직(Organization)

스포츠경영 계획은 기업이 무엇이 수행되어야만 하는가를 명확히 하는 반면, 스포츠경영의 조직은 누가 그것을 수행해야만 하는가를 다루는 것이다. 적재적소에 인재를 등용하는 인사절차가 비효율적이거나 비효과적이라면 초기의 단계를 계획한 모든 노력이 무용지물이 될 것이다. 축구 감독의 경우 유용한 선수들을 공격, 수비, 그리고 특별한 위치에 선정하는 것이 축구경기 승패의 주요인이 되는 것과 일맥상통한다.

조직(Organization)이란 목표를 달성하기 위한 체계화된 조직구조를 가진 구성원의 집합체로 정의된다. 조직화(Organizing)는 조직의 목표를 달성하기 위한 직무의 배열과 구조화를 뜻한다. 즉 스포츠조직마다 저마다 고유의 조직 목표를 달성하기 위해 구성원 또는 개개인들이 조직에 있고, 이들의 조직 목표를 달성하기 위해 의도적으로 직무를 배열하고 배치시키는 것이 조직화로 설명된다. 또한, 조직 내 직무와 역할의 공식적인 배열을 조직구조(Organization Structure)라 한다.

1. 조직화의 원칙

　　스포츠조직의 구조화에 필요한 조직화의 원칙은 스포츠조직의 편성과 조직의 발전에 있어 지켜야 할 원리이다. 즉 스포츠조직이 성공적인 경영목표를 수행하기 위해 기본적으로 준수해야 할 조직화의 원칙인 것이다. 전통적인 조직화의 원칙은 여러 학자에 따라 이견이 있으나 널리 알려진 기본적인 조직화의 원칙에 대해 살펴보도록 한다.

(1) 전문화의 원칙(principle of specialization)

조직구성원에게 그들의 독자적인 소질과 전문적인 지식 및 기술에 따라서 가능한 하나의 특정 업무를 전문적으로 수행할 수 있도록 업무를 분담시키는 원칙이다. 전문화의 원칙은 분업의 원칙이라고도 하는데, 경영조직에서 전문화를 원리로 삼는 이유는 첫째, 직무가 전문화될수록 개인은 더욱 능률적으로 행동한다. 둘째, 직무가 더욱 신속하게 수행되도록 직무를 정의하는 최적의 방법을 찾을 수 있기 때문이다. 즉 전문화는 직무수행의 유효성과 능률이 보장된다.

(2) 책임과 권한의 원칙
(principle of responsibility & authority)

조직에서 각 구성원에게 직무가 확정되고, 개인에게 업무가 할당

될 때 구성원들에게 분담된 직무에 관한 책임과 권한의 상관관계를 명확히 하여야 하는 원칙이다. 즉, 업무를 담당하는 자에게 이양되는 권한은 책임의 양과 일치하여야 하는데 이를 권한과 책임의 대응원칙이라고도 한다.

(3) 권한 위임의 원칙
(principle of delegation of authority)

권한을 가지고 있는 상위자가 하위자에게 직무수행에 관한 일정한 권한까지도 이양하는 것을 말한다. 이러한 원칙은 스포츠조직의 규모가 확대되고 복잡하게 되어 상위자에게 권한이 집중되는 경우, 상위자는 일상적이고 세부적인 업무에 관한 권한 일부를 하위자에게 이양함으로써 보다 중요한 업무에 전념할 수 있다.

(4) 감독한계의 원칙(principle of span of control)

능률적인 지도·감독을 수행하기 위해서는 한 사람이 지휘, 감독할 수 있는 구성원의 수를 적정하게 제한해야 한다는 원칙이다. 즉 이 원칙은 한 사람이 적정 숫자의 구성원을 관리하도록 해서 효과적으로 스포츠조직을 운영하도록 한다는 것이다. 적정한 감독의 범위에 대해서는 일정한 기준이 있는 것이 아니며 그것은 관리자의 개인적 능력 차이, 직무 내용, 구성원의 능력, 의사소통의 난이도 등 스포츠조직의 여건에 따라 결정되지만, 일반적으로 상위 관리층에서는 4~8명, 하부 관리층에서는 8~15명이 일반적인 감독관리의 범위로 적당하다.

(5) 명령일원화의 원칙(principle of unity of command)

각 구성원에게 분담될 업무가 조직의 공동목표에 결부되고 또한 조직질서를 유지하기 위해서 한 사람이 라인(line)에 따라 1인의 직속 상위자로부터만 명령·지시를 받아야 한다는 원칙이다.

(6) 직능화의 원칙(principle of functionalization)

업무의 종류와 성질에 따라 업무를 분류하고 부문화 하는 것이다. 이는 업무의 능률을 기할 목적으로 분업의 원리를 적용하여 전문화를 실현할 경우 채택되는 원리이다. 직능화는 종래의 인간 본위의 조직형성에서 벗어나 직능중심의 조직을 형성함으로써 직무를 분석하여 사람을 직무에 맞게 충원해야 한다는 데 이 원칙의 취지가 있다. 그리고 이와 같은 원칙에 의해서 관리조직을 형성해 나가는 제도가 직계제도(job classification system: 직무를 몇 가지 직종으로 나누고 일의 책임과 정도에 따라 직급을 정하는 인사관리제도)이다.

(7) 조정의 원칙(principle of control)

조직의 각 구성원이 분담하는 업무는 기업 전체적인 관점에서 가장 효과적으로 수행될 수 있도록 상호통합 되어야 한다는 원칙이다. 현대 경영은 조직의 능률을 향상시키기 위하여 전문화의 원칙과 부문화를 추구하고 있는데 이로 인하여 부서 간의 상이한 목표로 인하여 마찰이 불가피하게 된다. 이에 마찰을 최소화하고 협동적인 인간관계를 통해 조직운영에 효율성을 제고하기 위해서는 조정의 원칙이 필요하다.

2. 스포츠경영의 조직구조
(Sports Organization Structure)

최근 스포츠 기업 경영혁신의 주요 내용은 관리·통제기능의 중간관리조직을 대폭 축소하고 권한을 하부조직에 이양함으로써, 상하 조직 간의 명령-보고체계를 단순화하는 등 하부조직의 권한을 확대하여 현장 실무자들이 신속한 의사소통을 하도록 하는 추세이다. 스포츠경영 현장에서 조직 내 직무와 역할의 공식적인 배열로 활용되고 있는 기본적 조직구조를 살펴보면 다음과 같다.

(1) 라인조직

라인조직은 상위자와 하위자가 단일 직계적인 라인(line)으로 연결되어 있는 조직구조이다. 이 조직구조는 전달의 경로가 단일하기 때문에 그 일관성이 보장되는 장점이 있다. 그러나 상위자가 모든 관리직 등을 통괄하고 있기 때문에 분업에 의한 전문화에는 한계가 있다. 이런 스포츠조직은 중소기업이나 서비스 기업형태에서 많이 이용되며 군대에서 기본적인 구조로 채택되기 때문에 군대식 조직, 직선식 조직 또는 수직적 조직이라고도 한다.

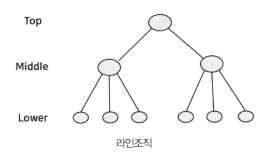

라인조직

(2) 기능조직

업무 능력이 전문화(specialization)됨에 따라 권한과 직무가 분화되어 전문화된 스포츠조직이다. 상위자가 담당하는 전문영역에 대하여 모든 하위자에게 지휘하는 권한을 가진다는 장점이 있는 반면, 한 사람에게 업무의 전달경로가 고착되기 쉽다는 단점도 있다. 이러한 스포츠조직형태는 경영환경이 단순하고, 변화가 원만하며, 스포츠 기업이 소규모 조직이고, 경영활동의 내용이 단순할 경우에 적합하다.

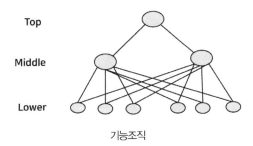

기능조직

(3) 라인 & 스태프 조직

업무 능력의 전문화와 전달의 일관성을 양립시키기 위해 조직적으로 전문화된 스태프(staff)를 조언 기관으로 라인(line)조직에 첨가시킨 스포츠조직 형태를 말한다. 스태프는 결정 권한을 갖고 있지는 않지만, 스포츠조직의 전문성을 보강할 수 있다는 장점이 있다.

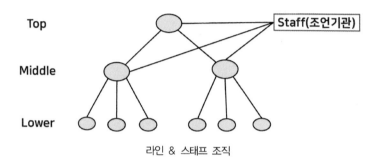

라인 & 스태프 조직

(4) 위원회 조직

스포츠 경영정책이나 특정한 과제의 합리적인 해결을 목적으로 각 부분에서 여러 사람을 선출하여 구성한 위원회(committee)를 조직 내에 설치하는 것이다. 위원회 조직은 집단으로서 공동으로 심의하여 판단함으로써 부서 간의 불화와 마찰을 피하면서 문제를 보다 현실적으로 해결할 수 있다. 1인에게 지나치게 강한 권한을 부여하는 것을 막아 민주적인 의사결정을 하고 이에 의해 집행을 하는 회의식 조직이다. 이는 결정 및 협의 과정이 민주적이며 상호보완적 의사결정을 가질 수 있다는 장점이 있는 반면, 회의과정에서 시간 소비가 많으며 기동성이 결여되고, 책임 부재로 불성실한 결정이 조장될 수 있다는 단점도 있다.

(5) 프로젝트 조직

1950년대에 등장한 프로젝트(project) 조직은 Task Force(TF) 또는 task team 조직이라고도 불린다. 이 스포츠조직은 경영관리상 비반복적으로 일어나는 특정 스포츠사업 계획을 동태적으로 수행하기 위해 일정 기간 일시적으로 실행하기 위해 형성되었다가, 그 사업이 끝나면 해체되는 일시적인 작업집단으로 구성되는 조직의 형태이다. 프로젝트 조직은 환경변화에 적응이 빠르고 조직의 기동성이 높다는 장점이 있으나, 전문가로 구성된 일시적인 혼성조직이므로 프로젝트 관리자의 지휘 능력에 크게 의존하며, 구성원 중 프로젝트에 선택된 사람이라는 우월감을 갖게 되어 조직의 단결을 저해할 수 있다는 단점도 있다.

(6) 사업부제 조직

사업부제(divisional system) 조직은 시대적 요청과 스포츠 기업의 대규모화와 다각화 그리고 기술혁신의 급속화로 빚어진 판매 경쟁의 격화에 능동적으로 대처한 현대적이고, 능동적이며, 적응적인 조직구조의 하나이다. 이 조직은 최근 세계적으로 특히 대기업에서 기업의 활성화를 기하기 위해 크게 활용하고 있다. 이러한 사업부제 조직은 조직을 제품별, 시장별 또는 지역별로 책임경영 사업단위 중심으로 구성하고 있다. 이를 하나의 독립적인 사업처럼 운영하도록 사업부 장에게 일체의 권한과 책임을 이양하여 관리적 효과를 거두게 하며 전체적인 운영결과에 의해서 비교, 평가되는 조직구조이다. 따라서 사업부제 조직은 사업부분별로 권한과 책임을 부여함으로써 비교적 시장의 요구에 빠르게 반응할 수 있을 뿐만 아니라 사업의 성패에 관한 책임소재가 분명한 등의 장점이 있다. 반면에 사업부서 단위별 목적달성이 기업 전체의 목적보다 우선될 수 있으며 이로 인한 부서 간의 과다한 경쟁 유발이 나타날 수 있다는 단점도 있다. 그러나 이러한 사업부제 조직이 널리 보급된 배경은 첫째, 소비자의 욕구가 다양화되고 이로 인한 다양한 제품의 특색이 요구되었으며 둘째, 경영 중심에서 마케팅 중심으로 경영의 미션이 확대되어 셋째, 경쟁격화로 인한 이익 채산성이 중시되어 넷째, 유능한 경영자 육성의 필요성이 증대되어 다섯째, 기업이 대규모화됨에 따라 관리의 분권화가 필연적이었으며 여섯째, 구성원들의 동기개선을 확보하여야 한다는 점에 기인한다. 이러한 스포츠조직체는 국민체육진흥공단이 대표적이다.

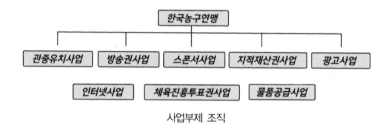

사업부제 조직

(7) 매트릭스 조직

매트릭스(matrix) 조직은 같은 스포츠조직에서의 수직적 및 수평적 권한의 결합을 특징으로 한다. 기능별 조직과 프로젝트 조직구조의 장점을 살리고 단점을 보완하고자 하는 목적으로 프로젝트별 필요한 인력을 기능별 조직으로부터 배정하는 형태이다. 즉, 조직구성원은 종적으로 기능별 조직의 자기 부서와 횡적으로 프로젝트에 동시에 소속되어 근무하게 된다. 이와 같은 매트릭스 조직은 동태적이고 복잡한 환경에서 성장전략을 추구하는 스포츠조직체에 적합한 것이다. 매트릭스 조직구조는 구성원의 능력과 재능을 최대한 이용할 수 있는 장점이 있을 뿐만 아니라 인력을 다른 프로젝트로 이동시킬 수 있어 조직 환경과 시장변화에 유연하게 대처할 수 있다. 그러나 한 조직원이 두 명(기능별, 프로젝트별)의 상사와 보고-지시 관계가 있기 때문에 상이한 지시를 받을 경우 자기 역할에 관한 혼란을 경험하게 된다. 마지막으로 매트릭스 조직이 일시적으로 존재하는 프로젝트 조직과 상이한 점은 여러 사람의 프로젝트 관리자를 상존시키고 프로젝트 사업을 지속한다는 의미에서 고정된 영구 조직형태라는 점이다.

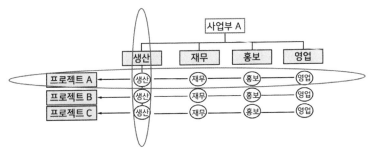

매트릭스 조직

3. 스포츠경영 조직구조의 선택

1990년대는 많은 스포츠 기업들이 기존의 시장을 유지해도 생존할 수 있었으나, 2000년대에는 새로운 환경 그리고 이에 따른 전략의 변화에 능동적으로 대처해 나가야 하는데 그 대처방법으로 기업의 조직구조가 뒷받침되어야 했다. 즉, 90년대에는 상의하달식의 관료조직 형태의 조직구조를 택했으나, 21세기에는 4차 산업혁명의 환경변화에 유연하게 변화할 수 있고, 하부구조에 권한과 책임을 이양하여 실무부서에서 자율적인 의사결정을 내릴 수 있도록 하는 전문적인 조직구조의 형태로 개편되어 가고 있다. 따라서 스포츠조직에 적합한 조직구조를 선택할 때는 대외적 환경변화와 조직의 경영환경과 조직전략 및 조직구조에 대한 충분한 검토가 선행되어야 한다. 이는 최근 불확실성의 사회변화와 기업 간 경쟁이 심화함에 따라 많은 기업은 일사불란한 조직 전체의 활동이 필요함과 동시에 변화하는 환경에 경영조직을 변경하며 유연하게 대처할 필요를 동시에 절감하며 조직구조를 설계하여야 하기 때문이다. 따라서 효율적이고 효과적인 조직을 경영하기 위해서는 적절한 시점에 스포츠 기업이 처한 불확실한 내·외부 환경에 빠르게 대응할 수 있는 스포츠조직설계가 요구된다.

스포츠조직설계(Sports Organization Design)란 스포츠조직구조를 구축하거나 변경하는 일련의 활동을 말하며, 경영자는 조직에 관한 구조를 만들고 수정할 때 스포츠조직설계를 하게 된다.

세계 IT 기업들의 조직구조

　그림으로 표현된 월드 Top IT 기업의 조직도이다. 아마존은 유통업체인 만큼 철저하게 라인조직의 구조를 가지고 있다. 국내 옥션, 지마켓, 11번가가 같은 구조를 가진다. 구글은 기능조직으로 업무도 복잡한 만큼 조직도 복잡하고 의사소통 체계도 매우 복잡하다. 페이스북은 수평조직으로 직급도 없는 조직구조를 지닌 구조이다. 마이크로소프트는 크게 3부문으로 나누어져(비즈니스, 엔터테인먼트&디바이스, 프로덕트&서비스) 각 사업 간 철저히 독립채산제로 운영되며 내부경쟁이 치열하게 이루어진 구조이다. 국내 삼성전자의 구조와 유사하다. 애플은 하나의 핵을 중심으로 조직구조가 이루어져 있다. 대기업이라기보다 CEO 중심의 중소 개인기업의 조직구조라 할 수 있다. 회사 전체가 특정 개인(리더)에 의지하고 있기에 신생벤처기업들이 이런 구조를 주로 가진다. 오라클은 기능&스텝조직의 구조로 직무전달의 일관성과 전문성을 지닌 조직구조를 가지고 있다. 이상의 그림으로 표현한 글로벌 IT 기업들의 조감도는 각 기업별 조직문화 및 특성을 비교해 볼 수 있는 조직구조의 좋은 예가 된다.

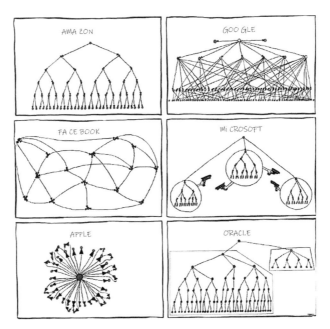

그림으로 표현한 세계 IT 기업들의 조직도

출처: bonkersworld

4. 스포츠경영 조직설계(Sports Organization Design)

최근 조직 환경의 변화에 빠르게 편승하고 대응하기 위해서는 스포츠경영 조직을 보다 바람직한 구조와 운영체계로 바꾸기 위한 노력이 요구된다. 이에 스포츠경영 계획을 철저히 세우고 진행 과정을 정하는 것으로 스포츠조직을 어떤 방향으로 고칠 것인가를 기획하게 된다. 이는 조직설계를 통해 조직은 더 높은 성과를 수행하는 구조로 전환하게 된다. 이에 스포츠 기업에 관한 조직설계를 위해 고려하여야 할 요인을 살펴보면 다음과 같다.

출처: blog.naver.com/postview/naver?i

첫째, 외부환경을 고려한다. 즉 스포츠조직이 처한 외부환경에 관한 불확실성을 느끼는 정도에 따라 시장 환경변화 대응의 차이가 있다. 따라서 외부환경에 따라 스포츠 기업이나 팀의 조직설계에 관한 방향이나 목표가 상이하게 다를 수 있다. 둘째, 조직유형을 고려한다. 스포츠 기업 또는 스포츠팀 조직의 유형이 무엇을 추구하느냐에 따라 조직설계 또한 상이하기 때문이다. 이러한 맥락에서 조직의 유형을 기반으로 한 스포츠조직설계는, 즉 스포츠 기업이 조직의 안정성과 효율성에 초점을 둔다면 방어형(defender) 유형을 추구하게 되며, 새로운 경영혁신을 추구하는 개척형(prospector), 과도한 혁신을 피하고 기존환경을 유연하게 지키려는 분석형(analyzer), 외부경쟁과 변화에 대처 능력이 수동적 입장을 추구하는 반응형(reactor) 등이 있다. 셋째, 핵심기술과 인적자원을 고려한다. 유사한 일을 하더라도 조직이 구축한 어떤 핵심기술과 인적자원을 구비하고 있는가? 또는 구축하였느냐에 따라 조직설계는 차이가 있다. 넷째, 조직의 규모를 고려하여야 한다. 이는 대기업과 중소기업, 영세기업 등 스포츠 기업의 규모에 따라 조직의 업무가 차이가 있다. 조직 규모에 따라 업무지시에 관한 즉각적 반응과 빠른 의사결정 등의 차이가 늘 발생하기 때문이다. 이상의 요인들을 고려하여 스포츠조직설계가 진행된다.

엔씨소프트(NC 소프트의 개척형 조직유형)

1997년 게임사업을 포기한 아이넷으로부터 "리니지(lineage)"를 인수할 당시 주변
에서 모두 말렸으나 '말아먹어도 행복하다'라는 각오로 밀어붙였다. 면도기를 하나 팔
고 나면 그다음부터 면도날은 자동으로 소비된다는 면도기 전략과 같이 '리지니'도 꾸
준한 버전 업으로 회원을 늘려가는 전략으로 성공을 거두었다. 세계 최대의 사용자와
회원으로부터 받은 이용료로 수익구조를 탄탄하게 다졌다. 수많은 시행착오 끝에 정
착한 연봉시스템, 연봉은 사장이 아니라 실장이 결정한다. 그러나 최근 직원들이 늘어
나 실장의 직원 파악능력이 떨어진다고 판단해 연봉 결정 권한을 팀장에게 맡기는 경
영조직 혁신을 추구하였다.

35세에 최고경영기술진(CTO)으로서의 엔씨소프트의 성장배경에는 경영자의 경영
철학이 큰 몫을 차지하고 있으며, 프로야구 제9 구단주로 게임에 몰두하는 청소년들
을 야구장으로 불러내 호연지기를 키울 수 있도록 하겠다며 2011년 창원 NC 다이노
스(Dinos) 프로야구팀을 창단하여 게임왕에서 야구왕을 꿈꾸고 있다. 이러한 엔씨소프
트는 개척형 조직설계를 기본으로 한 리더의 경영철학을 엿볼 수 있다.

제4장

스포츠경영 지도(Leading)

스포츠경영의 순환과정 기능인 지도(leading)는 사람과 사람 간의 과정으로 정의된다. 스포츠경영 계획(plaining)과 조직(organization) 기능은 수행될 스포츠경영 활동을 위한 단계를 정하지만, 스포츠경영 순환과정 중 지도의 기능은 스포츠경영 조직 및 기업 또는 스포츠팀이나 구성원들의 명확한 업무의 할당량을 효과적으로 수행하기 위하여 개개의 구성원들에게 영향을 미치거나 동기를 유발시키는 것과 관련한다. 즉 스포츠경영에 있어 지도란 경영자의 리더십을 통해 조직구성원들이 맡은 임무를 장기적 및 단기적으로 유효하고 능률적으로 수행하며, 스포츠경영 조직 목표에 기여하도록 조직원들에게 동기를 부여하고, 소통하는 모든 활동으로서 관리자의 기능이라고도 한다. 이들 활동 중 주요한 기능은 리더십(Leadership), 동기부여(Motivation), 커뮤니케이션(Communication)이 있다.

1. 지도의 원칙

스포츠경영자들이 조직구성원들을 효율적으로 지도·지휘하기 위해서는 조직 속에서 활동하는 인간의 본질을 파악해야 하는데 이는 조직 내 구성원을 어떻게 이해하느냐에 따라 그들을 관리하는 실천적인 전략이 좌우된다. 그러므로 경영자는 관리 활동을 하는 데 있어 구성원들에게 부여된 역할, 구성원의 개성 및 성격 등 인적 요소에 관한 특성 및 환경요소 등을 이해해야 한다. 이러한 맥락에서 스포츠경영자는 조직구성원을 상대로 지도·지휘 활동을 전개할 때 다음과 같은 기본적 원칙을 준수하여야 한다.

(1) 목적조화의 원칙

조직구성원의 개인적 욕구와 조직 목표가 조화되도록 지도·지휘 활동이 이루어져야 한다.

(2) 명령통일성의 원칙

하위 구성원은 단일 상위자의 명령과 지휘를 받고 그에 대해서만 책임을 지도록 함으로써 원활한 지휘와 책임감을 강화시켜야 한다.

(3) 직접감독의 원칙

효율적으로 하위 구성원을 지도·지휘하기 위해 경영자는 구성원과 개별적으로 접촉하면서 직접 감독해야 업무를 효율적으로 수행하는 데 필요한 정보, 교육 그리고 의사소통을 할 수 있다.

(4) 감독기술의 원칙

업무나 조직 환경의 변화에 따라 지도·지휘·감독기술을 변화시켜 나가야 한다.

스포츠조직의 경영목표를 성공적으로 달성하기 위해 조직원들에게 업무의 동기부여를 제공해 자발적으로 최선을 다하도록 하는 행동을 유인하기 위해 먼저 관리자의 기능 중 리더십에 대하여 살펴보도록 한다.

2. 스포츠경영 지도를 위한 리더십(Leadership)

스포츠경영 분야에서 가장 많은 관심을 갖게 하는 주제 중의 하나가 리더십이다. 특히 스포츠조직을 성공적으로 관리하기 위해서는 훌륭한 지도력을 갖춘 리더가 필요하다. 특히 스포츠팀이나 조직에서의 리더십은 두 가지 유형의 지도자들이 스포츠조직에 존재할 수 있다. 예를 들면, 팀의 감독은 조직적 의미에서 지도자이다. 그러나 그 팀은 또 다른 카리스마적 지도자를 가질 수 있다. 한국 축구의 홍명보 선수와 미국의 마이클 조던 같은 유명한 선수들은 선수 시절 그들의 팀 동료들을 지휘하며 팀 구성원들에게 더 큰 노력과 훈련을 하도록 동기를 불어넣어 주었던 것으로 알려져 있다. 스포츠경영학에서는 이러한 유형의 지도자들을 비공식적 지도자라 하며, 감독이나 코치와 같이 공식적으로 임명된 지도자들을 공식적 지도자라 한다.

스포츠팀이나 조직에서의 비공식 리더

유명한 영화배우가 유명한 감독이 되는 경우는 흔치 않은데, 유명한 선수가 유명한 감독이 되는 경우는 상대적으로 많다. 왜일까? 이는 선수 시절 팀의 비공식적 리더로서의 다양한 역할과 활동 경험들을 미리 습득하거나 경험을 통한 결과에 기인한 것으로 설명된다. 이는 유명한 선수가 선수 시절 갖는 다양한 리더십의 역할과 학습경험은 유명한 감독으로 직간접적으로 전이된다는 것을 의미한다.

유명선수가 유명감독이 된 대표사례를 살펴보았다. 미구엘 무뇨즈는 유명선수로서, 감독으로서 모두 레알 마드리드의 전성시대를 이끌었던 인물이다. '저승사자 군단'의 일원으로 유러피언 컵 제패에 기여하고 은퇴 후 바로 감독이 되었으며, 감독으로도 유러피언 컵을 제패했으며, 레알 마드리드 역사상 최장 기간 감독에 부임했던 인물이기도 하다. 그는 레알 마드리드 역사상 최고의 감독이자, 라리가 역사에도 가장 위대한 감독으로 추대되고 있다. 이 외에 많은 유명선수 출신의 유명 감독으로 닐스 리드홀름 감독, 브라질 역사상 선수, 감독 모두로 월드컵 우승을 이뤄냈던 마리우 자갈루 감독, 3차례 라리가 우승을 이끈 루이스 아라고네스 감독 등이 있다.

미구엘 무뇨즈 감독의 레알 마드리드 프로 선수
시절과 감독 시절
출처: blog.naver.com/gaddam/221764280911

반면 유명선수 출신 경력은 아니지만, 세계적인 명장으로 꼽히는 감독들도 상대적으로 많이 존재한다. 그중 하나가 아리고 사키 감독이고 이 감독은 생활체육 출신 감독이다. 레전드 출신 선수가 아니어도 훌륭한 감독이 될 수 있다는 것을 보여준 사람이기도 하다.

아리고 사키 감독
출처: 파르마공식트위터

확률적으로 보았을 때 유명한 선수가 유명한 감독이 될 확률이 더 높다. 우리나라 감독들을 보면 아직까진 엘리트 선수 출신이 아닌 생활체육 출신의 명감독은 찾아보기 어렵다. 이러한 맥락에서 스포츠팀이나 조직 차원에서 구성원 중 비공식 리더로서의 역할과 경험의 의미는 공식적 리더가 되었을 때 어떤 영향을 미치는지 서로 논의해 보도록 하자.

또한 Kotler(1990)는 조직 내에서 존재하는 리더(leader)와 관리자(manager)의 역할을 보다 구체적으로 규정하였다. 즉, 리더는 조직구성원들에게 목표를 달성하게끔 변화와 혁신을 주도하며 명확한 방향과 비전을 제시하고 조언을 하는 역할을 한다. 관리자는 이미 주어진 업무나 목표가 완성되도록 조직구성원들에게 업무분담과 권한, 책임을 적절히 배분하여 조직을 감독하고 통제 관리하는 역할을 한다. 그는 '모든 리더는 관리자가 될 수 있지만, 모든 관리자는 리더가 될 수 없다'라고 하였다. 그만큼 리더는 비전 및 목적을 성취하기 위해 개인 혹은 집단, 즉 조직 활동에 크게 영향을 미칠 수 있는 능력을 가진 사람임을 강조하고 있다.

이러한 맥락에서 리더십이란 주어진 일정 환경 속에서 조직(팀) 목표를 달성하기 위해서 상사가 조직이나 구성원들이 자발적으로 노력하도록 영향력을 행사할 수 있는 통솔의 힘(Power)이라고 정의할 수 있다. 프로스포츠팀 감독의 리더십을 통해 팀 내 분위기와 성적, 팀 칼라(팀 문화)까지도 달라지는 모습을 보면 리더의 영향력이 매우 큼을 느낄 수 있다. 조직구성원들을 이끄는 리더십에 관한 통솔의 힘은 다음 요인들의 합에 의해 결정된다. 즉 경영자의 리더십의 정도와, 리더와 조직구성원과의 관계 그리고 외부 상황적 변수의 상호작용에 의해 경영자의 리더십인 통솔의 힘은 결정된다.

리더십 = 통솔의 힘(경영자×구성원×상황)

Leadership = Power(leader×member×situation)

---

(1) 리더십의 조건

리더십은 도대체 어디서 나오는가? 리더십의 요건은 무엇이며, 리더십을 지닌 경영자란 어떤 인물인가? 리더십은 이를 바라보는 시각에 따라 다양한 형태로 표출된다. 어떤 사람은 기병대를 이끄는 대장을 통해, 어떤 이는 수천 명이 지켜보고 있는 경기장에서 선수들을 지휘하는 거스 히딩크(Guus Hiddink) 감독을 통해 리더의 힘을 느끼게 된다. 또한, 어떤 사람은 감동적 연설을 하는 저명한 정치가로부터, 또는 과격종교집단 교주의 열광적인 설교를 리더십의 전형이라고 평가하는 사람도 있다.

이처럼 리더십은 이것을 바라보는 사람들의 관점에 따라 각양각색이다. 그런데도 일반적으로 '리더십' 하면 보편적으로 떠오르는 공통된 리더십을 살펴보면 크게 6가지 특징으로 요약된다.

① 리더십을 발휘한 경영자들은 결코 우유부단하지 않다.

리더십이 있는 경영자들은 머릿속으로 생각만 하고 실천에 옮기지 못하는 나약한 존재로 머물기를 거부한다. 4차 산업혁명 시대의 비즈니스 성공은 스피드에 달려 있다. 완벽을 기하기 위해 시간을 들이기보다 빠르게 실행하는 것이 중요하다. 완벽을 추구하다 보면 시간이 걸리고 준비가 완벽해졌다고 느낄 때는 이미 시장 상황이 변하거나 경쟁 구도가 바뀌기 때문이다. 아마존의 최고경영자 제프리 베이조스(Jeffrey Preston Bezos)는 비즈니스 실행에 있어 '정보의 70% 정도를 확보해서 사업 결정에 관한 이해(통찰)를 얻을 수 있다면 그때가 바로 실행에 들어갈 타이밍'이라고 조언했다. 30%의 정보를 얻기 위해 시간을 보내지 말고 즉시 실행하는 것이 중요함을 강조하였다.

② 위기에 강하다.

리더십이 있는 경영자는 위기상황에 봉착했을 때 더욱 진가를 발휘한다. 이들은 위기를 극복하는 과정에서 조직이 한 단계 더 비약할 수 있음을 알고 있다.

③ 카리스마를 가지고 있다.

경영자들은 구성원들을 일사불란하게 자신이 의도하는 방향으로 움직이게 하고 이들에게 자신의 권위를 내세울 수 있는 카리스마를 지니고 있다. 진정한 의미의 카리스마는 무력에 의한 강요와 지배가 아니라 구성원들로 하여금 자발적으로 따를 수 있는 분위기를 조성하는 것이다.

④ 참용기를 지니고 있다.

진정한 경영자는 조직과 구성원을 위해 옳은 일이라는 확신이 설 경우, 어떤 위험이라도 굳건히 신념을 지킨다. 이로 인한 비난에 대해서는 자신이 전적으로 책임진다는 용기로 맞서고 있다.

⑤ 뚜렷한 비전을 가져야 한다.

뚜렷한 비전을 갖지 못한 경영자는 조직구성원들에게 이들이 지향해야 할 목표와 방향을 분명히 제시해 줄 수 없다. 축구 변방 베트남을 동남아시아 축구 강국으로 우뚝 세운 박항서 감독은 선수에게 명확한 비전을 제시하고 선수와 감독 간 두터운 신뢰와 믿음 그리고 공감을 통해 베트남 축구의 가능성을 제시했고, 미국 내 개척자 정신을 부활시킨 케네디의 '신개척자 정신'은 국민에게 확실한 변화의 메시지를 전달했기 때문에 지지를 얻을 수 있었다. 이처럼 리더의 미션과 비전은 구성원들 간의 공유와 공감을 극대화시킬 수 있다.

⑥ 인내를 갖고 목표달성에 매진한다.

좋은 리더와 위대한 리더와의 사이에는 분명한 차이가 있다. 좋은 리더는 훌륭한 인품과 지적 능력을 지니고 있다. 위대한 리더는 훌륭한 인품과 지적 능력뿐만 아니라 세상을 더 나은 곳으로 만들기 위해 인내를 가지고 목표달성에 매진하는 것이다. 윌리엄 포드 주니어(William Clay Ford Jr.), 포드 자동차 최고경영자의 말이다. 그들은 비록 당초에 세운 목표를 달성하기 힘들지라도 쉽게 의지를 굽히지 않는 끈기를 가지고 매진하는 리더의 중요성을 강조하였다.

(2) 리더십의 이론적 접근

경영자의 리더십은 조직운영의 성공과 실패에 막대한 영향을 미친다. 이러한 리더십은 전통적 리더십 이론을 기반으로 리더의 특성과 자질을 토대로 한 특성이론(trait theory), 리더의 행동을 중시하는 행동이론(behavioral theory), 리더가 직면한 상황에 초점을 맞춘 상황론적 이론(situational theory)으로 설명된다.

① 특성접근 이론

특성접근 이론은 전형적인 리더십의 초기 이론으로 리더십을 발휘하기 위하여 개인의 필요한 소질, 능력, 신체, 인격에 관한 논의로서 '어떤 특성(trait)을 가진 사람이 지도자가 되어야 하는가?'가 연구의 주 접근 방법이다. 즉 고유의 특성이 있는 리더가 구성원들에게 영향을 준다는 관점이다. 이러한 특성접근 이론은 고유한 특성을 갖춘 사람이 일반인들보다 리더십을 발휘하는 데 더 뛰어난 측면이 있는지를 연구하여 개념화한 것이다. 이후 캐서린(Katharine C. Briggs: 1875-1968)과 그의 딸 이사벨(Isabel B. Myers: 1897-1980)이 구성원의 성격 평가도구로 MBTI(Myers-Briggs Type Indicator)를 개발하여 이를 리더십의 특성이론에 적용하여 특성이론에 관한 연구가 활발하게 진행되었다. 그러나 롤프 스토그디일(Ralph M. Stogdill: 1904-1978)은 리더의 개인적 자질과 고유한 특성을 가진 사람이 리더가 되는 것은 아니라는 사실을 발견한다. 이러한 특성접근 이론은 이후 어떤 지속적인 발견을 창출해 내지는 못하고 이론의 한계에 직면하게 된다.

② 행동접근 이론

1940년대 후반부터 리더십의 특성접근 이론을 보완하기 위해 많은 연구자들은 리더의 행동에 중점을 두었다. 리더란 특성접근 이론처럼 개인적으로 특성을 타고나는 것이 아니라 교육을 통해 만들어질 수 있다는 의미를 갖고 있다. 이렇듯 행동접근 이론은 리더의 특성보다는 실제 행동 측면에 관심을 두는 것으로, 리더가 나타내는 반복적인 행동 패턴을 통해 리더십 유형을 찾아내고, 어떤 유형이 효과적인 리더십 스타일인지를 규명하는 것이다. 행동접근 이론은 리더가 다른 구성원에게 보여줄 수 있는 행동은 기본적으로 세 가지 유형으로 설명된다. 먼저 미국의 경영학자인 더글라스 맥그리거(Douglas M. McGregor, 1966)의 X-Y 이론으로, X-이론에 부합한 리더십은 과업지시에 초점을 두고, Y-이론은 인간관계를 통해 리더십의 행동유형을 보았다. 첫 번째 유형은 조직이나 집단에 부여된 과업을 달성하는 데에 많은 관심을 두는 것으로 이러한 리더십은 과업지향적 리더십(Job-centered of production-centered leader)유형으로 불린다. 두 번째 유형은 조직이나 집단에서 일하는 사람들에 대해 더 많은 관심을 두는 것으로 종업원 지향적 리더십(Employee-centered leader)유형으로 불린다. 경영학의 아버지 테일러(F. Taylor: 1856-1915)는 창조와 혁신을 강조하는 미래지향적 리더십 유형으로 인간의 잠재력이 능동적으로 발휘될 수 있는 Y-이론을 기본으로 한 종업원 지향적 리더십 유형을 강조하기도 하였다. 이후 브레이크와 모우톤(Robert R. Blake & Jane Mouton, 1964)은 리더십의 행동유형을 생산과 인간 모두를 강조하며 생산에 관한 관심(Concern for Performance)과 인간에 관한 관심(Concern for People)

을 수평적, 수직적 격자로 분류하여 리더십의 행동유형을 계량화하였다. 이를 관리격자(managerial grid) 모형이라고 한다. 이러한 이론을 기저로 세 번째 리더십 행동유형으로 생산과 인간 모두에 대해 관심을 두는 양자 지향적 리더십 유형이 있다. 이 유형의 리더는 상호의존 관계와 조직의 공동목표를 강조하고, 구성원의 참여를 강조하는 팀 지향적인 유형이다. 생산과 인간을 통합하여 높은 성과를 가져오는 이상적인 리더라고 할 수 있다. 따라서 많은 리더들이 관리격자 모형의 양자 지향적 리더를 목표로 체계적이고 단계적인 리더 행동개발 프로그램을 많이 활용하고 있다.

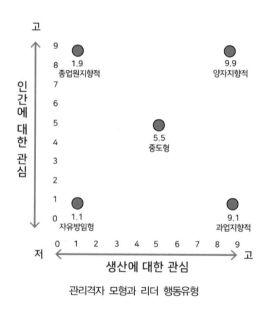

관리격자 모형과 리더 행동유형

가) 과업 지향적 리더십

과업에 대해서는 높은 관심, 사람에 대해서는 낮은 관심을 나타내는 유형이다. 이들은 혼자 계획하고 통제하고, 명령 일변도이며, 구성원을 생산도구로 여기며, 업적달성에만 관심이 있고, 구성원들이 따라오라는 식이다. 이러한 유형은 구성원의 참된 협력에 의한 경영 활동이 불가능하게 되어 장기적인 성과실현도 불가능하게 된다. 과업 지향적 리더십 유형에서 리더 행동의 특징은 과업이 무엇인가를 분명히 하고 계획을 세우며, 과업을 나누어 구성원들에게 분담시켜 책임 영역을 분명히 하는 것이다. 그리고 과업을 수행하는 데 따라야 할 절차를 명확히 만들고, 맡은 임무를 구성원들이 달성할 수 있도록 독려하며, 결과를 주의 깊게 관찰하는 리더의 유형이다.

나) 종업원 지향적 리더십

사람에 대해서는 높은 관심, 과업에 대해서는 낮은 관심을 나타내는 유형이다. 이런 유형은 구성들에게 화합과 상사에 관한 신뢰, 구성원들에게 칭찬 등 좋은 분위기를 만드는 데 주로 신경을 쓴다. 종업원 지향적 리더십 유형의 특징은 구성원들과 온화한 관계를 유지하고 그들의 감정을 존중하는 것을 들 수 있다. 그뿐만 아니라 구성원들이 무엇을 원하는지에 대해 관심을 가지며 구성원과의 상호 신뢰감을 강조하는 유형이다.

다) 양자 지향적 리더십

양자 지향적 리더십은 과업과 사람 모두에 대해 높은 관심을 보이려는 리더십 유형이다. 이 유형의 관리자는 일을 통하여 사람을 육성하는 데 익숙한 사람으로서, 구성원들로 하여금 참여와 화합을 유도하여 주인의식을 고취시켜서 높은 성과를 달성하는 이상적인 리더십 유형이다.

라) 자유방임적 리더십

사람과 과업 모두에 대해서 낮은 관심을 나타내는 리더십 유형으로, 이런 유형을 가진 관리자는 과업에 관한 의사결정 대부분을 집단 구성원들에게 방임하고 구성원들과의 관계에도 별 관심을 보이지 않는 유형을 의미한다.

뉴욕 양키스의 Joe Torre 감독

감성 지능(emotional intelligence)을 지닌 미국 프로야구 뉴욕 양키스(New York Yankees)의 조 토레(Joe Torre) 감독은 기술혁신이 진전되고 경쟁이 치열해질수록 타인을 배려할 줄 아는 따뜻한 인간형의 리더로 평가되고 있다. 그는 80~90년대 중반까지 호화 멤버를 자랑하면서도 우승을 이끌지 못한 '모래알 군단'이라는 뉴욕 양키스팀에 1996년 팀 사령탑으로 등극하여 5년 동안 월드시리즈 4차례 우승, 3년 연속 우승을 이루어냈다. 선수들을 대상으로 일대일 '감성경영', 즉 선수 개개인을 인간적으로 대하여 동기부여를 유도하고 내재한 개인적 가능성보다 팀워크를 통해 팀의 성과를 발휘하도록 하였다. 그는 2008년 LA 다저스 감독을 거쳐 은퇴 후 2011년 미국 프로야구 메이저리그(MLB) 부사장으로 활동하기도 하였다.

뉴욕 양키스의 조 토레 감독

출처: 나무위키

---

③ 상황론적 접근이론

상황론적 접근이론은 '오늘날 경영은 상황적이다'라는 전제하에서 리더십 이론을 제시하고 있다. 이는 여러 연구에 의하면 행동접근 이론의 민주적 리더십이 항상 보편적으로 효과적이지 않다는 결과를 토대로 출발하게 된다. 결국, 어떠한 유형의 리더십이 모든 상황에서 항상 일관성 있게 효과적인 것이 아니라, 상황에 따라 효과적인 리더십이 달라진다는 것이다. 따라서 이상적인 리더십 유형이 독립적으로 존재하는 것이 아니라, 상황에 알맞은 것이라면 어느 유형의 리더십이든 높은 성과를 올릴 수 있다는 것이다. 즉 리더십의 효율성에 초점을 맞춘 행동이론과 달리 경영자가 직면하고 있는 상황에 잘 대응하는 리더십의 능력이 조직성과를 창출할 수 있다는 관점이다.

프레드 피들러(Fred E. Fiedler: 1922-2017)는 최초로 상황적 리더십 이론을 제시한 학자로 그는 리더십이 이루어지는 상황이 경영자에게 얼마나 호의적인가에 따라 서로 상이한 유형의 리더십이 효과적이라고 주장한다. 즉 상황적 리더십은 리더와 집단 구성원의 상호작용 유형과 그들이 처해 있는 상황의 적합성에 따라 결정된다는 것이다. 이러한 맥락에서 그는 리더와 집단 구성원과의 상호작용에 영향을 미치는 상황적 변수로 첫째, 리더와 구성원의 관계(leader-member relationship), 즉 리더와 조직구성원의 신뢰와 존경, 믿음 등의 정도에 따라 결정된다. 둘째, 직위 권력(leader of position power)으로 조직 내에서 리더가 지니고 있는 공식적 지위를 통해 채용, 해고, 승진 등에 미치는 정도를 의미한다. 셋째, 과업구조(task structure)로 조직 내 업무분담의 구조를 이해하는 정도에 따라 리더십이 상호작용한다고 하였다. 이후 브룸(Vroom)과 이튼(Yetton)은 상황적 이론을 기반으로 리더의 의사결정에 중점을 두어 상황적 리더십 이론을 보다 발전시켰으며, 그들은 효과적인 리더가 되기 위해서는 상황에 대응할 수 있는 좋은 의사결정(decision making)을 해야 한다는 점을 강조하였다.

이처럼 상황 이론이란 리더는 상황에 따라 적절한 행동과 의사결정을 해야 한다는 것이다. 그러나 경영자는 여러 가지 상황을 분석하고, 거기에 대응하여 필요한 행동을 취하고자 할 때 몇 가지 문제가 발생한다. 즉 상황에 맞추어 의사를 결정하거나 적절한 행동을 취한다는 자세 그 자체가 조직구성원들에게 기회주의적이라는 인상을 준다는 부정적인 효과를 자아낼 수 있다. 그러므로 필요한 것은 경영자의 확고한 경영철학과 이념 그리고 소신을 전제로 한 상황에 따른 행동과 의사결정이 요구된다.

3. 스포츠경영의 리더십 유형

오늘날 리더십의 개념과 유형은 시대에 따라 많은 변화를 거쳐 왔고 리더십에 관한 연구는 다양한 학문영역 측면에서 이루어져 왔다. 이처럼 리더십에 관한 이론은 시대마다 서로 다른 관점에서 연구되어 1940년대 후반 이전의 특성이론(trait theory), 1960년대 후반의 행동이론(behavioral theory), 1960년대 후반에서 1980년대 초반의 상황이론(situation theory), 1980년 초반 이후 현대 리더십 이론으로 전개되어 왔으며 현대 리더십 이론 이전의 리더십을 전통적 리더십 이론으로 구분하기도 한다. 최근 4차 산업혁명과 디지털 전환(Digital transfer)이라는 경영환경에서 리더십에 관한 패러다임의 대전환을 요구받고 있는 시점에서 스포츠경영 조직체, 스포츠 기업, 스포츠팀 등에서 중요시되는 리더십의 유형들을 살펴보도록 한다.

① 변혁적 리더십

변혁적 리더십(transformation leadership)은 열정과 비전으로 조직구성원을 고무시킬 수 있는 리더십으로 리더와 추종자들 간에 서로 높은 동기부여와 도덕성을 지향할 때 발생하는 리더십으로 서로의 깊은 욕구와 감정적 열망을 바탕으로 이루어지는 관계로 정의하고 있다. 변혁적 리더십 이론을 구체화하기 위하여 매슬로(Maslow, 1943)의 욕구단계 이론의 자아실현 욕구를 적용하여 보면 리더는 구성원의 고차원 욕구를 활성화시키며 구성원들은 일상의 단계에서 보다 높은 단계로 이동하게 된다. 이렇듯 욕구계층에 따라 구성원의 욕구를 더 높은 수준으로 변화시킴으로써 조직경영의 높은 목표를 달성하는 방향으로 구성원의 노력 수준을 향상시키게 된다. 또한, 거래적 리더는 하나의 조직문화가 있을 때 그 조직문화의 범위 안에서 일을 하지만, 변혁적 리더는 조직문화를 변화시킨다는 역동성을 지닌 것으로 설명된다. 변혁적 리더에 의해 잘 관리된 조직체는 강한 조직문화를 가지게 되며 이러한 조직문화는 일반적으로 조직 내에서 변혁적 리더가 수년간 여러 가지 조직문화 형태를 구축해온 결과로 설명된다(Peters & Waterman, 1982). 이상과 같이 변혁적 리더십은 조직의 미래에 관한 비전설정, 비전과 조직구성원의 연결, 기대 이상의 동기를 촉진하고 격려를 원칙으로 한다. 따라서 스포츠경영 조직체에서의 변혁적 리더는 구성원들이 일상적인 과업수행에 얽매이지 않고 보다 장기적인 경영철학을 가지고 구성원 개개인을 격려하고 발전시킬 수 있도록 리더십을 발휘하여야 할 것이다.

② 서번트 리더십

서번트 리더십(servant leadership)은 신조류 리더십 이론 중 하나로 주목받고 있는 리더십 유형이다. 최근 기업경영 활동이 생산구조 중심에서 마케팅구조 중심으로 전환됨에 따라 다양화된 고객 욕구를 충족시키고 구성원을 주도할 수 있는 새로운 리더의 역할이 요구되면서 서번트 리더십의 필요성이 강조되고 있다. 스피어(Spears, 2005)은 서번트 리더십이 21세기 리더십 모델의 중심이 될 것이라 주장하였다. 이러한 서번트 리더십은 상반된 의미를 지니고 있는 servant(종, 하인)와 leader(리더)의 개념이 합쳐진 것으로 인간존중을 바탕으로 리더가 구성원의 잠재력과 성장을 이끌어 주고, 그들의 욕구를 만족시키기 위해 헌신하며, 공동체를 형성하는 리더십이라 할 수 있다. 그린리프(Greenleaf, 1970)에 의해 처음 제시된 서번트 리더십은 인간존중에 바탕을 두어 구성원들을 존중하고, 그들에게 잠재력을 발휘할 기회를 제공하며, 각자의 개성과 능력을 지원해 줌으로써 진정한 공동체 형성을 이룰 수 있도록 지원하는 리더십으로 정의된다. 이러한 리더십의 바탕에는 리더의 서비스 정신이 강하게 뿌리내려져 있으며 서번트 리더에 있어 리더십 발휘의 원동력은 구성원의 성장과 성공에 있다. 이는 개인이 성장할 때 조직의 목표를 보다 탁월하게 달성할 수 있기 때문이다. 따라서 스포츠경영 조직체의 서번트 리더는 다른 사람에게 봉사하는 가운데 조직구성원들을 이끌어 가는 진정한 리더가 된다는 점을 강조하고 있다.

③ 거래적 리더십

거래적 리더십(transactional leadership)은 신자유주의 이념과 함께 성과주의 가치가 강조되면서 상황적 보상과 예외적 관리에 의한 통제에 중점을 두는 것으로 변혁적 리더십과 상대적 개념으로 리더와 구성원 간 거래적 혹은 교환적 관계에 초점을 둔다. 즉 리더는 구성원들과의 관계가 일상적인 업무수행 과정에서 복종과 보상을 주고받는 거래 관계를 의미한다. 따라서 거래적 리더들은 구성원들에게 명백한 책임을 부여하고 자신이 기대하는 바를 명확히 제시함으로써 구성원들이 조직에서 요구하는 바를 충족시키기 위해 최선을 다하도록 하는 묵시적 계약관계가 형성된다. 따라서 리더는 구성원들이 원하는 것을 인지하고, 인지된 욕구를 구성원의 노력과 실적에 관한 교환조건으로 어떻게 채워줄 것인가를 제시하게 되며 이러한 노력과 보상의 교환이 적정하다면 구성원들의 인식은 노력에 관한 동기를 유인하게 된다. 또한, 거래적 리더십은 행태론, 상황론 등의 개념과 마찬가지로 구성원 중심이 아닌 관리자 중심의 성과 지향적 리더십을 강조하고 있다는 점이 변혁적 리더십과 차이가 있다.

④ 임파워링 리더십

임파워링 리더십(empowering leadership)은 리더가 구성원들의 능력과 잠재력을 인정하고 충분히 발휘될 수 있도록 권한을 위임함으로써 그들의 내적동기가 발생하고 스스로 의사결정 기회를 제공하는 리더십으로 정의하고 있다(Arnold et al., 2000). 최근 임파워 링 리더십은 조직의 생명력과 활력을 넣어주는 리더십으로 조직구 성원이 자기 일처럼 관심과 열정을 갖고 개선과 변화에 참여할 수 있는 기본적인 틀을 제시하고 있다는 점에서 주목되고 있다. 리더 는 전통적인 관리자, 통제자, 의사결정자, 집행자, 아이디어 창안자 라기보다는 지원자, 조력자, 활력 있는 분위기 촉진자의 역할을 수 행한다는 관점이다. 따라서 구성원이 일정 부분의 의사결정을 스스 로 할 수 있도록 구성원에게 권한을 부여함으로써 그들의 행동에 관한 변화를 할 수 있다는 동기부여 관점에서 출발한다.

오늘날 스포츠경영 환경에서 빠른 의사결정과 고객 만족 제공을 위해서는 구성원들의 신속한 의사결정을 위해 리더의 지시를 기다 리는 것보다 훨씬 빠르게 자신의 판단하에 고객에게 정확한 피드백 을 제공해야 할 필요가 수시로 발생하고 있다. 따라서 이러한 업무 환경에서 원활하게 업무가 수행되도록 조직구성원에게 권한이 부여 되어야 하고 그들의 수행업무를 효율적으로 수행될 수 있어야 하기 때문에 구성원들이 업무에 관한 직무역량이 충분히 갖추어졌을 때 유용한 리더십이 된다. 임파워링 리더십을 구현하기 위한 구성요소 로 솔선수범(leading by example), 코칭(coaching), 참여적 의사 결정(participative decision making), 정보공유(information sha ring), 관심표출(showing concern) 등이 있다.

⑤ 감성적 리더십

감성적 리더십(emotional leadership)은 조직구성원들의 감성을 이해하고 배려하는 동시에 공동의 비전을 제시하고 자연스럽게 구 성원들을 리드할 수 있는 리더십을 감성적 리더십으로 정의할 수 있다. 즉 감성적 리더십은 조직구성원을 감동시키는 가치를 만들어 내고 설득과 공감을 통해 구성원들에게 신뢰를 형성하여 구성원들을 자발적으로 움직이게 하는 리더의 역량을 의미한다. 이러한 감성적 리더십을 평가하는 감성 지능의 구성요소로 자기인식 능력(자기 자신을 객관적이고 냉철하게 평가하고, 솔직해질 수 있는 능력), 자기관리 능력(자신의 감정을 통제할 수 있는 능력), 사회인식 능력(타인에 관한 배려와 애정을 가지고 적극적으로 관심을 표현할 수 있는 능력), 관계관리 능력(구성원에게 영향력을 주고 갈등을 원만히 해결할 수 있으며, 팀을 조직하고 팀워크를 끌어내는 능력) 등이 있다. 골맨과 그의 공동연구자들은(Goleman, Boyatizs & Mckee, 2002) 팀을 이끄는 리더에게 감성적 리더십은 더욱 중요하고 조직의 상위계층으로 갈수록 감성 지능이 더욱 중요하다고 주장하였다. 2002한일월드컵의 한국축구대표팀 거스 히딩크(Guus Hiddink) 감독은 '월드컵 4강 신화'를 이루었다. 이러한 기적은 학연이나 지연을 따지지 않은 선수선발, 과학적인 훈련을 기반으로 한 기초체력 강화훈련, 선수들 간의 경쟁 유도 그리고 선수 개개인에 관한 애정과 용기, 믿음을 바탕으로 한 이른바 감성 리더십이 원동력이 되었다. 선수들과 함께 웃고 장난치듯 친근하게 훈련하는 모습 속에서 선수들은 그의 감성적 리더십에 동화되었고 잠재적인 능력을 믿어주는 감독을 선수들은 전폭적으로 따랐다. 이는 감성적 리더십을 기반으로 조직구성원의 감성에 파고들어 갈 때 구성원의 자발적 행동을 긍정적으로 유발시킬 수 있음을 보여주는 스포츠팀 리더십의 좋은 사례가 된다.

아무리 훌륭한 조직구성원을 갖추고 최고의 지원과 투자를 한다고 해도 조직구성원의 마음을 감성적으로 움직이지 못한다면 그 조직은 좋은 성과를 얻을 수 없다. 캔필드(Canfield, 1998)는 팀이나 조직 내에서 감성적 리더십 분위기는 구성원들에게 파급되고 전염되는 경향을 가진다고 하였다. 즉 조직 내 감성적 리더십을 기반으로 한 감성역량의 수준이 높은 조직의 경우 꿈과 이상을 가지고 있고 미래 비전도 분명하여 시간이 지남에 따라 조직의 효능감은 강화된다는 것이다. 따라서 스포츠경영 조직체나 팀의 경영자는 성공적인 리더가 되기 위해 리더십 유형들을 적절한 방법으로 혼용하여야 하고 각각의 리더십 유형에 내재된 감성 능력을 강화하기 위한 꾸준한 노력을 기울여야 한다.

히딩크 리더십

거스 히딩크(Guus Hiddink) 감독은 한국축구 월드컵 출전 48년 만에 첫 승리를 통해 감독의 역량이 팀 수준을 획기적으로 변모시키며 리더의 역할이 얼마나 중요한지를 일깨워준 대표적 리더십 사례로 회자되고 있다. 경영전문가들은 히딩크 리더십 분석을 통해 스포츠 감독의 역할과 기업 경영자의 역할이 유사하며 기업경영의 핵심인 리더십이 그의 역할과 행동에 모두 담겨 있다고 한다. 이에 최근 내외적 시장경제의 불확실성 시대에 히딩크 리더십의 성공 요인을 분석하여 스포츠경영 및 조직(팀)의 리더십 유형을 재조명하도록 한다.

스포츠감독의 역할은 기업 CEO와 유사

감 독	CEO
목표: 팀의 경기력 극대화	기업의 역량 극대화
전략: 작전 수립	전략수립
교육: 선수 트레이닝	인재육성
정보: 팀 분석 및 현지조사	시장 정보수집 및 분석
조직: 자신감 고취	강한 기업문화 형성

히딩크 리더십의 역할
출처: 삼성경제연구원(2002)

삼성경제연구원(2002)의 보고에 따르면 히딩크 리더십의 성공 요인은 HI-FIVE로 설명하고 있다. 소신(Hardiness)과 공정성(Impartiality)을 원칙으로 기본을 강조

(Fundamentals)하고 있으며, 혁신을 추구(Innovation)하며, 가치를 공유(Value Sharing)하고, 전문지식을 활용(Expertise)하는 전략을 기반으로 한다. 먼저 히딩크 리더십의 성공 요인인 원칙(Principle)을 살펴보면 꿋꿋한 소신(Hardiness)으로 월드컵 경기 이전 훈련결과가 상당한 기간 성적으로 가시화되지 않고 경기 부진에 따른 비난 여론 속에서도 스스로에 관한 자신감과 축구 철학을 확고히 하는 흔들림 없는 소신이 있었다. '준비과정에서 흘러나오는 어떠한 비판도 나는 수용할 자세가 되어 있다. 당신들이 조급한 마음을 가지고 비판의식에 사로잡혀 있을 때 나는 6월을 기다렸다. 지금 세계 유명 축구팀들이 우리를 비웃어도 반박할 필요가 없다. 우리는 월드컵에서 보여주면 되는 것이다'라는 꿋꿋한 소신을 밝혔다. 또한, 명성이 아닌 실력으로 선수를 선발하는 공정성(Impartiality)을 원칙으로 하였다. 히딩크 리더십의 성공 요인 전략(Strategies)으로 정신적 측면에서 원칙과 규율을 강조하고 신체적 측면으로 체계적인 체력강화 프로그램을 제시하며 기본을 강조(Fundamentals)한 전략이 있었으며, 틀에 박힌 포메이션을 파괴하고 멀티 플레이어의 육성을 통해 끊임없는 변형이 일어나는 창의적인 축구를 구현하는 혁신(Innovation) 전략을 추구하였다. 취임 초기부터 자신이 추구하는 축구의 스타일을 명확히 제시하고 모든 선수가 이를 이해하도록 공유하도록 가치를 공유(Value sharing)하는 전략을 수행했으며 끝으로 전문화된 스태프를 효과적으로 이용하여 역할을 분담하고 시너지를 발휘하도록 하는 전문지식 활용(Expertise) 전략이 있었다. 히딩크 감독의 2가지 원칙과 4가지 전략(HI-FIVE)을 통한 그의 리더십은 확실한 목표를 설정하고 선수들과 허물없는 의사소통을 통해 설정된 목표달성을 위해 모든 선수가 충분한 자질을 가지고 있다는 믿음과 소신을 갖게 되며 결국 월드컵 4강이라는 신화를 창출하는 밑바탕이 되었다. 이러한 그의 리더십은 확실한 비전을 설정하고 구성원들과 의사소통을 통해 구성원들이 충분한 능력을 가지고 있다는 강한 믿음과 자신감과 동기유발을 통해 목표를 달성한다는 변혁적 리더십의 근간이 된다.

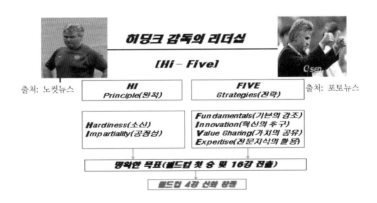

리더십 교육기관인 창의적 리더십 센터(CCL: Center for Creative Leadership)에 따르면 리더는 '높은 지지(high support)'와 '강력한

도전(high challenge)'이라는 역설적이지만 둘 다 높게 할 때 조직목표달성이 가능하다고 하였다. 그들은 리더의 지지와 도전을 다음의 매트릭스를 통해 설명하고 있다.

지지(support)란 상대방을 공감해 주며 깊이 있게 들어 주고, 상대의 관점을 존중해 주며, 옳다는 것을 인정해 주는 것이다. 도전(challenge)이란 상대방이 생각하는 기준보다 더 높은 것을 조직구성원들로부터 끌어내는 것이다. 지지는 높은데 도전이 약하면 공감으로 그치게 된다. 공감(empathize)이 반드시 필요하지만, 상대방의 잠재력을 끌어내는 면에서 한계가 있다. 누구나 더 도전할 수 있음을 알면서도 안전지대에 머무는 경우가 있지 않은가? 그럴 때 도전해 주는 리더가 필요하다. 반대로 도전은 강력한데 지지가 약하면 힘든 상황에 직면(confront)하고 서로 맞서게 된다. 리더에 위협을 느끼고 긴장 속에서 일을 하게 된다. 긴장하고 눈치를 살피는데 최고의 기량이 나오기 어렵다.

CCL(Center for Creative Leadership)모델

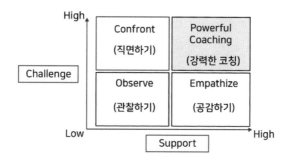

강력한 리더는 높은 지지와 강력한 도전을 겸비하는 데서 나온다. 따라서 리더는 구성원에게 지지를 잘해주어 신뢰를 형성해야하며 존중하고 상대의 성공을 바라고 있음을 느낄 수 있어야 한다. 또한, 성장을 위해 구성원들에게 안전지대를 넘어서야 한다는 것을 강조하며 목표를 공유하고 격려할 수 있어야 한다.

팀 구성원들에게 높은 지지와 강력한 도전을 추구한 보 스켐베클러(Bo Schembechler: 1929-2006)는 미국 미시간 대학 미식축구 감독으로 20년간 234승, 승률 85%라는 대기록을 달성한 리더였다. 그는 불같은 성격의 소유자였다. 하지만 필드 밖에서는 선수들을 살뜰히 보살피는 부드럽고 인간적인 감독이었다. 돈이 없어 외곽에 살 수밖에 없는 선수에게 집을 얻어주고, 선수들의 학교성적도 일일이 챙겼다. 코치, 선수, 스태프들의 이야기를 경청하면서 그들에게 '나는 여기에 필요한 사람'이라는 인식을 심어주었다. 하지만 리더로서 원칙을 명확히 하고 선수들이 따라올 것을 강력히 주문했다. 혹독한 훈련을 견뎌낼 각오만 있으면 미식축구를 하고 싶어 하는 학생이라면 누구에게나 기회를 제공했다. 시간 엄수에 관한 한 병적일 정도여서 한 번도 인원점검을 한 적이 없었다. 시간이 되면 무조건 시작했고, 버스 이동 시에는 인원점검 없이 제시간에 무조건 출발했다. 팀 전체가 시간을 칼같이 지키는 문화가 형성됐다. 그는 팀을 최고의 가치로 내세웠다. '아무리 뛰어난 선수도 팀보다 중요하지 않았다. 아무리 뛰어난 감독도 팀보다 중요하지 않다. 팀만이 전부였다.' 그는 스타선수에 대해 우대를 금지하고, 아무리 뛰어나도 개인플레이를 하면 선발에서 제외했다. 또한, 강력한 목표를 세우되, 일방적으로 강요하지 않았다. 선수들이 스스로 목표를 설정하게 했다. 이처럼 리더는 더 높은 목표에 도전하도록 이를 통해 자기 기량을 끝까지 사용하도록 지지(support)와 도전(challenge)을 주어야 한다. 조직구성원들에게 강한 지지를 통해 용기와 자신감, 그리고 동기를 갖게 해줄 강력한 자극이 필요하다(고현숙, 2019.03.04. 네이버 인터비즈).

보스켐베클러 전 미시간대 미식축구팀 감독

출처: AP연합뉴스

이상 리더십의 많은 유형과 스포츠 현장에서 회자되고 있는 다양한 리더들의 모습을 살펴보았다. 그러나 훌륭한 리더십이 공식처럼 명확하게 방법이 정해져 있지 않다. 따라서 스포츠 경영조직의 상황과 최근 시장환경의 변화에 대응할 수 있는 미묘한 균형감각(balance of support-challenge) 기술을 지닌 리더가 그 어느 때보다도 요구되고 있다.

4. 스포츠경영 지도를 위한 동기부여(Motivation)

인간은 일정한 동기에 의해 행동을 하게 된다. 즉 인간의 행동은 목표를 달성하려는 욕구에 의해서 유발된다고 말할 수 있다. 그러므로 인간의 행동은 욕구를 충족시켜 주는 하나의 수단으로서 역할을 하므로 인간의 행동을 유발하기 위해서는 욕구를 충족시킬 실마리를 제공해야 하는데 이것이 바로 자극(stimulation)이다. 즉 자극을 주게 되면, 인간은 반응(response)하는데 이것은 행동으로 표출된다. 이렇듯 인간의 행동은 상기와 같이 유발되므로 조직구성원의 바람직한 행동을 유도하여 스포츠경영 성과를 실현하기 위하여 관리자는 구성원이 가진 욕구 또는 동기를 간파해야 한다. 그리하여 욕구를 충족시킬 수 있는 강화요인(reinforcing factor)을 제공함으로써 욕구충족을 위한 행동을 유발할 수 있게 한다. 다시 말해서, 스포츠조직의 목표를 달성하기 위해서 필요한 협동적 행동을 확보할 수 있도록 구성원들에게 적절한 강화요인을 제공해야 하는데 이것을 조직구성원에 관한 동기부여(motivation)라고 한다. 관리자가 구성원들에게 제시되는 다양한 동기부여를 통해 개인 인성의 변화와 조직성과의 품질을 높일 수 있다. 이는 구성원의 업무수행 성과는 구성원 개개인의 능력과 자발적 의욕(동기부여)에 기인하기 때문이다.

> **구성원의 업무수행 성과 = (구성원의 능력×동기부여)**

여기에서 구성원의 능력은 지식과 기능으로 이루어지며, 교육·

훈련 및 경험을 통해서 습득할 수 있다. 그리고 동기부여는 구성원의 욕구, 직무의 물리적 조건 및 직무의 사회적 조건 등의 상호작용에서 기인한다. 실질적으로 경영자에게 있어 주안점이 되어야 할 것은 구성원의 능력보다는 능력을 발휘하기 위한 구성원들에게 자발적 의욕을 촉진시키는 동기부여를 유도하여 이를 스포츠 경영조직의 생산성으로 연결토록 하는 것이다.

5. 동기부여 요인과 관련 이론

경영자는 조직구성원의 생산적이고 협동적인 행동으로 유도하기 위한 동기부여의 요인들 첫째, 경제적 요인, 둘째, 관심을 끌어주는 인간적 요인(사회관계의 유지), 셋째, 흥미 있는 작업, 지속적인 근로 분위기 조성 등과 같은 환경적 요인, 넷째, 명예, 개인적인 권력을 행사할 기회, 성취와 인정과 같은 사회적 요인 등 다양한 요인을 제공해 주어야 한다. 이에 보다 구체적으로 구성원들이 자발적으로 최선을 다해 업무를 수행하기 위한 동기부여 관련 이론들을 살펴보도록 한다.

동기부여 이론에는 내용적 접근이론(content theories)과 과정적 접근이론(process theories), 두 가지 접근방법이 있다. 먼저 내용적 접근이론은 '인간은 만족되지 않은 내적 욕구가 있으며, 이러한 욕구를 충족시키기 위하여 동기가 유발된다'라고 가정하고 있다. 따라서 이 접근방법은 구성원의 행동에 영향을 미치는 욕구를 밝혀내기 위해 개인을 평가하거나 분석하는 데 중점을 두고 이를 만족시키는 방법을 모색하게 된다. 즉 무엇이 동기를 유발하는가에 초점이 맞추어진 이론이다. 반면 과정적 접근이론은 '인간은 자신이 바라는 미래의 보상을 획득하기 위하여 동기가 유발된다'라고 가정하므로 구성원들에게 할당하는 보상이 그들의 행동에 영향을 미치는 과정에 중점을 둔 이론이다. 즉 동기부여가 인간의 욕구에 기초를 두되 여기에 따른 요인 행위의 선택을 유발케 하는 요인을 추가하여 조직 내 구성원들의 행위를 어떻게 변화시켜 나가는가를 설명하고 있다.

(1) 내용이론

동기부여의 내용이론(content theories)이란 동기를 유발하는 요인의 내용을 설명하는 이론을 말한다. 즉 무엇이 개인의 행동을 유지 혹은 활성화하는가, 혹은 환경 속의 무슨 요인이 사람의 행동을 움직이게 하는가에 관한 이론을 말한다. 동기유발의 주요 내용이론으로는 매슬로(Abraham H. Maslow)의 욕구단계 이론, 앨더퍼(Clayton P. Alderfer)의 ERG 이론, 허즈버그(Frederick Herzberg)의 2요인 이론 등이 있다(네이버 지식백과, 2020).

먼저 매슬로의 욕구단계 이론(Hierarchy of needs theory)을 살펴보면 그는 인간의 욕구는 계층으로 형성되어 고차원 욕구는 저차원 욕구가 단계적으로 충족될 때 동기부여 요인으로 작용한다는 점을 가정하고 있다. 즉 인간의 욕구를 계층별로 분류하였는데, 어느 한 단계의 욕구가 충족되면 그다음 단계의 욕구를 충족하기 위해 노력한다고 주장한다. 일단 충족된 욕구로는 더 이상 동기부여가 되지 못하며, 점진적으로 높은 단계의 욕구를 충족하기 위해 동기가 발현된다는 것이다. 이러한 욕구의 단계적 계층은 고정되어 있다기보다는 상대적으로 나타나는 것으로 하위계층의 욕구가 어느 정도 충족되면 상위계층의 욕구가 나타난다. 욕구 피라미드의 하단에 위치한 5개 층은 가장 근본적이고 핵심적인 욕구로 구체적으로 생리적 욕구, 안전의 욕구, 사회적 욕구, 자존의 욕구, 자아실현의 욕구이다. 기본적인 욕구가 충족되고 나서야 사람들은 부차적인 혹은 상위 단계의 욕구에 관한 강한 열망을 가지게 된다. 따라서 경영자는 구성원의 욕구를 파악하여 이를 충족시킴으로써 성공적으로 동기유발을 유도하도록 하여야 하며, 구성원들이 개별적으로 충족시키려는 욕구를 정확히 파악하기 위해서는 구성원의 연령, 직급, 작업 등 욕구의 종류에 관한 깊은 이해를 필요로 한다.

매슬로의 욕구단계이론

1948년에 제시된 매슬로의 욕구단계 이론과 욕구 피라미드는 행동과학에서 인간의 동기를 설명하는 가장 영향력 있는 이론 중 하나였다. 그러나 그의 이론에 관한 비판으로 개인의 욕구가 정적인 맥락(static context)이 아닌 동적인 맥락(dynamic context)에서 설명되어야 한다는 것이다. 개인의 욕구는 발현하는 다양한 상황에서 끊임없이 변화하여 나타나고 때로는 각 욕구가 상호작용하며 나타나기도 하는데 매슬로의 욕구단계 이론은 각 욕구의 동태적인 모습을 설명하지 못했다는 점에서 한계가 있다는 것이다. 이러한 문제점과 한계를 극복하고 보완하고자 하는 시도에서 클레이튼 앨더퍼(Clayton P. Alderfer)은 개인의 욕구 동기를 3단계로 축약하여 제시하였다. 매슬로의 5단계 욕구를 이루는 핵심요소 중 공통되는 부분을 중심으로 묶어 존재욕구(Existence needs), 관계욕구(Relatedness needs), 성장욕구(Growth needs)의 3단계, 즉 ERG로 축소한 것이다. 3단계로 축약된 존재욕구는 계속적인 존재를 보장받기 위하여 필요한 모든 것을 지칭하며, 관계욕구는 다른 사람들과 관계하고 그들의 생각과 감정을 나누어 갖고 싶어 하는 개인의 욕구를 말한다. 성장욕구는 도전적인 과업을 수행하고 새로운 능력과 창조력을 개발하려는 욕구로 설명된다. 매슬로의 욕구단계 이론이 동시에 발생하는 인간의 욕구에 관한 설명을 생략한 반면, 앨더퍼는 한 가지 이상의 욕구가 동시에 작용할 경우 이것이 복합적으로 하나의 동기유발 요소가 될 수 있음을 주장했다는 점에서 좀 더 현실적으로 욕구의 발로를 설명했다는 데 의의가 있다(손영우, 2014).

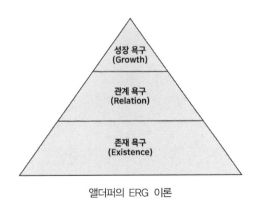

앨더퍼의 ERG 이론

내용이론으로 허즈버그(Frederick Herzberg)의 2요인 이론(two factor theory)이 있다. 전통적인 동기부여 이론에 의하면 인간은 일반적으로 불만족 해소를 통해 만족의 상태가 되며 이 과정에서 동기부여가 발생한다고 생각했다. 그러나 허즈버그는 불만족 요인을 해소하면 만족의 상태가 되는 것이 아니라 무불만족(No dissatisfaction)으로 변화되고, 무만족(No satisfaction)을 해소하여야만 만족의 상태로 접어든다고 하였다. 그는 인간에게는 위생요인(hygiene)과 동기요인(motivators)이라는 2가지 욕구가 있으며 인간이 느끼는 만족과 불만족에 관련하여 각각 다른 차원에서 존재하고 있음을 강조하며 일에 관한 만족감을 느껴 동기부여 정도를 높이는 요인과 일에 관한 불만족감을 느껴 동기부여 정도를 낮추는 요인을 찾을 수 있다고 주장하였다. 이처럼 허즈버그는 일에 관한 불만족과 만족이 각기 다른 요인에 의해 발생한다는 것을 보여주는 증거를 위생요인(불만족 요인)과 동기부여 요인(만족 요인)으로 설명하였다. 즉 불만족 요인이 없다면 구성원들의 불만족은 감소할 뿐이지, 반드시 만족을 보장해 주는 것은 아니며, 동기유발은 동기부여 요인에 의해서만 유도될 수 있다는 것이다. 특히 동기부여 요인을 직무 내용과 관련된 성취감, 인정, 책임감, 일 자체의 매력, 승진과 성장 등으로, 위생요인을 직무환경과 관련된 감독자, 작업조건, 대인관계, 임금과 안정적 고용, 기업정책과 경영방식 등으로 설명하였다.

많은 경영자들은 그의 이론을 통해 조직구성원의 동기부여를 위해 위생요인의 충족보다 동기부여 요인에 중점을 둔 관리가 필요하다고 한다. 위생요인의 충족은 조직원의 욕구만 증가시킬 뿐 성과의 향상에는 한계가 나타나게 되며, 따라서 이를 극복하기 위해서는 개인의 성취감 향상 및 발전을 추구하는 동기부여 요인 강화의 중요성을 강조하였다. 그러나 효과적인 경영관리 및 지도를 위해서는 조직구성원들이 일을 통해 성취감을 느끼고 인정을 받을 수 있는 직무만족 요인(동기부여 요인)을 증가시키고, 직무불만족 요인(위생요인)을 줄이는 경영관리가 이상적 동기부여가 되어야 할 것이다.

조직구성원들이 모두 똑같은 요인에 의해 행동하는 것은 아니며 동기부여 되는 정도에도 차이가 있다. 따라서 스포츠 경영자가 조직구성원들의 동기부여를 잘 이해한다면 보다 효과적으로 구성원들을 지휘하게 될 것이며 구성원의 업무수행 성과는 보다 높아지게 될 것이다.

(2) 과정이론

과정이론(process theory)은 조직 내 구성원들로 하여금 어떻게 하여야 목표달성을 위해 행동을 취하게 할 수 있는지에 중점을 둔 이론이다. 이러한 과정이론으로는 기대이론(expectancy theory), 공정성 이론(equity theory), 성취동기 이론(achievement motivation theory), 내적동기 이론(internal motive theory) 등이 있다. 동기부여 관련 과정이론들을 구체적으로 살펴보면 다음과 같다. 동기부여 과정적 접근의 대표적 이론이 기대이론이다. 기대이론(expectancy theory)은 어떤 행동을 할 때 개인은 자신의 노력 정도에 따른 결과를 기대하게 되며 그 기대를 실현하기 위하여 어떤 행동을 결정한다는 이론이다. 브룸(Victor H. Vroom)은 종래의 내용 이론이 동기의 복합적인 과정을 설명하기에는 부적절하다고 생각하고 그 대안으로 기대이론을 제안하였다. 이 이론의 주요 요점은 동기부여, 성과, 직무만족은 일정한 작업에 노력을 경주하면 바라는 보상을 획득할 수 있다는 믿음 정도에 의해서 결정된다는 것이다. 따라서 브롬의 기대이론에서의 동기부여 강도는 기대(expectancy), 수단(instrumentality), 유인가(valence)에 의해 결정된다.

동기부여의 정도 = 기대 × 수단 × 유인가

동기부여 정도에 영향을 미치는 요인 중 기대란 어떤 행동이나 노력의 결과에 따라 나타나는 성과에 관한 신념으로 자기 자신에게 가져올 결과에 관한 기대감이다. 과업을 수행하기 위한 노력은 실제로 성과가 나타날 것이라는 기대에 의해 좌우된다. 성과가 있다고 믿으면 노력을 계속할 것이고 그렇지 않으면 노력을 그만둘 것이다. 수단이란 성과를 가져오게 될 것이라는 확률이며, 성과인 승진, 보너스, 급여, 인정과 같은 보상에 관한 열망의 강도를 말한다. 유인가는 성과는 개인의 욕구에 따라 그 중요성과 가치는 달라진다. 어떤 결과를 얻는 것이 좋다고 생각할 때 긍정적 동기가 부여될 것이며, 결과를 얻지 않는 것이 좋다고 생각할 때 부정적 동기부여가 작용하게 된다. 이처럼 브롬은 개인의 동기부여 정도는 기대, 수단, 유인가의 곱에 의해 결정된다고 하였다. 인간은 일정한 과업에 임할 때 기대하는 보상을 받을 가능성을 점검하게 되며, 각 점검의 단계의 정도가 높을수록 개인의 동기부여의 정도가 높아진다. 따라서 경영자는 구성원이 원하는 보상의 종류와 중요성을 이해하여야 효과적인 동기유발을 시킬 수 있다.

동기부여 이론의 과정이론 중 애덤스(J. Stacy Adams)의 공정성

이론(equity theory)은 개인은 자기가 조직에 투입한 노력과 조직으로부터 받는 보상에 관한 지각을 통해 인식하고, 보상의 관계를 다른 사람과 비교하여 자신이 느끼는 공정성에 따라 행동 동기가 영향을 받는다고 하였다. 즉 공정성 이론은 개인의 행동에 있어서 동기를 자극하는 욕구나 유인 등의 중요한 요인들이 단순히 절대적 가치에 의하여 그 강도가 작용하는 것이 아니라 산출(보상), 투입(노력)의 상대적 비율, 그리고 다른 사람과의 상대적인 관계에서 동기 요인들이 작용한다는 이론이다. 또한, 동기부여의 과정이론으로 맥클레랜드(David McClelland, 1953)의 성취동기 이론(achievement motivation theory)이 있다. 이 이론은 동기부여는 사회적 명예나 의무, 돈 같은 외적인 보상 때문이 아니라 그 행동 자체에 즐거움을 지니고 의미를 부여하는 동기로 정의하였다. 즉 모든 인간의 행동은 기본적으로 성취를 위한 것이라는 가정하에서 성취상황 속에서의 인간 행동을 규명하려는 이론이 바로 성취동기 이론이다. 스포츠상황은 성취 지향적인 상황의 대표적이라고 할 수 있다. 성취하고자 하는 기준이 어떤 형태의 것이든지 간에 어떤 사람들은 이러한 성취상황에 기꺼이 뛰어들려고 하는가 하면 어떤 사람은 주저하고 회피하려고 한다. 이렇게 성취상황에 임하는 사람들의 태도가 서로 다르다. 서로 다른 개인의 행동은 성취동기에서 설명되며, 모든 인간 행동의 기본적인 결정요인은 성취동기, 즉 더 잘 성취하고자 하는 마음에 달려 있다고 볼 수 있다.

오늘날 인간과 스포츠와의 관계는 단지 보고, 읽고, 듣는 스포츠뿐만 아니라 실행하는 스포츠와의 관계 등으로 폭넓게 진화되고 있다. 스포츠의 한계에 도전하는 많은 스포츠인은 성취 수준 도달에

만족을 얻는 것만으로 동기가 부여된다.

또한 에틴슨(Aktinson, 1964)은 인간 행동의 선택, 노력 및 지속력을 결정지어 주는 동기의 본질을 성취동기로 설명하고, 성취 지향적 행동을 개인적 요인과 환경적 요인으로 보는 상호작용 모델을 제시하였다. 특히 성취 지향적 행동을 결정해주는 환경적 요인은 성공할 가능성(PS: Probability of success)과 성공의 유인가치(IS: Incentive value of success)의 두 가지 요소로 구성되어 있다. 성공 가능성(PS)은 개인이 주어진 상황에서 자신이 성공할 것을 얼마나 믿고 있느냐와 관련되며, 성공의 유인가치(IS)는 그 일에 성공했을 때 얼마나 기쁘고 가치가 있는 것인가에 관련된 것으로 성공 가능성과 성공의 유인가치가 서로 반대되는 관계이다. 전체를 1로 볼 때 성공 가능성이 .20인 사람은 유인가치가 .80이 된다. 예를 들어 중급 테니스 선수가 우수선수를 이길 때 부여하는 유인가치는 굉장히 클 것이지만, 승리할 가능성은 상대적으로 낮을 것이다. 반대로 중급 테니스 선수가 초급자를 이길 때 부여하는 가치는 굉장히 낮지만, 그 시합에 이길 가능성은 크다.

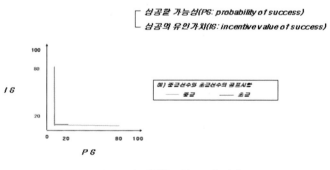

Atkinson이 제안한 IS와 PS의 관계

또한 동기부여 관련 과정이론 중 내적동기 이론(internal motive theory)은 지시나 강제 또는 보상과 같은 외부적 요인에 의해 동기가 부여되는 것이 아니라 자신의 내부로부터 스스로가 참여 자체의 성취감, 즐거움, 기쁨, 만족스러워 동기가 부여된다는 이론이다. 인간의 행동을 정하는 내적 요인 중 가장 빈번하게 인용되는 요소로서 행위자 자신이 느끼는 자유로운 마음의 상태, 즉 인지된 자유를 들 수 있다. 여가시간에 내가 나름대로 느끼는 자유로운 분위기가 강제적이지 않고 진정으로 내가 원해서 하는 느낌을 가질 때 바로 이것이 인지자유인 것이다. 연구자들에 따르면 내적동기가 높은 사람은 자율성이 높아지고 자율성이 높은 사람이 내적동기가 높아지는 상관성을 가진다고 한다. 스포츠를 즐기는 사람의 입장에서 내적동기 행동은 보상보다도 스포츠 활동 그 자체가 목적이 된다. 우수선수나 규칙적으로 운동을 하는 사람들은 대개 내적동기 수준이 높다(박영곤, 2020 네이버 지식백과). 따라서 스포츠팀의 리더나 경영자는 조직구성원이 자유롭게 자신의 내적동기를 발휘하도록 조직환경을 만들어줌으로써 구성원의 도파민 효과(동기부여 호르몬, Dopamine: 각성, 의욕, 목표지향 행동 등을 유발하며 아이디어와 새로운 식견 등 무언가를 추구하고 찾게 하는 행동)를 극대화할 수 있으며, 이는 조직성과나 목표달성에 긍정적 영향을 미치게 된다는 점을 상기하여야 한다. 그러나 미국의 심리학자 알피 콘(Alfie Kohn)은 하버드 비즈니스 리뷰(HBR)에 '인센티브(incentive)를 없애버려야 한다. 물질적 보상이 동기부여에 도움이 되지 않는다'라고 역설했다. 경영을 위한 동기화는 구성원의 자발적 욕구를 유도하여 성과 활동을 얻어야 한다고 강조하였다. 이러한 그의 주장은 인지평가이론(Cognitive evaluation theory)에 기반을 둔다. 이 이론은 사람들이 즐겁고 자발적으로 일을 하는 경향이 있기 때문에 처벌이나 보상에 의해 어떤 행동을 하도록 하는 경우 통제감을 상실할 수 있다고 설명하며 어떤 일을 하는 것에 대해 외적보상을 주면 내적동기가 약화되어 금전적 보상이 오히려 동기를 낮추는 요인이 될 수 있음을 강조한다. 즉 외적보상이 자율성(Autonomy)을 저해하거나, 유능성(Competence)에 악영향을 미치거나, 관계성(Relatedness)을 파괴함으로써 내적동기를 감소시킨다고 한다. 하지만 경영학 분야의 인사관리 연구자들은 인지평가이론과 알피 콘의 주장에 대해 다음과 같은 한계를 지적했다. 인지평가이론과 이를 뒷받침하는 대부분의 실증적 연구들은 학생들을 대상으로 진행됐다. 직장인과 학생은 각자가 처한 상황과 유인의 종류가 다를 수 있다. 따라서 연구대상이 다른 실험결과를 다른 곳에 그대로 적용하기에는 무리가 있다. 조직 경영현장에서는 오히려 성과에 입각한 보상(pay for performance)이 내적동기를 강화한다는 결과가 존재한다. 그뿐만 아니라 보상에 의해 내재적 동기가 감소하더라도 외적동기가 보상에 의해 그 이상으로 증가하면 전체 동기는 더 커질 수 있다. 동기의 총합을 고려하고 내재적 동기에만 초점을 맞춘다면 균형 잡힌 시각으로 보기 어렵고 이것만을 고려해 보상을 폐지한다면 조직관리에 부정적인 결과를 낳을 수 있다고 반론하였다. 그렇다면 인지평가이론과 알피 콘의 주장은 조직 경영에서 무시해야 하는 것일까?. 이정현(2019)은 전체적인 동기를 증진시키는 보상체계를 위해 다음 사항들을 함께 고려하여 보상체계를 구축하여야 함을 강조하였다. 첫째, 기업이나 조직의 업무에 내재적 동기가 얼마나 중요한

가? 조직 내의 업무가 내재적 업무에 얼마나 영향을 받는지를 판단해야 한다. 예를 들어 창의성이 아주 중요한 가치를 갖는 산업 또는 직군, 혁신이나 창조를 끊임없이 해야 하는 업무의 경우 내재적 동기가 매우 중요할 것이다. 따라서 이러한 내재적 동기가 높은 조직은 물질적 보상이 내재적 동기를 저해하지 않도록 특정 보상 제도를 구성원이 선택하도록 하는 것이 좋다. 둘째, 성과평가와 이에 따른 보상이 공정한가? 성과평가와 이에 따른 보상이 공정하다면 보상이 내재적 동기를 약화하지 않을 것이다. 성과 증진으로 인한 장점이 내재적 동기의 약화분을 상쇄하거나 오히려 클 수 있기 때문이다. 셋째, 보상체계가 추구하는 바를 기업 내외에 명확히 알리고 있는가? 경영자는 물질적 보상을 보상체계의 근간으로 할 것인지를 분명히 해야 한다. 이는 직원 선별에 영향을 미치기 때문이다. 물질적 보상이 근간이 된다면 내재적 동기보다 외재적 동기에 가치를 두는 직원들이 조직에 들어오고 그 보상체계에서 서로 경쟁할 것이다. 따라서 경영자는 보상체계가 갖는 선별 과정의 특성을 고려해 보상체계를 설계하고 이것을 일관되게 직장 내외에 표현해야 한다는 것이다.

이들을 통해 경영자는 조직경영의 효율화를 위해 물질적 보상이 내재적 동기를 저해하지 않는지를 돌아볼 필요가 있다. 또한, 물질적 보상의 기능 자체를 부인하고 그 중요성을 낮게 평가해서도 안 된다. 따라서 이들의 논리들은 내재적 동기를 저해하지 않으면서 조직성과를 높이는 보상체계를 수립하여야 함을 시사하고 있다(네이버 인터-비즈, 2019).

6. 스포츠경영의 효과적 동기부여 방법

스포츠조직의 성과를 높이고 진취적인 조직문화를 구축하기 위해서는 우수한 인재를 확보하여 역량발휘(task process)도 중요하지만, 조직원들이 역할과 업무에 몰입하여 열정적으로 일할 수 있는 동기부여는 더욱 중요하다.

동기부여는 스포츠조직 구성원들의 생산성 향상의 핵심이다. 의욕이 넘치고 참여도가 높은 구성원이 있는 스포츠조직의 수익성은 상대적으로 높기 때문이다. 이에 스포츠조직 내 구성원들에게 동기를 부여하는 효과적인 방법을 살펴보도록 하자.

출처: iedunote.com/motivation

(1) 조직 내 동기부여 조직문화를 구축한다.

스포츠경영 조직구성원의 동기를 장기적으로 유지하려면 구성원을 지원하고 최선을 다하도록 영감을 주는 조직문화를 구축하여야 한다. 훌륭한 조직문화가 조직 전체의 직원 성과향상으로 이어지는 중요한 요소이기 때문이다. 스포츠경영자가 조직문화 구축을 주도하고 참여하여 조직문화 구축에 집중하기 시작하면 구성원들은 조직의 가치와 사명에 더 많이 연결되어 있음을 느낄 것이고 최선을 다해 역할을 수행하게 되며 이러한 분위기는 소속되어 있는 전체 구성원의 조직문화에 자연스럽게 동화되게 된다.

(2) 인정의 힘을 활용한다.

스포츠경영 조직구성원의 역할과 업무에 관한 인정은 동기부여의 가장 효과적인 방법의 하나이다. 직원의 80%는 조직 내 자기 역할과 업무에 관한 인정이 강력한 동기부여의 원천이라고 말했으며, 90%는 인정을 받는 것이 더 열심히 일하도록 동기를 부여한다고 하였다. 구성원은 리더에 관한 신뢰가 있어야 하지만 관리자가 직원에 관한 신뢰를 보여주는 것도 마찬가지로 중요하다. 따라서 스포츠경영 조직구성원들에게 자율성과 독립성을 부여하고 인정해 줌으로써 강력한 동기를 부여하게 된다.

(3) 개인별/맞춤형 동기부여를 제공한다.

스포츠경영 조직구성원의 동기부여는 일률적인 방법론이 아니다. 개인화는 필수적이며 개개인의 내적요인과 외적요인 모두에 의해 동기가 부여됨으로 인해 개인적 수준에서 구성원 맞춤형 동기부여 방법을 제공하여야 한다. 스포츠조직 구성원의 목표가 무엇인지, 어떤 아이디어가 있는지, 어떤 형태로 보상받기를 원하는지 등 직원 동기를 개인화하여 그에 부합한 맞춤형 동기를 부여하도록 하여야 한다.

(4) 투명성을 실천한다.

조직의 모든 수준에서 투명성을 실행하면 신뢰가 구축되고 직원들에게 자발적 동기가 부여된다. 스포츠조직의 경영관리나 비즈니스가 어떻게 진행되고 그 속에서 자신이 어디에 속하는지, 경쟁기업은 무엇을 하고 있는지 등 기업 결정에 관한 정보제공 및 공유, 경영관리의 투명성 실행은 조직의 신뢰와 건강한 기업문화 구축으로 연동되어 구성원의 동기부여를 높일 수 있는 근간이 된다.

(5) 건강한 삶과 일의 균형을 조성한다.

더 많은 시간을 일한다고 해서 반드시 더 높은 생산성이나 더 나은 결과로 이어지는 것은 아니다. Gartner의 최근 연구에서 오늘날 디지털 작업환경에서 삶과 일의 균형이 어느 때보다 중요함을 강조하고 있다. 따라서 건강한 삶과 일의 균형을 조성하고 직원들이 재충전에 필요한 시간을 갖도록 장려하여 스포츠경영 조직의 생산성과 동기를 높일 수 있도록 하여야 한다.

(6) 협업을 장려한다.

협업은 더 많은 동기를 부여하고 구성원 간 더 나은 성과로 이어진다. 협업에 중점을 둔 조직은 높은 성과를 낼 가능성이 5배 더높다고 한다. 팀원이 함께 일할 때 긍정적 문화의 기반이 되는 관계를 구축하고, 이들의 결합된 노력은 비즈니스 목표를 보다 신속하게 달성하고 일관되고 성공적인 결과를 보장하는 데 도움이 된다. 이는 스포츠경영 조직구성원들에게 동기부여뿐만 아니라 구성원 간 강력한 관계를 형성할 기회를 제공하기도 한다.

(7) 공정한 평가와 보상을 제공한다.

성과에 대해 공정하게 평가하고 그에 관한 합당한 보상을 제공한다. 보상을 통한 동기부여의 핵심은 스포츠조직 구성원들에게 '성과를 낸 만큼 보상을 받을 수 있다'라는 기대감을 주는 것이다. 성과를 낸 만큼 합당한 보상을 받을 수 있다는 기대감이 형성되어야 더 높은 성과 창출을 위해 노력하는 의욕이 생기기 때문이다.

출처: gami.journal.com/news/articleView.html?idxno=648

7. 스포츠경영 지도를 위한
커뮤니케이션(Communication)

의사소통은 넓은 의미로는 사람과 사람, 사람과 기계, 기계와 기계 사이에 이루어지는 정보의 이전과정을 말하며, 좁은 의미로는 사람과 사람 사이의 정보 또는 감정이 교환되는 것을 의미한다. 특정한 목적을 지니고 구성원 간에 상호작용을 바탕으로 하여 운영되는 조직의 경우에 있어서는 특히 동료관계나 상하관계에 있어 자신이 원하든 원치 않든 간에 의사소통이 이루어지게 된다. 조직 내의 의사소통은 업무에 관한 정보를 전달하고 구성원의 동기부여에도 영향을 미치게 된다. 따라서 의사소통의 성공 여부는 조직의 성공 여부를 가늠하는 초석이라고 할 수 있다.

출처: drmarkcamiller.file.worldpress.com/2016/06/comm

이러한 맥락에서 팀이 경기를 잘 하기 위해서는 선수 개개인의 능력도 중요하지만, 팀의 목표를 위해 선수들이 뭉치는 것이 중요하다. 이것이 바로 팀의 응집력인데, 이는 팀의 목표달성을 위해 선수 전원이 일치단결하려는 힘이다. 팀의 응집력을 높이기 위해서는 팀 구성원 간의 상호작용, 특히 커뮤니케이션(의사소통)이 필수적이다. 팀의 선수들이 잘 뭉치고 경기력이 좋은 팀을 보면 선수들이 끊임없이 소통하면서 경기하는 모습과 선수와 감독 간에 긍정적으로 소통하는 모습을 볼 수 있다. 2020 도쿄올림픽에서도 우리나라 여자배구팀이나 양궁 대표 팀에서 파이팅 외치기, 손가락 마주치며 비언어적 소통하기 등이 바로 효과적으로 소통하는 팀의 모습이다 (김영숙, 2021).

(1) 의사소통의 원리

경영조직에서 의사소통은 조직구성원의 다양한 인적 구조 특성에 의하여 영향을 받는다. 그 영향의 정도나 본질은 조직구성원의 특성이 서로 비슷한지 아니면 다른지에 달려 있다. 하나의 조직에 속해 있는 구성원들은 두 가지 중요한 차원에서 이질적일 수 있다. 이 중 하나는 연령, 성, 종교, 언어, 문화 등과 같이 변화가 불가능하거나 혹은 변화가 느린 정적 차원이며, 다른 하나는 태도, 지식, 신념과 같은 보다 변화가 용이한 동적차원이다. 따라서 서로 다른 언어를 사용하거나 종교를 갖는 등 상이한 문화적 배경을 소유한 개인들로 구성된 스포츠팀은 매우 이질적인 조직이라고 할 수 있다.

이러한 맥락에서 Burgoon, Heston & McCroskey(1974)는 조직 내 동질성과 이질성 개념과 관련한 의사소통 원리를 다음과 같이 제시하였다.

① 의사소통 유형이 동질적이라는 것이다. 즉 개인들은 태도나 특성 등이 자신과 비슷한 타인과 의사소통을 하고자 하는 경향이

있다. 예컨대 어떤 대학 농구팀의 선수들은 다른 팀의 선수와 쉽게 의사소통을 하는 경향이 있으며 더 나아가 다른 국가의 체조선수들은 다른 나라 체조선수와 원활하게 의사소통을 한다. 같은 스포츠 종목이라는 동질성은 언어는 달라도 원활한 의사소통의 근간이 되기 때문이다.

② 의사소통은 동질적인 사람들 간 의사소통이 이루어질 때 더욱 효과적이다. 개인이 자기 팀의 동료와 비슷하면 할수록, 즉 동질감이 존재할 때 공통적 동기와 가치를 가지며, 의사소통이 더 효과적이다. 이는 동질적인 특성이 존재하는 구성원 간의 의사소통이 이루어질 때 언어에서의 소통도 더 쉽게 공유할 수 있음을 의미한다.

③ 효과적인 의사소통은 태도, 지식, 신념과 같은 동적 특성의 동질성을 증감시킨다. 조직 내 인적 구조의 특성이 동질성이 존재한다면 의사소통이 원활하게 일어날 가능성과 의사소통이 효과적이게 될 가능성을 증가시킬 뿐만 아니라 의사소통은 구성원 개인들로 하여금 유사한 태도와 신념 및 공통적 지각을 갖도록 하는 가능성을 증가시킨다.

스포츠조직 구성원의 이질적 의사소통

프로스포츠 무대에 최고의 기량을 선보이며 활동하는 선수들은 다양한 국가의 국적을 소유한 선수들이 함께하는 프로스포츠팀이 수없이 존재하고 있다. 내셔널하키리그 (NHL) 캐나다 몬트리올 커내디언스(Montreal Canadiens) 아이스하키팀 골키퍼 Dryden은 자신의 팀 구성원이 다양한 국적을 가진 구성원들로 정적 혹은 동적 특성에서 이질적인 의사소통이 존재한다. 그러나 원활한 의사소통을 통해 이러한 차이는 개인이 의식하지 못하며 팀워크나 경기 운영에 영향을 미치지 않기 때문에 팀을 분열시키는 요인이 되지 못한다고 하였다. 이러한 결과로 NHL 챔피언결정전(스탠리컵: Stanley Cup)에서 그해 우승함으로써 괄목할 만한 성과를 낳게 되었다.

반면 NHL 세인트루이스 블루스 팀(Saint Louis Blues) 또한 다양한 국가에서 모인 용병선수들이 포함된 미국의 프로 아이스하키 팀은 당시 팀 구성원의 특성의 차이를 토로하며 선수들 간 문화적, 인종적 감정이 대립되고 구단과 감독, 감독과 선수, 그리고 선수들 간의 의사소통 한계를 극복하지 못하여 팀의 존폐위기를 겪었던 대표적 사례가 된다.

출처: 연합뉴스, 포토뉴스

이는 이질적인 조직구성원들 간 의사소통의 중요성을 단편으로 보여주는 사례가 된다. 최근 글로벌 스포츠 기업에 각기 다른 국적의 문화와 언어를 가진 구성원들, 다양한 사회적 경험과 교육 등 이질적 차원의 구성원들이 존재한다. 이러한 사례는 그들의 의사소통이 구성원들과 얼마나 잘 전달되고 정보의 가치를 함께 공유하며 원활하게 소통하는가는 스포츠경영 조직성과로 직결되는 주요 기능임을 시사하고 있다.

(2) 의사소통의 기능과 중요성

최근 조직이 팀 중심제로 다변화됨에 따라 팀 간 또는 팀장과 팀원 간의 갈등문제 해결과 합리적인 의사결정을 위해서 의사소통의 중요성이 더욱 커지고 있어 의사소통은 조직을 관리하는 데 매우 중요한 기능이 된다. 그 이유는 첫째, 의사소통은 조직구성원의 행동을 통제하는 기능을 하기 때문이다. 조직에는 조직구성원들이 따라야 하는 권한계층과 공식적인 지침이 존재한다. 둘째, 의사소통은 조직구성원의 동기를 유발한다. 조직구성원들이 해야 할 일이 무엇이고 과연 자기 일을 잘하고 있는지를 알려줄 뿐만 아니라 자신의 직무를 개선하기 위해서 어떻게 해야 하는지를 구체적이고 명료한 목표를 설정해 주고 목표달성의 추진상황을 피드백 하면서 바람직한 행동을 계속 강화하는 것은 동기부여의 기본적 과정이다. 이러한 과정에서 의사소통은 매개체 역할을 한다. 셋째, 의사소통은 조직구성원들이 자신의 감정을 표현하고 사회적인 요구를 주장할 수 있는 돌파구이다. 조직구성원들은 의사소통을 통해 자신의 고충이나 만족감 등을 토로한다. 넷째, 의사소통은 개인과 집단에 정보를 전달해 주는 기능을 함으로써 의사결정의 매개체 역할을 한다. 이처럼 의사소통은 조직의 선택과 가치가 있는 여러 가지 대안을 파악하고 평가하는 데 자료를 제공함으로써 조직의 다양한 의사결정을 원활히 하는 데 매우 중요한 역할을 한다(Katz & Kahn, 1978).

의사소통(3I)

Information(정보)
Influence(영향력)
Interest(이익공유)

'리더 혼자 갖는 비전은 욕심이다.
하지만 구성원들과 함께 공유하는 비전은 꿈이다'. 이는 구성원들과 원활한 소통을 통해 기업(팀)의 가치를 공유하려하는 리더의 모습을 단편적으로 설명할 수 있는 말이기도 하다.

기업경영에 있어서 의사소통이 최근 더 중요시되는 이유는 다음과 같다. 첫째, 경영 규모의 확대로 인한 관리의 복잡화는 조직의 능률성을 향상하기 위해서 조직 의사소통의 확보가 필요하다. 둘째, 노동조합의 발달로 인해 의사소통을 통해 경영의 현상을 바르게 전달하여 노사관계를 개선하는 것이 중요하다. 셋째, 인간관계의 연구가 보다 중시됨에 따라 의사소통의 개선에 의한 가치공유와 구성원의 사기 앙양의 필요성이 증대되기 때문이다.

(3) 의사소통의 유형

① 대인적 의사소통(interpersonal communication)

소수의 조직구성원 사이에서 이루어지는 정보교환 및 의사전달의 유형으로 대인 간의 의사소통은 말이나 문자를 사용하는 언어적 수단과 눈짓, 표정 등의 비언어적 의사소통으로 구분된다.

② 조직적 의사소통(organizational communication)

공식적으로 결성된 조직구조를 통해서 이루어지는 의사소통이다. 조직적 의사소통의 유형은 다음과 같다.

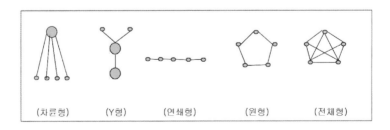

의사소통의 유형

- 차륜형

집단 내에 강력한 리더가 있어 구성원들 간의 의사소통이 그 사람에게 집중되는 경우이다. 집단 구성원 간에 대부분 정보가 중심인물에 집중되는 형태로 중심인물이 의견을 모아 다시 구성원들에게 전달하는 경우를 말한다.

- Y형

확고한 중심인물이 존재하지 않지만 이와 유사한 중심인물이 나타나는 형태로 집단 내에 대표성을 지닌 구성원들을 통해 구성원들 간에 의사소통이 이루어지는 경우이다.

- 연쇄형

집단에서 서열이나 지위의 차이에 의해 의사소통 경로가 엄격하게 이루어지는 경우이다.

- 원형

집단 구성원들이 서열이나 지위가 비슷하여 서로 동등한 입장에서 의사소통이 이루어지는 경우이다.

- 전체연결형

집단 구성원 전체가 서로의 의견이나 정보를 자유의지에 따라 교환하는 또는 소통하는 형태로 집단 구성원이 다른 구성원들과 자유롭게 의사소통을 할 수 있는 경우이다.

이러한 조직 간 의사소통 유형의 구분은 어떤 획일성을 가지고 있는 것이 아니고 기업경영의 업무 목적, 개인특성, 집단의 특성 등에 의해 결정된다.

(4) 의사소통의 전달 방향

조직 의사소통은 조직구성원들을 연결시켜 줄 뿐만 아니라 외부 환경과의 상호작용을 가능하게 하는 수단이 되는데, 의사소통의 방향, 즉 정보 전달자와 수신자의 정보 공유는 의사전달 방향에 의해 결정된다. 이에 의사소통의 전달방향에 따른 유형은 다음과 같다.

① 수직적 의사소통(vertical communication)

- 하향적 의사소통(top-down)

상위자로부터 하위자에게 조직이나 직무와 관련된 정보를 전달하기 위해 이루어지는 의사소통으로 명령, 지시 등이 속한다. 하향적 의사소통은 정보들이 조직이나 집단의 구성원들에게 체계적으로 전달되며 구성원들이 자신의 업무처리 방향을 세우는 데 도움이 될 수 있다. 그러나 조직의 규모가 크고 의사 전달자와 수신자 사이에 지위의 차이가 크면 의사소통 경로가 길어져 하향적 의사소통의 정확도는 낮아진다.

- 상향적 의사소통(bottom-up)

조직의 하위자로부터 상위자에게 전달되는 보고, 제안 등으로서 또는 면담과 태도 조사를 거쳐서 전달되는 의사소통이다. 그중 보고가 가장 중요한 것으로 조직 관리자는 아래로부터 전달되는 보고에 의해서 필요한 의사결정이나 명령을 내릴 수 있으며 그것에 따라 적절한 행동을 취할 수 있게 된다(네이버 지식백과, 2020). 조직은 상향적 의사소통을 통해 하위자들의 참여를 촉진하고, 가치 있는 아이디어를 제공받음으로써 조직구성원의 의견수립을 빠르게 달성하고 하위자들의 동기부여를 강화할 수 있다. 이처럼 상향적 의사소통은 하급자가 다양한 아이디어를 습득할 수 있게 해 주고, 하향메시지에 관한 정보처리를 촉진시켜 주며, 하급자가 의사소통 과정에 참여할 수 있도록 유발하여 발생 가능한 상황을 예측하여 더 좋은 결과를 위한 의사결정을 도출할 수 있다.

② 수평적 의사소통(horizontal communication)

수평적 의사소통은 계층적 조직에 있어서 동등한 지위에 있는 개인 또는 집단 사이에 일어나는 의사소통으로 설명된다. 즉 조직 내의 동료나 부서 간에 이루어지는 의사소통으로서 의사전달 내용이 조직상에서 위원회, 심사나 회의방법을 통해서 측면적으로 이동하는 경우의 커뮤니케이션이다. 일반적으로 큰 규모의 조직에서는 수직적 의사소통, 즉 하향적, 상향적 의서소통을 중요하게 고려하는 반면 소규모 조직의 경우 수평적 의사소통이 창의성 발현에 도움을 주고 효과적 성과 창출을 발생시킨다 하여 주요하게 여겨왔다. 반면 지나치게 강화된 수평적 의사소통은 내부 비공식 집단을 구성하여 다른 부서와 원활한 업무 협조를 방해하기도 하고, 조직구성원들 간의 위계질서를 무너뜨릴 수 있는 위험이 있다.

③ 대각적 의사소통(crosswise communication)

조직 내의 동일 또는 유사 수준에 있는 사람들 간에 정보의 수평적 흐름 및 직접 보고 관계에 있지 않은 상이한 수준의 구성원들 간의 대각선적인 정보 흐름을 말한다. 여러 가지 기능과 조직의 계층을 가로질러 이루어지는 의사소통으로서 라인(line) 부문과 스태프(staff) 부문의 조직구조가 대각적 의사소통에 속한다. 즉 조직 내 상위계층의 명령이나 지시를 받는 것이 아니라 집단이나 계층을 달리하는 집단 간의 의사소통을 말한다.

다양한 각도에서 조직구성원의 정보 교류 및 제공을 위한 의사소통 유형들을 살펴보았다. 스포츠조직 경영의 효율화를 통한 성과달성을 위해서는 조직구성원 모두가 골고루 의사소통의 중심적 역할을 할 수 있도록 하여야 한다. 이러한 맥락에서 최근 경영환경의 급격한 변화에 대응하고 신속한 의사결정, 창조적 아이디어 창출을 통한 조직 목표달성 및 조직성과 구현을 위해 전체연결형 의사소통이 적극 활용되고 있으며 이를 위해서는 조직 내 제안제도나 종업원 상담제도 및 구성원의 의견, 태도 조사가 수시로 진행되어야 함을 강조하고 있다. 조직 내 의사소통은 개방적이고 활성화되어 있어야 하며 지속성을 가져야 한다. Jones(1993)는 변화하는 시대, 경쟁적 상황에서 기업의 효율성을 최대화하기 위해 경영자에게 필요한 자질과 기술은 무엇인가에 관한 연구에서 조직구성원과의 의사소통이 원원(win-win)인 것이 최선이라 주장한다. 이는 경영진과 구성원 간 쌍방향 균형 의사소통을 통해서만 얻어질 수 있는 결과이다. Gruning(1992)도 우수한 조직 의사소통의 형태를 쌍방향 균형 모델이라 주장하며 균형적인 의사소통 체계, 유기적인 조직구조, 참여적인 조직문화를 갖춘 조직을 우수한 조직체로 평가하였다. 균형적 의사소통 시스템은 내부 구성원과 개방적이고도 신뢰적인 관계를 형성함으로써 직무 만족도를 높이고 조직을 보다 효과적으로 만든다. 또한, 장기적이고 긍정적인 사원 관계를 위해 조직 내 의사소통의 활성화가 필수적이다. 의사결정과정에서 구성원들의 참여를 유도할 수 있는 분위기 조성은 조직 의사소통 활성화의 기본 조건이기 때문이다.

(5) 효과적인 의사전달 방법

릭 워렌(Rick Warren)은 '조직 내에서 생기는 대부분 문제는 구성원 간의 의사전달이 잘 안 되는 데서 시작된다. 아무리 최고의 계획, 제안 아이디어라 할지라도 구성원들에게 효과적으로 전달하지 못하면 그것은 무용지물이 된다'고 하였다. 해마다 많은 기업이 직원들의 아이디어를 무시하거나 의사전달이 원활하지 못해 10억 달러 이상의 돈을 손해 보고 있다고 한다. 이러한 의사전달은 자동적인 것이 아니다. 구성원이 당신이 말하는 것을 들었다(hearing: 들으려는 의지와는 상관없이 들린다)고 해서 그들이 진정으로 들은 것(listening: 의식적으로 귀를 기울여 듣다)이라고는 할 수 없기 때문이다. 따라서 그는 조직 내 구성원이 의사전달에 귀 기울여 듣게 만들기 위한 방법을 제시하였다.

첫째, 적절한 시간을 선택하라. 관리자가 의사를 전달할 준비가 되어 있다고 해서 구성원이 들을 준비가 된 것은 아니기 때문에 타이밍, 즉 적절한 시간을 잘 선택하여야 하는 것이 효과적 의사소통의 첫 비결이다. 둘째, 전달할 것을 계획하라. 모든 가능성을 두고 큰 내용에서부터 중간 그리고 마지막 클로즈업의 순서로 의사를 전달하라. 셋째, 듣는 사람의 필요에 의해 시작하라. 의사 수용자는 항상 전달 내용을 들으면 '왜 들어야 하지? 이것을 통해 내게 유익한 것은 무엇인지?'라는 질문을 한다. 따라서 자기 자신만의 필요로 인해 의사를 전달하는 것은 무의미하고 상호 간의 도움이 될 수 있는 의사전달이 효과적이다. 넷째, 먼저 들으라. 많은 사람이 다른 사람과 의사소통을 할 때 경청하기 이전에 가정하거나 추측함으로써 의사전달에 실패하는 경우가 많다. 의지적으로 먼저 다른 사람의 입장에서 들으려 하라. 다른 사람의 의견과 제안을 먼저 들으면 팀원들의 진가를 알아볼 시간을 가질 뿐 아니라 그런 의견들을 이용해서 아이디어를 더 보강할 수 있기 때문이다. 다섯째, 긍정적으로 말하라. 귀에 거슬리는 소리를 잘하거나 마찰을 일으키는 사람은 결코 다른 사람을 설득할 수 없다. 긍정적으로 늘 말하라. 여섯째, 결론을 명확히 하라. 전달 내용을 요약하고 한 번 더 언급하여 전달한 내용을 명확히 상기시켜 주어야 한다. 일곱째, 격려하는 말로 마무리를 지어라. 의사소통에 있어 마무리는 매우 중요하다. 격려하는 말로 의사전달을 마무리하도록 한다. 지금까지 릭 워렌의 효과적인 의사전달 방법을 소개하였다. 하지만 이러한 방법은 효과적으로 의사소통이라는 빙산의 일각에 불과하다. 구성원의 마음을 누구보다 잘 헤아리고 나아가 스포츠경영자로서 팀을 성장시키기 위해서는 꾸준하게 구성원들과 의사소통 능력을 높이기 위한 노력이 요구된다.

제5장

스포츠경영 평가(Evaluating)

스포츠경영에 관한 평가는 다양한 스포츠 기업, 단체, 스포츠조직이나 팀 구성단위들, 그리고 개개인들이 수행하기로 착수했던 것을 그들이 성취한 정도나 양으로 평가된다. 경영평가를 통해 향후 스포츠조직의 목표와 방향에 관한 보다 정확한 조치를 하기 위한 피드백이 제공되어 스포츠 기업의 목표달성을 위한 준거점이 되기도 한다. 이렇듯 평가란 경영의 마지막 단계로 실시한 내용에 관한 점검을 하는 과정이다. 그러나 평가는 필수적인 단계임에도 불구하고 스포츠조직경영에 있어 다소 경시되는 경우가 많다. 그러나 이 단계가 중요한 이유는 스포츠조직경영 계획이 성공적인가 그렇지 않은가에 따라 피드백을 주며, 목표에 도달하지 못했다면 그 이유를 찾아내는 데 도움을 주기 때문이다. 따라서 경영평가를 통해 스포츠조직경영 계획의 긍정적 변화를 유도하고 조직의 경영상태가 증진되었는가를 확인하는 것이라고 할 수 있다.

최근 기술의 발달로 정보를 수집, 정리, 조작할 수 있는 능력이 크게 향상됨에 따라 경영자들은 조직을 효율적으로 관리할 수 있는 경영진단 정보나 성과측정지표 등과 같은 경영평가 도구들을 활용하여 경영성과를 평가하고 있다. 조직의 경영성과를 파악하고 개선을 위한 과정으로 경영진단(management diagnosis)과 경영평가 (management evaluation) 두 가지 측면에서의 접근이 있다. 경영진단과 경영평가는 조직을 운영하는 데 있어 통제적인 성격을 갖고 있다. 경영진단은 조직이 가진 문제점을 점검하고 경영개선을 위한 구체적인 방법을 제시하는 것이다. 즉 조직의 지속 가능 경영을 위한 전략적 성과경영체계 구축 및 수행역량을 종합적으로 평가해 문제점 및 개선과제를 찾아 바람직한 변화의 방향을 모색하기 위함이다. 경영진단의 결과를 바탕으로 조직의 실정이나 수준에 맞는 체계를 설계하고, 진단상에 나타난 문제점이나 장애 요인들을 극복할 수 있는 구체적 실행계획을 수립할 수 있다. 반면 경영평가는 조직의 경영실태를 일정한 가치 기준에 따라 경영목표의 달성 정도를 판단하는 일이다. 경영실태를 효과적으로 진단하기 위해서는 우수한 경영평가 기법을 전제로 해야 하지만 스포츠의 경영평가는 보통 경영성적의 평가와 경영 활동의 평가 등과 같이 두 가지로 나누어 생각할 수 있다. 조직의 경영성과를 평가하기 위해 경영성적과 경영 활동을 평가항목으로 두는 것이 그렇게 쉬운 일은 아니다. 검토해야 할 요소가 무수히 많기 때문에 종종 눈에 띄는 항목만을 기준으로 평가하는 결과는 다소 편협할 수 있다. 그러나 일반적으로 스포츠 경영조직의 경영성적과 경영 활동의 적절성을 평가하기 위해 이용되는 평가 기준으로는 효율성(Efficiency), 효과성(Effectiveness), 형평성(Equity)이 있다.

1. 스포츠경영 평가 기준

① 효율성(efficiency)

'스포츠경영 조직체에 관한 경영 활동이 얼마나 효율성을 추구하였는가?'라는 검증은 스포츠 현장의 연구에서 사용되어 온 개념이지만 지금까지 구성요소나 측정 도구, 적용단위와 요소, 측정방법 등에 따라 큰 차이를 보이고 있다. 조직체의 경영 활동에 관한 효율성 평가로 스테이너(Steiner, 1972)의 모델에 따르면 실제적 생산력은 잠재적 생산력에서 과정상의 손실량을 제외한 나머지가 되며 이것이 바로 조직체의 효율성이 된다고 하였다. 즉 효율성은 조직체의 경영 활동을 위해 또는 목표추구에서 발생하는 비용, 이익비율을 말한다. 그의 모델을 스포츠 경영성과 평가를 위한 효율성 평가 기준에 적용하면 이는 스포츠경영 활동 결과의 산물인 수입과 지출 내역을 통해 효율성을 파악할 수도 있고, 스포츠시설의 이용도 측정을 통해서도 효율성에 관한 평가가 가능하다. 예를 들어 스포츠 A 조직은 1,000만 원을 투자하고 B 조직은 1,500만 원을 투자하여 두 조직이 똑같은 생산력으로 회계연도를 끝냈다면 A 조직이 더 적은 투자로 목표를 달성하여 B 조직보다 경영 활동이 더 효율적이라고 평가될 수 있다. 또한, 스포츠시설에 관한 가동률, 사용자(관중) 수 등 변인을 적용하여 스포츠시설 운영에 관한 효율성을 가늠할 수 있다. 예를 들어 경기장의 가동률을 평가하는 평가지표를 활용하여(경기장 가동률÷365일×100) A 경기장의 가동률이 150일이며, B 경기장의 가동률이 120일이라면 A 경기장이 B 경기장보다 더 효율성이 높았다고 평가할 수 있다. 그러나 이러한 효율성 평가는 경영 활동에 관한 정량적 기준만을 제공하고 있고 과정 중심적 평가가 이루어져 정성적 평가와 결과 중심적 평가가 어렵다는 한계가 있다.

머니 볼(Money Ball)

영화 머니 볼(Money Ball)은 메이저리그의 역사를 다시 쓰며 세계적인 유명인사로 떠오른 '빌리 빈(William Lamar Beane)' 단장의 성공 실화를 영화화한 작품이다. 1984년 뉴욕 메츠 전 야구선수 출신인 그는 1998년부터 '오클랜드 애슬레틱스(Oakland Athletics)' 단장으로 2015년까지 재직하였으며, 현재 구단의 부사장으로 재직 중인 빌리 빈은 메이저리그 최하위 팀이었던 '오클랜드 애슬레틱스'를 다섯 번이나 포스트시즌에 진출시키며 기적의 역전 드라마를 만들어 낸 인물이다.

오클랜드 애슬레틱스 빌리 빈 단장
출처: 스포츠동아 DB

그는 오로지 경기 데이터 분석 자료만을 바탕으로 선수들의 재능을 평가하고 적은 비용으로 높은 효율을 거두는 선수 트레이드로 140년 메이저리그 역사상 20연승이라는 최대 이변이자 혁신을 만들어 낸 야구계의 '스티브 잡스'로 불리고 있다. 이런 활약 덕분에 2007 미국 경제 전문지 '포브스' 선정 최고의 메이저리그 단장을 비롯하여 미국 경제에 가장 큰 영향력을 미치는 파워 엘리트 30인, 10년간 모든 스포츠 종목을 통틀어 가장 우수한 단장 10인으로 꼽히는 등 능력을 인정받으며 세계적인 유명인사로 거듭났다. 그는 저비용, 고효율을 추구하는 야구단 운영기법으로 홈런이나 타율이 높은 타자보다 출루율이 높은 타자가 득점의 확률이 높다고 판단하는 논리이다. 최소의 비용으로 최대의 효율을 얻는다는 경제학적 원칙을 야구단에 적용해 스타 선수나 타율, 홈런 등에 대한 환상을 버리고 저비용, 고효율 구조로도 야구단이 운영될 수 있다는 것을 증명했다(네이버 지식백과, 2014.2.).

오늘날 프로스포츠는 운동경기 그 자체보다는 자본의 경쟁이 되었다. 부자구단은 자금력을 바탕으로 최고의 실력을 갖춘 선수들을 끌어모아 더 좋은 성적을 거두고, 그런 성적을 바탕으로 더 많은 수익을 올린다. 그리고 그렇게 벌어들인 돈으로 다시 좋은 선수들을 사 모은다. 반면에 가난한 구단은 실력이 뛰어난 선수를 계속 데리고 있을 수 없다. 그 선수의 몸값을 감당할 수 없기 때문이다. 부자구단은 이런 선수들을 풍부한 자금력으로 자신의 팀으로 데려간다. 그리고 그 팀은 좋은 성적을 거둔다. 미국 프로야구 메이저리그는 이런 양상이 가장 뚜렷하게 나타난다. 과연 가난한 구단의 팀은 부자구단의 팀을 이길 수는 없는 것일까? 오클랜드 애슬레틱스는 메이저리그 30개 구단 중 손꼽히는 가난한 구단이다. 1989년 마지막 우승 이후 열악한 구단 재정상태 등의 이유로 형편없는 팀으로 전락하고 만다. 아무도 거들떠보지 않던 이 팀이 빌리 빈이라는 천재 단장의 취임 이후 골리앗과 같은 부자구단의 팀들을 물리치고 4년 연속 포스트시즌 진출이라는 기적을 일으킨다. 빌리 빈 단장의 구단 경영방식은 야구계뿐만 아니라 금융계와 비즈니스계에 큰 충격을 주었다. 2002년 시즌 개막 당시 메이저리그의 가장 가난한 구단인 오클랜드 애슬레틱스가 지출한 연봉 총액은 4,000만 달러였다. 이에 비해 가장 부자구단인 뉴욕 양키스는 그 3배인 1억 2,600만 달러를 썼다. 하지만 그해 오클랜드는 103승으로 양키스의 승수와 같은 성적을 거두는 놀라운 성과를 연출했다. A와 B가 쓴 비용이 3배 이상의 차이가 났음에도 같은 결과를 냈다면 어느 쪽이 더 효율적이라 할 수 있을까? 답을 할 필요도 없이 명확하다. 당연히 돈을 덜 쓴 쪽이 더 효율적이다(김찬별, 2011).

2014년 K리그 구단의 연봉대비 효율성

2014년 K리그 클래식 구단별 1승당 비용

총연봉	승수	1승에 든 총연봉
제주 48억9300만원	6.5승	7억5276만원
전남 49억1100만원	6승	8억185만원
포항 69억2700만원	7.5승	8억9422만원
부산 44억7400만원	4.5승	9억9422만원
경남 41억5500만원	4승	10억3875만원
울산 86억1600만원	5.5승	16억6655만원
전북 118억900만원	7승	16억8700만원
성남 61억2300만원	3.5승	17억4942만원
수원 98억 9800만원	5.5승	17억9327만원
인천 48억9800만원	2승	24억4900만원
서울 98억9300만원	3.5승	25억1228만원

* 28일 현재기준, 무승부는 0.5승으로 계산, 외국인 선수 연봉 포함

2013년 K리그 클래식 구단별 1승당 비용

국내선수연봉	승수	1승당비용
부산 33억1538만원	19승	1억7449만원
경남 30억4014만원	14.5승	2억966만원
제주 44억6184만원	21승	2억1247만원
인천 42억4807만원	19승	2억2358만원
포항 60억4837만원	26.5승	2억2824만원
전남 37억4990만원	15.5승	2억4192만원
성남 52억7213만원	21.5승	2억4521만원
울산 63억3083만원	25.5승	2억4826만원
서울 56억 2096만원	22.5승	2억4982만원
전북 81억2903만원	22.5승	3억6129만원
수원 90억6742만원	19승	4억7723만원

*무승부는 0.5승으로 계산

(표)는 K리그 구단들 연봉대비 효율성을 살펴보기 위해 구단별 1승을 올리는 데 선수연봉이 얼마나 들어갔는지를 살펴본 결과이다. 2014년 성적을 국내외 선수연봉의 총액에 적용하여 구단별 효율성의 순위를 보여주고 있다. 경영성과 측면에서 최소비용으로 고효율을 추구하여야 한다고 하지만 프로스포츠 구단 운영 측면에서는 구단의 성과를 정량적인 효율성 평가로만 따질 순 없다. 따라서 구단의 성과 활동에 관한 평가를 위해 정성적 평가 기준을 바탕으로 한 효과성의 평가가 포함되어야 한다. 효율성과 효과성을 기반으로 한 프로스포츠 구단의 균형적 경영성과 노력이 요구되고 있다.

② 효과성(effectiveness)

스포츠조직체의 경영성과를 평가하기 위한 평가 기준으로 효과성은 조직의 본질과 목표에 관한 것으로 성과 중심의 개념, 올바른 일을 하는지, 장기적인 성과가 어떠한지, 만족도나 지속가능성이 향상되었는지에 관한 것들이 포함된다. 효과성이 높다는 것은 당초에 설정한 목표치에 따른 결과값이 높다는 것을 말한다. 따라서 효과성은 조직 목표에 관한 파악과 그 목표를 달성한 정도와 결과에 관한 만족도를 평가하여 이를 판단하는 것이다. 이는 정성적이며 결과 중심적 평가를 기반으로 한다. 특히 공공기관의 경우 운영하는 공공체육시설에 관한 소비자나 참여자의 서비스(시설, 프로그램)만족도 및 관리운영 방식에 관한 긍정적 인식 수준 등을 통해 그 조직체의 효과성에 관한 평가가 가능하다. 이처럼 효율성의 개념은 기업, 조직체, 팀 등에서 효율적으로 목표를 달성함으로써 도출된 성과(경영성적), 그리고 그로 인해 조직구성원 또는 수혜자의 긍정적 변화(인식, 만족, 몰입 등)로 평가되는 효과성에 대한 결과 정도로 설명될 수 있다. 예를 들어 스포츠 A팀의 선수 연봉 총합이 1,000만 원이며 당해 연도 승수가 6.50이다. 스포츠 B팀의 선수연봉 총합이 2,000만 원이며 승수는 6.75로 우승을 하였다. 이때 A팀과 B팀의 승률 대비 연봉으로 효율성을 평가한다면 투자 대비 A팀의 효율성이 B팀보다 분명 높게 평가된다. 하지만 결과적으로 스포츠 B팀은 운영목표인 우승을 달성하여 구단과 선수, 그리고 팬들에게 만족감과 성취감을 고양시켜 주어 경영 활동에 관한 효과성은 높게 평가된다. 즉 몸값이 상대적으로 비싼 선수들로 구성되어 경영성적인 승수를 통한 효율성은 A팀에 비해 상대적으로 낮았지만, 우승을 통해 스포츠 B팀의 한 해 조직 경영 활동에 관한 효과성은 A팀보다 높게 평가된다.

공공기관(장) 경영 평가표

부문	평가지표		등급
리더십	기관장 리더십	비전 제시 및 경영전략 수립의 합리성	
		반부패 및 투명성 확보와 소통의 적절성	
	고객만족	고객만족도 개선도	
		고객만족 개선노력	
	기관 환류 노력	전년도 지적사항에 대한 개선노력	
경영 (효과성)	조직 및 인적자원관리	조직성과 관리	
		인적자원 관리	
	공정성 제고 노력	업무처리과정의 공정성, 객관성	
		평가체계획 적절성	
	전문역량 제고 노력	정부 3.0 구현 및 기관, 주요사업 홍보노력	
		기획/연구/지원 역량 제고 노력	
주요사업 과제 (효율성)	과제1	계획수립의 적절성	
		성과지표의 적절성	
		시행과정의 적절성	
		문제점 등에 대한 대응적절성	
		성과지표의 목표 달성도	
		사업효율성	

부문	평가지표		등급
과제2		계획수립의 적절성	
		성과지표의 적절성	
		시행과정의 적절성	
		문제점 등에 대한 대응적절성	
		성과지표의 목표 달성도	
		사업효율성	
과제3		계획수립의 적절성	
		성과지표의 적절성	
		시행과정의 적절성	
		문제점 등에 대한 대응적절성	
		성과지표의 목표 달성도	
		사업효율성	

출처: 문화체육관광부

(표)는 문화체육관광부 산하 경영기관(조직)의 경영성과 평가를 위한 평가표로 효율성과 효과성을 평가한 평가표이다. 스포츠경영관리 항목에는 정성적 기준을 기반으로 한 효과성과 주요사업에 관한 평가항목은 정량적 기준을 토대로 한 효율성을 평가지표로 두고 있다.

③ 형평성(equity)

형평성은 일반적으로 누구에게나 동등한 기회를 제공한다는 의미로 조직 경영에 있어 공공서비스 차원의 체육시설 사용 및 서비스 기회의 균등성, 사용요금 등을 경영평가 기준으로 설정하고 주로 스포츠 관련 공공기업이나 지방자치단체, 공적 스포츠조직 등에서 경영성과 평가 기준으로 활용되고 있다.

지표항목	평가지표	배점
마케팅 및 관리비용 <15점>	마케팅 및 관리 비용의 총액	5
	비용총액 대비 마케팅 및 관리 비용의 전년 대비 증감량	10
미디어 <10점>	시즌 평균 TV시청률 (조건부 지표 반영)	10(5)
	인터넷 중계 동시접속자 수 (조건부 지표)	- (5)
관람객 <15점>	당해 연도 유료 평균 관중 수	5
	유료 평균 관중 수의 전년 대비 증가율	10
매출수익 <40점>	당해 연도 입장수익	5
	입장수익의 전년 대비 증가율	10
	당해 연도 광고수익	5
	광고수익의 전년 대비 증가율	10
	당해 연도 기타수익	5
	기타수익의 전년 대비 증가율	5
성적 <10점>	홈경기 승률	5
	리그 최종 순위 (포스트시즌 포함)	5
기타(정성평가) <10점>	마케팅 혁신 및 사회공헌활동	5
	프로단체 정책사업	5
합계		100점

출처: 한국프로스포츠협회

  (표)는 한국프로스포츠협회가 국내 프로스포츠 구단의 성과를 평가하기 위한 평가표로 효율성, 효과성이 포함된 평가지표와 배점에 관한 내용을 보여주고 있다. 본 평가는 국민체육진흥법 제22조(기금의 사용 등) 및 문화체육관광부 훈령 제287호 체육진흥투표권 주최단체 지원 등의 사업비 집행규정 제9조(성과평가)를 근거로 프로구단 및 종목 간 성과평가를 통해 주최단체지원금 차등지원이라는 배경하에 평가가 이루어진다. 국내 7개 프로스포츠 단체 산하 프로구단 성과평가표 중 효율성 평가항목으로 마케팅 및 관리비용(15점), 미디어 영역으로(10점) 시청률과 인터넷 중계접속자 수, 관람객 영역으로(15점) 유료평균 관중 수와 유료 평균 관중 수 증가율, 매출수익 영역으로(40점) 입장수익, 입장수익 증가율, 광고수익, 광

고수익 증가율, 기타수익, 기타수익 증가율, 성적 영역으로(10점) 홈
경기 승률, 리그성적이라는 하위항목에 관한 지표와 배점으로 구성
되었다. 또한, 효과성 측면의 일환으로 정성평가(10점) 항목으로 마
케팅 혁신 및 사회공헌 활동, 프로단체 정책사업이 구성되어 있다.

경영성적과 경영활동에 관한 평가는 스포츠경영 조직을 운영하
는 데 있어서 경영계획을 잘 수립하는 것도 중요하지만 처음에 시
도했던 일들이 어느 정도의 결과를 나타냈는가를 파악하여, 스포츠
조직운영에 있어 반복되는 시행착오를 줄일 수 있는 매우 중요한
경영과정의 하나이다. 그러나 오늘날 조직 그 자체가 복잡해지고
또한 외부환경과의 상호작용과 조직구성원의 욕구충족에 관한 관심
이 증대됨에 따라 경영성과에 관한 평가 측정을 위한 기준이 다양
해지고 있으며 측정 또한 어려워지게 되었다. 이는 평가의 잣대, 평
가에 관한 개념상의 문제, 측정기준 변수 선택과 정의의 문제 그리
고 분석수준의 문제 등 어떤 요인을 어떻게 적용하느냐에 따라 평
가의 결과가 상이하게 달라질 수 있기 때문이다.

2. 스포츠경영 성과평가와 조직 유효성

전형적으로 성과평가 후 스포츠경영 조직을 포함한 모든 조직에
서 많은 관심의 대상이 되어 온 문제가 바로 구성원교체(member
turnover)이다. 스포츠경영 조직 내에서 일어나는 구성원교체 현상
에 대해서는 주로 감독 및 코치 혹은 선수 간에 교체가 일어날 경
우 조직에 관한 영향력, 그리고 특정한 포지션에서 교체가 일어날

경우 팀 조직에 미치는 영향력 등에 관한 연구가 지속적으로 이루어져 왔다. 이에 스포츠조직에 관한 성과평가 후 구성원교체와 조직 유효성의 관계에 대해 살펴보도록 한다.

① 관리자 교체

관리자의 교체와 조직성과에 관한 사회학적 관심은 M. Weber의 카리스마적 권한(charismatic authority)에 관한 논의에서 시작되었다(Glenn R. Carrol, 1984). General Gypsum Corporation에 관한 사례연구에서 관리자의 교체는 조직의 관료화를 야기하고 갈등을 증폭시킨다는 사실을 보여주었으며 관리자의 교체가 조직성과에 부정적 영향이 있음을 가장 먼저 보여주었다.

스포츠조직에 있어서 관리자 교체에 관한 최초의 연구로 1921~1941, 1951~1958년까지 두 기간에 걸쳐 이루어진 16개 북미 프로야구팀의 기록에 관한 조사를 바탕으로 감독의 교체와 팀의 성적과의 관계는 조직성과에 부정적 영향이 있음을 Grusky(1963)의 연구에서 보고되었다. 이듬해 메이저리그 야구팀의 경우 감독을 시즌 중간에 외부에서 영입하여 교체하였을 때 조직성과에 부정적 영향이 있음을 보고하였으며 감독의 교체와 팀의 성과 관계를 통해 '악순환(Vicious circle theory) 이론'을 제안하였다. 악순환 이론에 의하면 팀의 성적 부진이 감독을 교체시키고, 감독의 교체는 팀 성적에 더 나쁜 영향을 미친다고 한다. Gamson & Scotch(1964)는 감독은 팀의 성적이 나쁠 때 교체되고, 팀 성적이 나쁜 것은 감독의 역량과는 상관없는 일시적인 현상으로 감독의 교체는 하나의 의식(ritual-분위기 전환)일 뿐 감독은 단지 하나의 희생양이라는 이론

(Ritual scapegoating theory)을 제시하였다. 또한 Brown(1982)은 1970~78년 미국 26개 미식축구팀의 데이터 분석을 통한 감독의 교체와 승률 조사에서 팀의 성적은 감독의 교체와 관련이 없다고 하였다. 아마추어 스포츠에서 팀의 성적이 좋지 않을 때 일반적으로 감독은 선수들에 대해 교체를 시도한다. 그러나 프로스포츠에서는 이와 다르다. 즉 팀의 성적이 좋지 않을 때 구단에서는 일반적으로 코치나 감독을 해임한다. 감독을 해고하는 것이 최선의 방책은 아니라는 점에 대해서는 여러 가지 논쟁이 있다. 그동안 많은 연구를 통해 감독이나 코치의 교체와 조직 유효성 간에는 부정적인 관계가 있다는 것을 보여주고 있다. 이처럼 관리자의 교체와 관련하여 조직성과에 미치는 영향이 상관관계가 없거나 있어도 아주 적은 것은 상쇄(cancel) 효과로 설명하고 있다. 능력이 없는 관리자를 능력이 있는 관리자로 교체함으로써 얻을 수 있는 긍정적 효과의 혼란(chaos)으로 인한 부정적 효과가 상쇄됨으로써 상관관계가 없거나 미미하다는 것이다. 또한, 지금까지의 연구들이 관리자의 개인적인 특성이나 능력을 전혀 고려하지 않았기 때문에 전임자와 후임자의 능력을 동일시(tended to treat all managers as equal)함으로써 관리자의 교체와 조직성과가 아무런 관계가 없다고 보았기 때문이다(Pfeffer, 1986). 따라서 후임 감독의 능력과 경험이 전임 감독보다 높은 사람일 경우 팀 성적 향상에 긍정적 영향을 주어 조직성과에도 긍정적 변화를 일으켰다는 연구 결과도 있다(Smith, 1984). 감독의 능력이라는 변수를 포함시키지 않고 전, 후임자가 모두 같다고 보았을 때 조직 효율성과 상관관계가 없지만, 관리자의 개인적인 특성이나 능력을 고려할 때는 조직성과에 인적 변수가

긍정적인 영향을 줄 수 있는 중요한 변수가 된다는 것을 보여주는 것이다. 관리자의 개인적 특성과 능력 문제와 관련하여 또 하나의 주제는 관리자의 교체와 조직성과 관련 요인으로 '교체유형과 시기 (the type and timing of succession)'가 조직성과에 미치는 영향에 관한 문제로 다루어지고 있다. 즉 어느 시점에 능력과 경험이 많은 관리자로 교체할 것인가 하는 문제의 중요함을 시사하고 있다.

감독교체가 만병통치약은 아니다

축구는 거대 자본의 유입으로 순위경쟁이 치열해지면서 감독들의 역량이 더욱 중요해지고 있다. 그만큼 감독들의 책임도 한층 커졌다. 하지만 성적 부진의 책임은 감독이 홀로 짊어지고 있다. 감독이라는 자리는 지도자가 오를 수 있는 최고봉인 반면, 성적에 일희일비하는 외로운 위치이다. 이제 감독의 능력을 평가하는 최고의 잣대는 성적이 됐다. 성적저하에 따른 팀 분위기 전환을 위해 감독을 교체하는 경우가 프로스포츠 현장에서 빈번히 일어난다. 하지만 감독교체가 성적 향상을 위한 만병통치약은 아니다. 그리스 아테네대학 미르토타시오스 미카엘은 2006년 '스페인과 그리스 두 프로축구리그의 감독교체에 관한 비교'에서 조사대상 구단 57.1%가 감독교체 후 성적이 그대로였거나 오히려 떨어진 것으로 나타났다. 감독교체가 팀 성적 향상을 불러온다는 증거는 찾아보기 힘들었다. 유럽리그에서 감독교체가 빈번하게 일어나는 이탈리아 세리에 A를 살펴보면 2012시즌 7개 구단이 감독을 교체했다. 하지만 인터밀란, 볼로냐, 체세나를 제외한 4개 구단은 감독교체 후 오히려 성적이 더 떨어졌다. 새롭게 부임한 감독이 선수단을 완벽히 파악하지 못하고 선수들의 사령탑 교체의 혼란에서 벗어나지 못한 결과이다. 이렇듯 감독교체가 반드시 성적 향상을 의미하는 것은 아니다. 그런데도 성적 부진을 위한 해결책으로 여전히 감독경질이 1순위이다. 하지만 감독경질이 반드시 성적 향상으로 연결되지 않는다. 좋은 성적을 위해서는 감독과 구단 선수의 긴밀한 협조와 신뢰가 더욱 중요하다(Sports On, 2012.2.).

② 조직구성원 교체

Schwartz는 1960~1969년도 시즌에 관한 프로농구, 프로야구, 프로미식축구 종목에서 선수교체율이 가장 높은 종목은 야구(.403), 농구(.367), 미식축구(.334) 순으로 나타났다. 스포츠 종목에 따라 선수교체율에 차이가 있을 뿐만 아니라 동일 스포츠 종목 내에서도 교체율은 조직 유효성과 관련이 있다. 즉 선수교체율이 가장 높은 팀은 성적이 가장 좋지 않다. 그뿐만 아니라 선수교체율이 너무 적은 것도 팀 유효성에 좋지 않다는 점이다. 이는 선수들에게 동기유발이 줄어 팀에 대한 불만이 증가하기 때문이다. 또한, 선수교체에는 적절한 시기가 있다. 즉 선수교체가 너무 빠르거나 늦으면 팀 유효성에 부정적인 영향을 미치게 된다. 경영평가 후 조직구성원의 교체는 자발적 교체와 강제적 교체로 나누어 성과의 유효성에 차이가 있다. 경영평가 후 조직구성원의 강제적 교체일 경우 기업성과와 구성원 간에는 부정적 관계가 존재하지만, 자발적 교체의 경우 구성원 간의 유의미한 관계를 보이지 못한다. 이는 평가에 따른 구성원의 잦은 교체나 강제적 교체는 조직 유효성에 부정적임을 시사한다.

3. 전 사원 경영과 현장경영

기업이 경영혁신을 추진하는 목적은 초일류기업이 되기 위한 것이다. 초일류기업이란 세계시장의 고객들로부터 다양하게 실력을 인정받고 기대를 모을 수 있어야 하며 결과적으로 매출성장과 이익 확보에 있어서 탁월한 성과를 거두어야 한다는 것이다. 호수 위에 기품 있고 여유 있게 떠 있는 듯한 백조가 실제로는 수면 밑에서 두 발로 빠른 속도로 물을 젓고 있듯이, 항상 초일류기업으로 생존하기 위해서는 언제나 살아서 움직이고 있어야 한다. 그것도 기업 일부가 아닌 전 계층과 전 사원이 스스로 각자의 위치에서 지속적으로 생동감 있게 움직이고 있어야 한다. 흔히들 초일류기업은 독특한 개성과 전 사원 경영이라는 요소를 지니고 있어야 한다고 한다. 이 중 기업이 지녀야 할 독특한 개성은 기업이 속한 업종과 시대적 고객 요구의 변화에 따라 변할 수밖에 없고 필연적으로 변화되어야 한다. 그러나 변함없이 언제나 요구되는 것은 구성원 모두가 한마음으로 고민하고 한 방향으로 움직이는 전사원 경영의 구현이며 바로 이것이 초일류기업이 되기 위한 선결 조건이다. 이러한 전 사원 경영이 실현되기 위해서는 반드시 충족되어야 할 전제조건이 있다. 그것은 현장에서 땀 흘리는 사원들에 대해 진정으로 고맙게 생각하는 현장 중시형 경영(MBWA: Management By Wandering Around)이 요구된다. 이제 현장경영은 혁신 경영의 중요한 덕목으로 자리 잡고 있다.

GE의 회장으로 취임한 잭 웰치는 고객중시, 시장확대, 상호존중의 3가지 가치관을 제시하였다. 일례를 들면 냉장고를 수리하는 A/S 요원에게 현금을 지참하게 하여 냉장고의 불량으로 인한 고객의 식품 손상에 관한 피해를 현장에서 보상하도록 조치하여 고객을 중시하였으며, 현장의 자유로운 의견 개진이 최대한으로 의사결정에 반영되도록 마련된 Work-out 프로그램에 직접 참여하여 경영층이 현장의 의견을 무시하는 사례가 발생하는지를 관찰하기도 하였다.

GE의 잭 웰치

출처: 블룸버그

또한, 월마트의 회장인 샘 월튼은 생전에 전국의 매장을 직접 돌아다니며 직원들의 개개인에 대해 개인적인 친근감을 표시하며 격려하였으며 현장에서 생긴 정보를 모아서 개선안을 만들고 이를 신속히 현장에 적용시키는 독특한 시스템을 운영하여 뛰어난 현장경영 업적을 올리게 되었다. 이러한 경영혁신 사례에는 현장경영의 중요성이 강조되고 있다. 또한 캘리포니아 스톡턴에 있는 조셉병원의 슈로더 부사장이 병원 창립 10주년 기념식에서 직원들로부터 동으로 만든 구두 모양의 현장경영(MBWA)상을 받았다는 사실은 바로 현장경영은 혁신경영의 중요성을 의미한다. 이에 현장경영의 10가지 원칙을 살펴보면 다음과 같다.

① 경청하라
② 메모 후 피드백하라
③ 명령계통을 통해 개선하라

④ 정보제공자를 보호하라

⑤ 인내심을 가져라

⑥ 소프트하게 이야기하고 하드하게 챙겨라

⑦ 수행원 없이 혼자서 방문하라

⑧ 현장에서 직접 체험하라

⑨ 현장관리를 저해하는 언행에 주의하라

⑩ 직접 알아보지 않고는 할 수 없는 질문을 계속하라

이상의 현장경영의 10가지 원칙을 통해 우리가 얻을 수 있는 교훈은 명확하다. 그것은 '경영층이 시간, 공간적으로 현장에 얼마나 가까이 있는가? 현장의 정보를 얼마나 중요시하는가? 현장구성원들을 기쁘게 하기 위해 기꺼이 체면을 내던질 용기가 있는가?'라는 질문에 대해 경영자는 자신 있게 "예스"라고 대답할 수 있을 때 비로소 초일류기업으로 가는 첫 관문을 통과한 것이다(조재림, 2002.5.10.).

6시그마(6σ)

6시그마는 1980년대 초반 일본의 삐삐시장 참여를 기도한 모토로라(Motorola)가 타당성 연구와 함께 일본의 경쟁기업과의 제품품질을 비교하였을 때 자사 제품이 열악함을 반성하고 품질향상을 목표로 6시그마를 고안하였다. 이후 GE사가 발전시킨 6시그마 기법은 "제품을 100만 개 만들었을 때, 불량품을 3, 4개로 한다"라는 높은 수준의 목표를 달성하기 위해 추진되는 전사적 경영품질의 향상 활동이다. 종래의 품질관리 기법과는 달리, 고객 만족의 관점에서 오류나 불량을 발생시키는 과정의 문제점을 통계적 방법으로 해결하는 기법으로 시그마(σ)는 표준편차라고 불리는 에러(error)나 미스(miss)의 발생확률을 나타내는 통계학의 용어이다. 기업이 만들어 내는 제품, 서비스의 오차나 불량 확률을 100만분의 3, 4인 것을 가리킨다. 4시그마는 100만 회에 6,210회 정도, 2시그마는 불량 발생률이 100만 회에 30만 8,000회의 정도를 가리킨다. 통계학상의 발생확률에 불과한 6시그마를 기업경영에서의 제품, 서비스 품질이 도달해야 할 목표치로서 인식하고 오차, 불량 발생확률을 100만분의 3, 4회로 억제하기 위한 과정을 조직이 일체가 되어 수행하는 것이 6시그마이다.

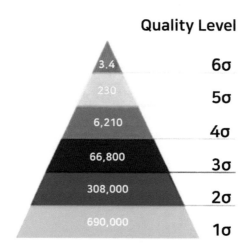

Quality Level

3.4 — 6σ

230 — 5σ

6,210 — 4σ

66,800 — 3σ

308,000 — 2σ

690,000 — 1σ

6시그마의 불량 발생확률

　품질관리에서 품질의 실패비용(cost of poor quality)이라는 용어가 있다. 열악한 품질이 경영에 미치는 비용이다. 시장에서 모든 성공과 실패가 결정된다는 오늘날에 있어서는 제품 내지 서비스에 내재하는 열악한 품질을 방치 또는 간과하여 시장에 내보내는 비용은 사내에서 이것을 막는 경우 수백 배에 이른다. 6시그마는 경영에 내재하는 실패비용을 최소화하는 것에 의해 시장에 나가는 자사의 제품, 서비스의 품질을 최대한 높여 고객 만족을 달성하는 기법으로 스포츠경영 관련 기업이나 조직에 많은 시사점을 준다.

제6장

스포츠 경영전략
(Sports Management Strategy)

1. 스포츠 경영전략의 개념과 의미

스포츠 환경변화에 적응 가능한 목표를 수립하고, 그 목표를 달성하기 위해서 필요로 하는 모든 수단들, 즉 인력, 기술, 시설, 자금 등 연관 자원들을 효율적으로 동원하고 분배하는 통합적이고 종합적인 경영계획을 수립하는 것을 스포츠 경영전략이라고 한다. 스포츠 전략경영이 스포츠조직이나 기업의 목표를 달성하기 위한 하나의 수단으로서 전략수립과 실행에 초점을 두는 것과 달리 스포츠 경영전략은 스포츠 전략경영의 범위를 넘어 전략의 평가나 통제에도 초점을 두는 총체적 활동이다. 바꾸어 말하면 스포츠조직이나 기업을 둘러싼 외부환경과 내부상황에 관한 분석을 통해 그에 부합한 전략수립, 실행, 평가 후 피드백을 통해 지속적으로 개선해나가는 과정이라고 볼 수 있다. 글로벌 경쟁이 심화된 오늘날의 경영환경에서 경영전략의 중요성은 지속적으로 커지고 있다(네이버 지식백과, 2020). 이러한 스포츠 경영전략은 다음과 같은 특성적 내용으로 집약될 수 있다. 첫째, 스포츠조직이나 기업의 경영전략은 경영환경조건의 변화에 따라 영향을 받는다. 둘째, 조직 목표달성을 위한 여러 방안의 집합을 다루는 것으로 인식하게 한다. 셋째, 경영전략은 스포츠경영 조직이나 기업 장래의 발전 방향을 제시하여 준다는 특성이 있다.

메이저리그 구단의 사업 철수 사례-MLB

2001년 메이저리그 소속 30개 팀 구단주가 28대 2의 압도적 표차로 메이저리그 베이스볼(MLB's) 소속 2개 팀을 해체하는 데 동의했다. 2개 구단의 해체(안)가 나오게 된 배경은 기업으로 말하자면 연봉, 생산성, 이익 등이 나지 않은 회사를 폐쇄하겠다는 것이다. TV, 광고, 상업수입 등을 포함해 총자산이 수십억 달러에 이르는 MLB를 더욱 탄력적으로 만들기 위함이다. 메이저리그와 마이너리그의 차이만큼 경쟁력 있는 팀과 그렇지 못한 팀 간 격차가 큰 상태다. 뉴욕 양키스와 애틀랜타 브레이브스는 고가의 TV 광고계약과 사적인 금융재원을 조달할 수 있고 매년 우승의 문턱에 오르는 우수한 팀이다. MLB를 하나의 기업으로 간주할 때 생산성 낮은 2개 구단의 해체는 비용을 줄여 이익기반을 마련하기 위한 당연한 수순으로 해석될 수 있다. 30개의 지점(팀)을 가진 MLB 기업은 수익이 나지 않은 2개 지점을 정리한 격이다. MLB의 목표는 바로 이익 극대화이기 때문이다. 그러나 MLB는 완전히 독립된 기업(firm)일까? 각 구단은 구장에서나 노동시장에서 별개로 움직인다. 투수와 포수의 사인도 구단마다 다르고, 상업적 이익기반도 다르기 때문이다. 연고지 고객의 충성도도 전혀 딴판이다. 메이저리그로 통칭된다고 해서 MLB를 한 기업으로 보는 것보다 30개 회사(팀)가 리그 내에서 자유경쟁을 하는 하나의 산업(industry)으로 보는 게 타당하다. 어떤 사업에서든 수요는 고정돼 있을 때 생산량이 줄어들 경우, 가격은 오르기 때문에 2개 구단 감축안으로 MLB의 구단주들은 이익을 본다. MLB는 미국 경제에 엄청난 영향력을 지닌다. 야구장갑, 입장권 판매, 관련 상품 등을 사지 않는 미국인은 없을 정도다. 야구 구장을 짓기 위해 소비자들이 투자한 민간자본이 투여되는 경우도 있다. 일부 도시에는 구장 하나가 상징물이 되기도 한다. 산업적 관점에서 대단히 강압적이고 독단적인 결정이다. 자유로운 구단 매매가 아닌 인위적인 해체와 다름없기 때문이다. 결국, 이익을 내기 위한다는 명분의 MLB 2개 구단의 감축은 더 많은 관련 비용을 낳을 것이다(머니투데이, 2001). 모든 스포츠조직 경영은 상황적 요인에 따라 끊임없이 변화하여야 한다. 새로운 경쟁자의 등극, 사업에 영향을 미치는 법률적 변화 등등의 상황에 성공적으로 대응하기 위해 스포츠조직은 경영전략을 공식화하여야 한다. 스포츠조직의 경영전략은 감독의 경기 운영과 같이 필수적인 것이기 때문이다.

NFL의 성공적 경영전략 사례

소속된 32개 구단의 총자산 가치는 약 37조 5,000억 원, 한 개 구단의 평균 자산가치는 1조 1,700억여 원. NFL은 세계 최대 스포츠 리그로 가장 성공한 스포츠 비즈니스의 정수를 보여주는 결정판이다. 1922년 창립 후 40년 가까이 NFL은 잘나가는 몇몇 구단이 독식하는 독무대였다. 그래서 1950년대까지 53개 팀이 문을 닫고 매년 존폐위기에

몰렸었다. 기사회생의 실마리가 1962년 뉴욕 자이언츠팀 형제 구단주인 웰링턴과 잭 마라(Mara)가 NFL 리그 총수익을 모든 구단과 공평하게 나누는 아이디어를 내면서 마련되었다. 수익 공유제(revenue sharing)는 모두를 위해 하나가 되고, 하나는 모두를 위해 존재한다(all for one, one for all)는 정신에 기초한 제도이다. 그로부터 50년이 지난 지금 NFL은 모든 구단이 부자가 되는 이변을 일궈냈다. 각 구단이 거두는 연간 TV 중계료 수익금 전액과 구단별 티켓 총수입의 40%를 전부 거둬들인 다음 32개 구단에 똑같이 배분한다. 각 구단의 연간 수익 가운데 60%는 NFL이 나눠준 돈이며 나머지 40%는 구단 스스로 벌어야 한다. 모든 팀에 동등한 경쟁여건을 보장하는 동반성장형 리그인 셈이다. NFL의 경영전략 성공은 스몰 마켓(중소기업)의 성장이 뒷받침되지 않으면 빅 마켓(대기업)마저 깨진다는 각성에 기인한다. 또한, 미국 스포츠 역사상 최초로 1935년 역드래프트제(전년도 최하위 팀이 신인 드래프트 1순위를 갖는 것)를 도입하였고 1994년 연봉 상한제(salary cap)를 과감하게 적용하였다. 이런 제도는 팀의 전략 상향 평준화를 통해 매 팀의 긴박감 넘치는 경기를 연출하게 되고 팬들로부터 인기 상승이라는 선순환 구조를 낳았다. 대중 스포츠이면서 희소성으로 승부를 건 경영전략도 독특한 마케팅 포인트다. 프로농구(NBA)와 프로야구(MLB)는 최장 7전 4선승제를 하지만 NFL은 단판 승부제이다. 정규시즌도 16경기만 치러 프로야구(162경기)의 10% 수준이다. 모든 게임이 결승전을 방불케 한다. 이처럼 NFL의 경영전략은 동등한 경쟁여건이 경쟁을 더 치열하게 만든다. 서비스 관리를 위해 끊임없이 혁신한다. 신뢰할 수 있는 리더십을 구축한다. 희소성의 원칙으로 게임의 몰입도를 높여 성공적인 리그를 지속적으로 추구하게 하는 목표를 두고 있다(조선일보, 2014.4.14.).

2. 스포츠 경영전략의 필요성

최근 정치, 경제, 사회, 문화, 과학과 기술의 환경변화는 예측 불가능한 주기와 폭으로 이루어짐으로써 스포츠경영 조직이나 기업으로 하여금 새로운 시각에서 경영활동을 전개하도록 강요하고 있다. 세계 각국과 기업들은 살아남기 위한 적자생존의 능력을 최대한 발휘해야 한다. 즉, 경쟁에 이기기 위해서 필요로 하는 수단과 자원은 유한한 반면, 경쟁우위를 확보해야 한다는 무한한 기업의 의지와 욕구는 경영 활동을 전략적으로 수행하지 않으면 안 되게 하고 있다. 스포츠 기업 또한 예외가 될 수 없다. 따라서 스포츠 활동을 추구하고 있는 모든 스포츠경영 기업이나 조직들은 미래를 예측할 수 있어야 하고 그들이 속한 산업은 변화하는 환경조건에 대응할 수 있는 장기적인 스포츠 경영전략을 수립해야 한다.

수익 공유제 적용(스페인 라 리가와 영국의 프리미어 리그)

전 세계 축구팀을 통틀어 가장 많은 돈을 번 구단은 스페인 라 리가(La Liga)의 레알 마드리드(Real Madrid)이다. 레알은 7억 6,320만 달러의 매출을 올렸다. 하지만 리그 전체를 보면 상황이 달라진다. 최고 구단이 레알과 라이벌인 FC 바르셀로나(Barcelona)는 천문학적 수익을 올리지만, 리그 내 하위권 구단들은 수익은커녕 팀을 꾸릴 돈조차 없어 허덕인다. 스페인 1, 2부 리그 팀 42곳 중 절반인 21곳 정도가 파산 직전 상태이다. 이러한 재정 격차는 성적으로 이어진다. 실제로 2년간 레알과 바르샤의 입장 관객 수는 11% 늘어났으나 하위 2팀은 4% 줄었다. 쏠림현상이 가속화되는 것이다. 이에 스페인 라 리가는 2016년 수익 공유제를 도입하여 적용하고 있어 추후 구단 경영의 변화 현상을 지켜볼 만하다. 영국 프리미어 리그는 스페인 라 리가와 대비된다. EPL은 NFL과 함께 세계에서 가장 돈을 잘 버는 스포츠 리그이다. 하지만 EPL은 예전부터 황금알을 낳는 거위였던 것은 아니다. 1980년대 말 상위권 22개 팀이 모여 EPL을 만들면서 거듭난 것이다. EPL의 경영방식은 NFL을 모방하였다. EPL은 전체 구단을 대표해 방송사와 계약하고 순위에 따라 중계권료를 차등 지급한다. 총액의 절반은 모든 팀에 똑같은 비율로 나눠주고 4분의 1은 성적, 나머지 4분의 1은 TV 방송 횟수에 따라 분배한다. 이로 인해 시즌 우승팀과 최하위 팀의 중계권료 차이는 1.5배이다. 소도시를 연고지로 삼은 팀이라고 해도 리그에서 분배받는 중계권료를 밑거름으로 경쟁력을 유지할 수 있다. 리그 소속팀이 모두 공동세계 시장개척에 나선 점 또한 NFL 경영전략과 유사하다(이인묵, 2012, 조선일보).

---

3. 스포츠 경영전략의 구성요소

스포츠 경영전략의 개념을 보다 명확히 이해하기 위해서는 경영전략의 구성요소를 파악해야 하는데, 그 구성요소는 학자에 따라 다양하지만, 호퍼(C. W. Hofer)와 쉔델(D. E. Schendel)이 제시한 내용을 스포츠 경영전략의 구성요소로 활용하였다.

첫째, 영역(domain: 스포츠조직이나 기업의 현재 및 미래 환경과의 상관관계에 있어서의 활동 범위), 둘째, 자원전개(resource: 스포츠조직이나 기업의 목표달성에 필요한 제 자원의 전개수준과 유형, 독자 능력), 셋째, 경쟁 우위성(competition: 스포츠조직이나 기업의 자원전개 유형이나 영역 결정을 통해 경쟁자에 대해서 전개하는 독자적인 핵심역량), 넷째, 시너지(synergy: 자원의 활용이나 영역 결정에서 나타나는 상호작용 및 상승효과)로 구성된다.

시너지 효과(synergy effect)

시너지 효과는 새로운 분야에서의 참가가 기존 분야에 도움이 되는가? 또는 새 분야의 참가를 위하여 구 분야가 도움이 되는가? 어떤가? 신구 양 분야 간에 서로의 연관성이 있는 공헌의 정도를 가리킨다. 이처럼 시너지는 그것이 상승효과의 최적화를 뜻하는 것으로, 기업합병이나 경영 다각화 등 기업경영전략으로서 규모의 경제 또는 성장의 경제를 구체화한 결정 기준을 시너지 전략이라고 한다. 시너지 효과는 2+2가 3이 되게 하는 마이너스의 효과를 가져올 수도 있고 2+2=5, 6, 7의 플러스 효과를 창출하기도 한다.

시너지 효과에 관한 일반식은 다음과 같다.

$$ROI = \frac{S-O}{I}$$

ROI(투자이익률: Return on Investment)
S(매출액: Sales Volume)
O(조작비: Operation Cost)
I(투자액: Investment)

---

4. 스포츠 경영전략 과정

스포츠 경영전략이 이루어지는 과정은 크게 전략분석을 위해 환경분석(외부 환경분석), 내부분석, 전략수립, 전략실행, 전략평가로 구분된다. 환경분석 단계에는 스포츠조직이나 기업에 영향을 미치는 외부요인들에 관한 검토가 이루어진다. 동종업계 경쟁구조에 관한 산업 환경과 정치, 경제, 기술, 사회 등 기업운영에 직간접적으로 영향을 미치는 거시적 환경에 관한 검토가 모두 포함된다. 외부요인들에 관한 검토를 통해 기업을 둘러싼 기회(opportunity)와 위협(threat)요인에 관한 파악이 가능해진다. 내부분석 단계에는 자사가 처한 기업 내부 여건에 관한 검토가 수행된다. 기업은 조직구조, 리더십, 기업·조직문화, 내부운영자원에 관한 조사를 통해 자사의 강점(strength)과 약점(weakness)을 파악한다.

전략수립은 기업의 사명(mission)과 비전(vision)에 기초를 두며 외부환경과 내부분석으로 얻어진 결과들을 이용한다. 즉 기업은 외부환경과 내부분석을 통해 자사의 강점을 토대로 주어진 기회를 유리하게 이용하고 위협에는 적절히 대처하며 약점을 보완할 수 있는 경영전략을 수립한다. 전략은 기업전략, 사업전략, 기능전략이라는 세 가지 전략이 위계적으로 수립된다. 전략실행은 일련의 계획이나 예산, 절차에 따라 전략이 실제로 이루어지는 단계이다. 주로 중간관리자 또는 하위관리자들이 전략의 실행을 담당하지만, 조직구조, 기업문화, 시스템의 변화가 수반되는 경우에는 최고경영진의 개입이 일어난다. 전략평가는 스포츠조직이나 기업의 경영활동을 감독하고 실제 성과치와 기대 성과치를 비교하는 단계이다. 전략경영 프로세스의 마지막 단계지만 전략평가를 통해 앞선 단계에서의 미흡한 점이 발견되면 해당 단계로 돌아가서 다시 시작된다. 따라서 신속한 피드백이 이루어질 수 있는 시스템이 마련되어 있어야 경영 전략 평가가 효과적으로 이루어질 수 있다(네이버 지식백과, 2020).

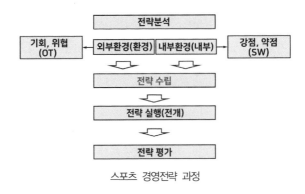

스포츠 경영전략 과정

5. 스포츠 경영전략의 유형

(1) 기업전략(corporate strategy)

기업전략은 스포츠 기업이 경영목적을 달성하기 위하여 환경변화에 기업을 전체로서 적응시키는 경영전략으로 정의한다(네이버 지식백과, 2020). 즉 미래에 관한 접근 전략으로 내외부 환경요인 분석을 통해 미래를 예측하고, 창의적이고 효과적인 역할을 설정하여 기업 비전을 실현할 수 있는 정책, 제도, 자원 등을 조율하는 일 등을 포함하는 활동을 말한다(위키백과, 2020). 기업의 넓은 활동 범위에 관한 전략과 장기적인 수익 극대화를 위하여 기업의 개발과 발전을 관리하는 것으로 비즈니스 모델(business model)의 집합체라고 할 수 있다. 즉 스포츠경영 기업의 수익창출을 위하여 제품과 서비스를 어떻게 생산하고, 유통하며, 판매하는가를 설명하는데 이는 스포츠 기업의 성장을 위해 필수적인 요소이다.

(2) 사업전략(business strategy)

사업전략은 스포츠 기업이 정한 각각의 사업영역에서 '어떻게 경쟁할 것인가'를 결정짓는 것으로 경쟁전략이라고도 한다. 특정 사업마다 다른 경쟁자와 대면하게 되므로 다른 사업단위나 사업부에 사업전략이 획일적이거나 동일하게 적용될 수는 없다(네이버 지식백과, 2020). 이에 여러 가지 경쟁전략이 있겠지만 가격, 서비스, 제품 등 차별화에 의한 경쟁을 기반으로 전략을 수립하게 되며 스포츠 사업전략의 성과는 시장점유율, 이윤 등으로 평가될 수 있다.

(3) 기능전략(function strategy)

기능전략은 스포츠 기업전략이나 사업전략과 같은 상위수준의 전략을 실행하기 위해 각 기능부문이 취하는 하위전략으로 스포츠 사업부 내의 기능별 조직인 전략을 말한다. 기업전략이나 사업전략이 기업이 어느 방향으로 갈 것인지, 내지는 어떤 사업을 할 것인지에 관한 전략인 데 반해 기능전략은 주어진 영역에서 얼마나 더 효과적이고 효율적으로 일할 것인가에 관한 전략이다. 이러한 특징으로 인해 기능전략은 기업전략과 사업전략에서 기초해서 이들의 목표가 달성될 수 있도록 상위전략들과 일관되게 수립되어야 한다(네이버 지식백과, 2020).

6. 스포츠 경영전략 수립을 위한 SWOT 분석

기업의 내부환경과 외부환경을 분석하여 강점(Strength), 약점 (Weakness), 기회(Opportunity), 위협(Threat) 요인을 구성하고 이를 토대로 경영전략을 수립하는 기법으로 미국 경영컨설턴트 앨버트 험프리(Albert Humphrey)에 의해 고안되었다(네이버 지식백과, 2020). SWOT 분석은 외부로부터의 기회는 최대한 살리고 위협은 회피하는 방향으로 기업의 강점을 최대한 활용하고 약점은 보완한다는 논리에 기초를 두고 있다. 강점과 약점요인은 기업 내부에 존재하고 기회와 위협요인은 기업 외부에 존재하면서 기업 전체에 영향을 미치는 요인으로 나타난다. SWOT 분석에 의한 경영전략은 4가지 전략으로 이뤄졌다. 첫째, SO(강점-기회) 전략으로 기업 환경의 기회를 활용하기 위해 강점을 사용하는 전략을 선택하는 것이고 둘째, ST(강점-위협) 전략은 경영환경의 위협을 회피하기 위해 강점을 사용하는 전략을 말한다. 셋째, WO(약점-기회) 전략은 약점을 극복함으로써 경영환경의 기회를 활용하는 것이고 넷째, WT(약점-위협) 전략은 경영환경의 위협을 회피하고 약점을 최소화하는 전략이다. 이처럼 SWOT 분석은 경영목표 달성을 위해 경영전략을 수립하게 되고 전략수립에 있어 강점과 약점, 기회와 위협요인을 종합적으로 분석하여 위협을 기회로 활용하고 약점을 보완하여 강화시킴으로써 경영목표 달성을 위한 성공환경을 조성하는 데 반드시 거쳐야 할 과정이라 할 수 있다.

SWOT의 응용판인 TOWS 분석은 샌프란시스코 대학교수인 하인츠 웨이리치(Heinz Weihrich)가 자신의 논문에 발표한 프레임워크로 이것은 SWOT에서 도출한 기회와 위기에 각각 강점과 약점을 조합하여 여러 가지 방안들을 도출할 때 활용되고 있다.

	내부	
	강점(S)	약점(W)
기회(O) (외부)	적극 공세 (강점x기회)	약점 강화 (약점x기회)
위협(T)	차별화 (강점x위협)	방어/철수 (약점x위협)

TOWS 매트릭스

즉, 기회와 강점을 조합하면 '적극 공세', 기회와 약점을 조합하면 '약점 강화', 위협과 강점을 조합하면 '차별화', 위협과 약점을 조합하면 '방어/철수'로 좀 더 세분된 분석기법으로 전략수립에 활용되고 있다(담덕의 경영학 노트, 2019).

7. 스포츠 경영전략 수립의 결정요소

스포츠조직이나 기업에 관한 스포츠 경영전략 계획을 수립하기 위해서는 조직의 사명분석, 환경분석, 조직분석 및 경영자의 가치관과 기업(조직)문화 분석 등 스포츠 경영전략 수립을 위한 결정요소가 분석되어야 한다.

(1) 사명분석

스포츠 기업의 명백한 사명과 목표는 경영자의 중요한 업무적 의사결정을 용이하게 하며, 스포츠 경영전략 수립이나 개인 집단의 업무 활동의 방향을 제시하게 된다. 따라서 경영전략 수립을 위해 스포츠조직이나 기업이 추구하는 사명이나 목표에 관한 분석이 이루어져야 한다.

(2) 환경분석(기회와 위협)

경영전략을 수립하는 기법 중 환경분석의 하위 요인인 기회(opportunities)란 스포츠 기업의 전략적 목적을 달성할 수 있도록 돕는 잠재력을 지닌 외부환경의 특성 또는 조건 등으로 기업이 추구하는 목표달성의 유리한 상황을 의미한다. 위협(threats)은 기업의 전략적 목적을 달성하지 못하게 할지도 모르는 외부환경의 특성 또는 불리한 상황으로 정의된다. 따라서 스포츠 경영전략 수립에 관한 기회와 위협의 외부환경요인들에 관한 분석이 반드시 요구된다.

(3) 조직분석(강점과 약점)

조직분석은 스포츠 기업 내의 내부경영과 자원의 분석을 중심으로 기업의 강점(strength)과 약점(weakness)을 진단하고 기업의 경쟁적 위치를 평가하는 것이다. 따라서 기업의 강점을 중심으로 새로운 기회를 포착하고, 예측하여 위험에 대응하고 약점과 제약사항을 보완하여 스포츠 경영전략을 수립하게 된다.

(4) 경영자의 가치관과 기업(조직)문화 분석

스포츠경영자의 의사결정과 행동은 경영자의 가치관에 의해서 영향을 받는데, 경영자의 가치관은 외부영향과 환경, 개인적 경험 및 사고방식에 따라서 상이하다. 기업문화 또는 조직문화는 조직의 행동을 지배하는 가치체계라고 할 수 있다. 한 조직 내에서 구성원 대다수가 공통으로 가지고 있는 신념, 가치관, 인지, 행위규범, 행동 양식, 관습, 지식 및 기술체계 등을 모두 간직하는 것으로 그 스포츠경영 조직에 속하는 구성원의 생활환경에 영향을 끼치는 여러 가지 일들에 관한 거시적이고 종합적인 개념이다. 조직 내 개인의 가치관은 조직문화에 의해 영향을 받는다. 즉, 조직 내 조직문화가 경영전략과 조화를 이룰 때 기업의 목표달성이 보다 용이해진다. 또한, 조직문화는 조직구성원 사이에 소속감과 문화적 동질성을 부여하고 다른 조직과 차별성을 부여해 줌으로써 결과적으로 경영환경의 변화에 대해 내적으로는 조직구성원들을 동질의 공동체로 만드는 통합기능과 외적으로는 능동적으로 대처하는 적응기능이 작용한다. 그러므로 전략적 스포츠경영 계획을 수립하는 초기 단계에서 조직문화를 면밀히 파악해야 한다. 그뿐만 아니라 기업의 최고경영자나 창업주에 의해서 조직문화가 상당한 영향을 받을 수 있으므로 스포츠 경영전략을 수립할 때에는 경영자의 가치관, 그리고 기업(조직)문화 등이 고려되어야 한다.

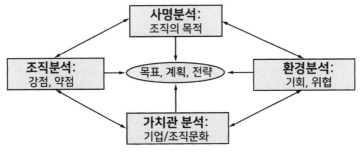

스포츠 경영전략 수립의 결정요소

8. 스포츠 경영전략 수립을 위한 사업구조분석

사업구조란 스포츠 기업이나 조직이 전개하고 있는 다양한 사업들의 구성형태를 말한다. 예를 들어 한국농구연맹이 프로농구 대회 운영이라는 주요사업과 함께 관중유치 사업, 방송권사업, 공식후원사업, 상품화사업, 지식재산권 사업, 공식 물품공급사업, 광고사업, 인터넷 사업과 체육진흥투표권 사업과 같은 여러 사업을 전개하는 형태이다. 현재 운영 중인 사업부 중 경영 관리자가 어떤 사업부를 유지, 철수시킬 것인가? 혹은 새로 구축할 것인가에 관한 의사결정을 내리려면 현 사업부들의 위치와 성과를 분석하고 평가해야 하는데 이러한 사업부 분석과 평가를 위한 분석기법이 바로 사업구조분석이다. 사업구조분석에 활용되고 있는 방법들은 다음과 같다.

(1) 기업경기실사지수(BSI: Business Survey Index)

기업체가 느끼는 체감경기를 100을 기준으로 이보다 낮으면 경기악화를 예상하는 기업이 호전될 것으로 보는 기업보다 많음을 의미하고 100보다 높으면 경기 호전을 예상하는 기업이 더 많다는 것을 의미한다. 기업경기실사지수는 기업들로부터 향후 경기 동향에 관한 경영자의 판단, 예측, 계획의 변화추이를 관찰하여 지수화한 것으로 경기를 판단하는 대표적 지표이며 개별경제지표, 종합경제지표, 설문조사, 계량모형 방법을 통해 경기 흐름을 판단하는 방법이다.

$$\text{기업경영실사지수} = \frac{(\text{긍정적 응답 업체 수} - \text{부정적 응답 업체 수}) \times 100}{\text{전체 응답 업체 수}}$$

(2) 사업집중도

사업집중도는 사업구조의 특성을 반영하는 지표로 사업 범위를 총체적인 사업이나 일정 기간 이루어진 모든 부서 활동을 포괄하는 사업을 가정하며 이는 사업의 독과점도를 가장 명료하게 표현할 수 있고 통계분석을 통하여 객관적 수치를 제시할 수 있는 분석 방법이다.

(3) 자료포락 분석(DEA: Data Envelopment Analysis)

생산 효율성을 측정하는 방법의 하나로 회귀분석법과는 달리 일반적으로 생산가는 집합에 적용되는 몇 가지 기준에서 평가사업의 경험적인 투입요소와 산출물 간의 자료를 이용하여 경험적 효율성 기준을 도출한다. 이처럼 도출된 효율성 기준과 평가사업을 비교하여 평가사업의 효율성을 측정하는 비모수적 접근방법이다. 여기서 평가사업이 되는 단위를 의사결정 단위(DMU: Decision Marking Unit)라 한다. 스포츠 야구용품을 만들어 내는 A사는 여러 공장을 운영하고 있는데 이들 공장 중 어떤 공장이 효율적으로 운영되고 있는지 평가한다고 가정하면 각 공장에 들어가는 유지비용, 인건비, 가동시간 등이 투입요소가 되며 이를 통해 생산량, 출하량, 품질 등이 산출요소가 된다. 산출요소별 가중치를 곱해 더한 가중합계(weighted sum)를 투입요소별 가중치를 곱해 더한 가중치 합계로 나눠주면 자료포락분석 기법에 따라 효율성을 구할 수 있고 A사는 어느 공장이 상대적으로 효율적으로 운영되고 있는지를 분석할 수 있다.

(4) BCG 매트릭스(Boston Consulting Group Matrix)

시장분류 및 전략구축을 위해 보스턴 컨설팅그룹이 개발한 기법으로 성장-점유율(Growth-Share Matrix)이라고도 하며 이는 외부의 환경요인인 시장성장률과 기업의 위상을 의미하는 상대적 시장점유율에 의해 각 사업을 평가하고 기업 전체의 자원 배분과 각 사업부의 전략 방향을 제시할 수 있는 분석 방법이다. BCG 매트릭스는 각각 상이한 형태의 사업을 나타낸 4개의 영역으로 구성되며 각 영역은 상이한 사업상황을 나타낸다.

① 물음표(Question Mark): 시장성장률은 높으나 상대적 시장점

유율이 낮은 사업으로 사업을 확대(build), 수확(harvest), 철수(divest)할지를 고민하는 사업이다. 시장이 성공할 가능성은 크지만, 시장점유율이 낮아 점유율을 높이기 위한 노력으로 초기투자 자금이 많이 필요하다. 따라서 사업을 확대할 것인지, 아니면 수확 혹은 철수할 것인지 경영자의 현명한 의사결정이 요구된다.

② 별(Star): 시장성장률도 높고 동시에 상대적 시장점유율도 높은 경우의 사업부이다. 이는 강력한 경쟁력을 가진 사업부로 사업의 성과를 극대화하기 위해서는 생산시설확충, 기술개발 등 과감한 투자를 통해 사업을 확대(build)하거나 유지(hold)해야 한다.

③ 캐시카우(Cash Cow): 시장성장률은 낮지만, 시장에서의 선도적 사업으로 높은 상대적 시장점유율을 유지하고 있는 사업이다. 시장에서의 선도적 사업으로 높은 투자 없이 많은 수익(현금)이 창출되어 다른 사업의 재원을 위한 돈이 열리는 나무라는 의미를 지닌 자금 젖소 사업이므로 사업을 유지(hold)해야 한다.

④ 도그(Dog): 시장성장률도 낮으면서 상대적 시장점유율도 낮은 상황에 속하는 사업으로 시장에서의 지위가 낮아 현금창출이 어렵고 시장점유율을 높이기 위해 오히려 현금유출이 많기 때문에 사업을 수확(harvest)하거나 철수(divest)해야 한다.

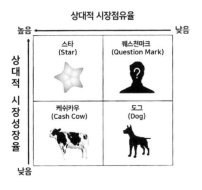

BCG 매트릭스

출처: 뷰세일즈랩

시간의 흐름에 따라 각 사업부는 환경의 영향과 전략실행 효과에 의해 매트릭스상에서 위치가 변화된다. 따라서 경영자는 매트릭스상에서 사업부의 현재 위치와 시간에 따른 위치변동까지 함께 고려해야 하고 정기적인 간격으로 포트폴리오를 작성해야 한다. BCG 매트릭스는 단순한 두 개의 축으로 현재 사업부들의 상황을 평가하고 전략을 제시하여 주기 때문에 경영자가 경영상황을 쉽게 이해할 수 있다는 장점이 있으나 두 축의 구성요인이 지나치게 단순하여 포괄적이고 정확한 사업부 평가가 불가능하다는 단점이 있다. 이러한 단점을 보완해주는 방법이 GE 매트릭스이다(덕산 쌤, 2019 네이버 블로그).

(5) GE 매트릭스(General Electric Matrix)

환경변화에 전략적 적응을 위하여 1970년대에 들어 포트폴리오 전략이 초점이 되었다. 포트폴리오 전략은 경영전략계획의 일환으로 기업의 환경위험을 분석해서 적용이 가능하도록 기업 잠재능력의 개발을 위하여 고안된 것이다. 이러한 포트폴리오는 수많은 제품 및 사업단위를 갖는 기업의 전략문제로까지 확산되었고, 1972년 GE사의 요청에 따라서 제품 및 사업 포트폴리오가 BCG(Boston Consulting Group)에 의해 개발되어 시장의 성장-점유 매트릭스에 의한 포트폴리오(portfolio) 전략으로 알려지게 되었다.

사업 포트폴리오 전략의 특징으로 다음의 2가지를 들 수 있다. 먼저 포트폴리오 전략에서는 다 사업(multi-business)기업을 전제로 하며 기업은 복수의 사업단위로 구성되고 있음이 특징이다. 그리고 포트폴리오 전략에 있어서 수익성, 안정성 등의 기준에 의하여 현재 및 장래의 사업을 판단하여 시너지효과에 의한 전략계획을 작성한다는 점이다. 따라서 포트폴리오 매트릭스는 성장률과 점유율이라는 두 차원을 사용하여 매트릭스를 작성하게 된다. 대표적인 포트폴리오 전략모형으로는 GE 매트릭스가 있다. GE 매트릭스는 사업의 매력도와 개별사업단위의 경쟁력이라는 두 차원에서 전략사업단위를 평가하는 기법이다. 이 두 차원은 여러 요인을 종합적으로 고려하여 결정되기 때문에 BCG 매트릭스보다 발전된 기법이라 할 수 있다.

GE 매트릭스는 시장의 매력도와 경쟁적 지위에 대하여 3개의 수직열, 즉 고・중・저 수준에 의해 격자로 표시하며, 사업의 경쟁력은 전략적 강, 중, 약으로 나타낸다. 시장 매력도는 다양한 요소들로 결정되는데 그 구성요소로는 시장의 크기, 성장률, 이익성, 경쟁구조, 노동시간, 그리고 사회적이고 정치적인 사항 등과 같은 광범위한 요인에 의해 결정된다. 사업의 경쟁력은 시장점유율, 재정적 능력, 기술적 강점, 인력자원, 그리고 여타 요소들의 함수이다.

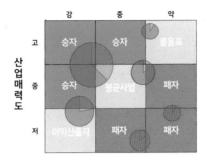

GE 매트릭스

　그림의 오른쪽 하단의 3개 셀(패자)에 해당하는 사업 부문은 사업에서 상대적으로 경쟁력이 약하거나 전반적인 사업의 매력도가 낮아 시장전망이 어두운 사업단위들을 나타내므로 사업을 철수하거나 최소한의 투자를 통해 현금흐름을 극대화하는 수확-퇴출전략이 바람직하다. 반면, 왼쪽 상단의 사업 부문(승자)은 매력적인 사업으로 강한 위치를 가지므로 전반적 매력도가 높다. 따라서 투자에 의해 지속적으로 성장시켜야 하는 투자육성전략이 요구된다. 매트릭스의 대각선에 위치한 셀인 물음표, 평균사업, 이익 산출자는 중간 정도의 전반적 매력도를 나타내는 사업단위로 경쟁력이 있을 것으로 판단되는 사업들에 대해서만 선별적인 투자를 하고 가능한 한 현금흐름을 증가시킬 필요가 있는 선택적 개선전략이 바람직하다. 원의 넓이는 관련 사업의 규모를 의미하고 시장점유율은 원내 파이의 형태로 표시된다(덕산 쌤, 2019, 네이버 블로그).

　이 같은 포트폴리오 모형은 사업단위를 전략적으로 선택하고 영위하는 데 매우 유용한 분석방법들이지만 포트폴리오 모형만으로 사업단위 수준의 전략을 효과적으로 수행하기는 힘들다. 사업부를 각각 독립적으로 보고 있으며 수익성이 낮은 사업은 제거하지만, 실제 좋은 사업에도 영향을 줄 수 있다는 점이 간과되고 있기 때문이다. 그렇기 때문에 효과적인 전략수행을 위해 경영자는 포트폴리오 모형 이외의 여러 경쟁, 시장, 기업 자신에 관한 사업구조 요인을 분석하여 그 결과를 전략에 반영하여야 한다.

제7장

스포츠경영의 시설관리

스포츠에서의 생산과정은 스포츠경기와 경기 주체가 경기를 진행시켜 나가는 동안 관람객이나 스포츠소비자들이 그 경기에 참여함으로써 함께 생산을 일으킬 수 있는 스포츠 서비스업의 생산과정, 경기나 소비자가 참여할 수 있는 장소를 제공하는 스포츠시설업의 생산과정, 그리고 스포츠경기 운영에 필요한 용품으로 선수들의 운동복이나 경기 특성에 따라 필요한 공이나 라켓 등과 같은 스포츠용품업의 생산과정으로 분류된다. 스포츠 서비스업은 주로 스포츠마케팅 영역에서 중점적으로 다루어지고, 스포츠용품은 주로 제조업의 생산과정에서 설명되므로 스포츠경영 또는 관리라는 측면에서 스포츠시설관리와 관련한 내용에 국한하여 내용을 담고자 한다.

1. 스포츠 시설관리

스포츠경영에 있어 시설업은 경기를 원활하게 운영시킬 수 있는 경기장 시설관리에 관한 효율성이나 효과성을 근간으로 그리고 소비자들이 스포츠 활동을 위해 찾을 수 있는 스포츠센터의 위치나 입지를 경제적으로 선정하고 관리하는 것을 의미한다. 그러므로 스포츠시설의 입지 결정은 스포츠사업 진출을 결정하는 순간 가장 먼저 해야 할 일로서 사업계획에 따라 소비자의 필요와 수요예측을 고려하여 가장 경제적일 수 있는 입지를 선택해야 한다. 특히 입지를 결정하는 데는 막대한 초기투자가 유발되기 때문에 보다 객관적으로 소비자 욕구와 시장환경, 경쟁자 및 주변 환경, 부대시설 등을 고려하여 결정한다. 이러한 맥락에서 스포츠경영 효율화를 위한 시설 입지선정 과정은 다음과 같다.

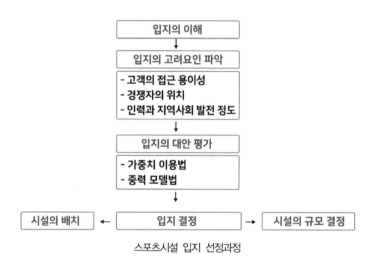

스포츠시설 입지 선정과정

(1) 스포츠시설 입지의 고려요인

① 접근의 용이성

스포츠시설은 소비자가 얼마나 편리하게 그 장소를 방문할 수 있느냐에 따라 시설물 입지의 성패가 달려 있다고 해도 과언이 아니다. 경기장의 경우는 보다 많은 소비자들과의 접촉을 늘릴 수 있도록 소비자가 쉽게 시설물을 찾을 수 있고, 대중교통 수단이 편리한 곳에 있어야 한다. 또한, 자동차 이용의 증대에 따라 각 시설물은 편리한 주차시설을 제공할 수 있는 토지를 확보할 수 있는 입지를 선택하여야 한다.

② 경쟁자의 위치

경쟁시설의 위치 역시 입지선정의 주요요인이 된다. 최근 스포츠센터나 스크린 골프장이 우후죽순으로 설립되고 있기 때문에 경쟁자의 위치에 특히 신경을 써야 한다.

③ 인력수급과 지역사회 발전 정도

스포츠경기장과 생활체육의 공간인 스포츠센터를 운영하기 위해서는 많은 인력이 필요하다. 전문인력에서 하급인력까지 다양한 인력이 필요하기 때문에 원활한 인력을 공급해 줄 수 있는 지역, 그리고 지역사회의 발달 정도는 시설물 입지 고려요인이 된다.

2. 스포츠시설 입지 결정기법과 시설 규모

스포츠시설의 입지 결정은 여러 입지 요인을 수치화시켜 평가하는 계량적 모델이 이용된다. 이때 고객의 편리 등과 같이 수치로 변환시켜 평가하기가 힘든 질적 요인들이 생략되기 쉽기 때문에 각 입지 결정기법에 따른 결과를 해석하는 데 각별한 주의가 요구된다. 다음은 대표적인 스포츠시설의 입지 결정기법에 대해 살펴보자.

(1) 가중치 이용법

요인평가법이라고도 불리는 가중치 이용법은 가장 간단하여 이해하기 쉬운 입지 결정기법이다. 먼저 입지선정을 위해 고려되어야 할 요인들을 선별해서 열거한 후 요인의 상대적 중요성 정도에 따라 가중치를 두어 계산하는 방법이다. 가중치 이용법을 활용하여 입지를 선택하는 절차는 먼저 고려해야 할 입지 요인을 정한다. 그리고 파악된 각 입지 요인의 중요도에 가중치를 결정한다(이때 모든 가중치의 합은 1이 된다). 각 입지의 요인점수를 매긴다. 각 요인에 매겨진 요인점수와 가중치를 곱한다. 가장 높은 점수를 받은 입지를 선택한다. 예를 들어 스포츠센터를 개장하고 싶은 K 씨는 3곳의 장소 중 1곳에 입점하고 싶어 한다. 가중치 이용법을 활용하여 입지 결정을 적용해 보면 각 대안의 요인 값과 가중치에 따른 점수를 계산하면 A 입지는 73.25점, B 입지는 71.5점, C 입지는 69.75점이었다. 이때 K 씨는 가장 높은 점수를 얻은 A 입지를 가장 유리한 입지로 결정하게 된다.

입지요인(Factor)	가중치	A입지	B입지	C입지
시설물지대	0.3	90	70	80
상권형성	0.2	85	80	85
유동 및 거주인구	0.15	55	70	60
교통환경	0.15	60	70	65
노동환경	0.1	70	65	50
지역사회 태도	0.1	50	70	50

A입지 점수(0.3×90+0.2×85+0.15×55⋯) = 73.25

B입지 점수(0.3×70+0.2×80+0.15×70⋯) = 71.50

C입지 점수(0.3×80+0.2×85+0.15×60⋯) = 69.75

가중치 이용법

(2) 중력모델법

중력모델은 주로 거리와 운반물량을 기준으로 하여 각각의 목적지에 상품을 운반할 때 최소화할 수 있는 특정 지역을 찾아내는 방법이다. 이 방법은 거리가 증가함에 따라 비용도 증가한다는 점을 가정으로 한다. 이를 스포츠시설의 입지선정에 적용해 보도록 하자. 특정시설의 매력도는 시설물의 규모와 시설물까지의 이동 거리 및 시간의 관계로 나타낼 수 있다. 이때 시설물의 규모가 크면 클수록 소비자를 더 많이 유치할 수 있기 때문에 시설 매력도와 비례관계에 있다고 본다. 반면 시설의 규모가 작고 거리가 멀어 시간이 오래 걸릴수록 소비자들이 불편해하기 때문에 이는 시설 매력도와 반비례 관계에 있게 된다. 간단한 예를 들어 적용하면 다음과 같다. K씨는 체력단련을 위해 스포츠센터를 등록하려 한다. A 스포츠센터와 B 스포츠센터가 집에서 약간 떨어진 곳에 있다는 것을 알게 되어 각 스포츠센터를 방문해 보았다. A 스포츠센터는 100평 규모로 집에서 20분 거리에 있다. B 스포츠센터는 80평 규모로 집에서 10

분 거리에 있다. 그렇다면 각각의 스포츠센터가 이 소비자에게 주는 매력도를 앞선 식에 대입하면 A 스포츠센터보다 B 스포츠센터의 매력도가 더 높기 때문에 K 씨는 B 스포츠센터를 선택한다.

$$A = \frac{S}{T^2}$$

A: 시설물의 매력도
S: 시설물의 규모
T: 시설물로의 이동시간(거리)

$$A센터 = \frac{100평}{(20분)^2} = 0.25 \qquad B센터 = \frac{80평}{(10분)^2} = 0.8$$

중력 모델법

(3) 스포츠시설의 규모

스포츠시설의 규모는 수요예측과 밀접한 관계가 있다. 소비자 수요에 비해 지나치게 규모가 큰 시설물은 초기투자비와 향후 유지관리 측면에서 큰 비용을 초래하게 된다. 반면 매우 협소한 시설물을 방문하는 소비자들을 모두 수용할 수 없는 경우가 종종 발생하기 때문에 수익을 창출할 기회를 잃게 된다. 시설물의 경우 한번 설립되면 이용자의 방문비용이나 경기 운영에 따른 장소 대여비로 재정적인 부문을 충당해야 하므로 경제적 규모의 시설물을 건설해야 한다. 스포츠시설 규모에 관한 평가방법 중 대표적인 방법으로 의사결정 나무 기법이 있다.

① 의사결정 나무

의사결정 나무란 가능한 대안들이 의사결정자에게 미치는 결과를 그림으로 표현한 것이다. 의사결정 나무는 몇 개의 마디와 마디에서 나온 가지들로 구성되며 오른쪽에서 왼쪽으로 해석해 나간다.

예를 들어 한 경기 시설업자가 새로운 위치에 대형 스포츠센터를 건설할지, 소형 스포츠센터를 건설할지 결정해야 한다. 이 지역의 수요는 작을 수도 있고 클 수도 있는데 각각의 확률은 0.4와 0.6으로 추정된다고 가정하자. 다음은 소형 스포츠센터를 건설했는데 수요가 크다고 밝혀지면 현재 규모를 유지할지 추가로 확장할지를 결정한다. **제1 대안**은 확장하지 않을 경우 기업의 보상이 2,230만 원일 경우이다. **제2 대안**은 확장할 경우 기업 보상이 2,700만 원이다. 만약 소형 스포츠센터를 건설하였는데 수요가 작다면 확장할 이유가 없을 것이고 이때의 보상은 2,000만 원이다. 반면 대형 스포츠센터를 건설했는데 수요가 작은 것으로 판명 난다면 선택할 수 있는 대안은 아무 일도 하지 않는 경우로 400만 원의 보상이 따르고 반면 지역광고를 통해 수요를 자극할 방법을 모색할 수 있다. 광고에 관한 반응은 미미하거나 클 수도 있는데, 각각의 확률은 0.3과 0.7로 추정한다고 가정하자. 반응이 미미할 경우의 보상은 200만 원에 불과하나, 반응이 클 경우 2,200만 원의 보상이 따른다. 보상이 가장 높은 경우는 대형 스포츠센터를 건립했는데 수요가 큰 경우로 이때의 보상은 8,000만 원이다. 그렇다면 위의 조건을 바탕으로 각각의 의사결정 및 사건 마디에 관한 기대보상을 계산해 보도록 하자.

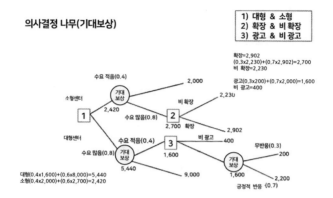

의사결정 나무(기대보상)

1) 대형 & 소형
2) 확장 & 비 확장
3) 광고 & 비 광고

의사결정을 위한 수단은 의사결정 나무의 첫 번째 의사결정 마디로 대형 또는 소형 스포츠센터를 짓는 것을 결정하여야 한다. 둘째 소형 스포츠센터의 경우, 수요가 많을 경우 확장할 것인가 아닌가를 결정한다. 셋째 대형 스포츠센터의 경우, 수요가 적을 경우 광고를 할 것인가 말 것인가를 결정한다.

이러한 결정을 위해 의사결정 나무분석을 토대로 각각의 마디마다 산출한 값은 다음과 같다.

첫째, 광고에 관한 사건 마디에서의 기대보상은 1,600만 원이다. 각각의 사건 보상을 가중 평균한 것으로 계산식은 $(0.3 \times 200) + (0.7 \times 2,200) = 1,600$만 원이다.

둘째, 의사결정 마디의 3의 기대보상은 1,600만 원이다. 왜냐하면, 기대보상이 광고하는 경우가 광고를 안 할 경우의 400만 원보다 크기 때문이다.

셋째, 의사결정 마디 2의 기대보상은 2,700만 원이다. 왜냐하면, 확장을 안 할 경우(2,200만 원)보다 확장을 할 경우(2,700만 원)가 기대보상이 좋기 때문이다.

넷째, 소형 스포츠센터를 가정할 경우 수요 마디 기대보상은 2,420만 원이다.
(0.4×2,000)+(0.6×2,700)=2,420만 원

다섯째, 대형 스포츠센터를 가정할 경우 수요 사건 마디 기대보상은 5,400만 원이다. (0.4×1,600)+(0.6×8,000)=5,440만 원이다. 의사결정 마디 1의 기대보상은 5,440만 원이다. 왜냐하면, 소형 스포츠센터보다 대형 스포츠센터의 기대보상이 더 크기 때문이다.

의사결정 나무분서을 통해 얻은 최선의 대안은 대형 스포츠센터를 건설하는 것이며, 시설 확장을 안 할 경우보다 확장하는 것이, 광고를 안 할 경우보다 광고하는 기대보상이 크기 때문에 스포츠시설업자는 현재 시점에서 이를 바탕으로 의사결정을 내리게 된다.

3. 스포츠시설 배치

스포츠시설의 입지 및 규모가 결정되면 다음은 시설물 내 설비배치를 해야 한다. 배치란 시설물 내 물리적 공간을 시간, 비용, 기술의 제약하에 최적으로 배열하는 것이다. 즉 스포츠시설 배치는 최소의 비용으로 최적 배열을 하여 시설물을 효율적으로 운영관리하고

소비자와의 상호작용에 따른 이용자의 편리성을 증대시킬 수 있어야 한다. 특히 관람 스포츠의 경우 소비자가 시설물에 관한 이용 만족도를 경기 관람의 최종 평가에 포함시킨다는 점을 명심해야 한다.

(1) 시설배치의 고려요인

스포츠시설의 효율적인 운영과 고객의 이용을 증가시키기 위해 고려해야 할 요인은 다음과 같다.

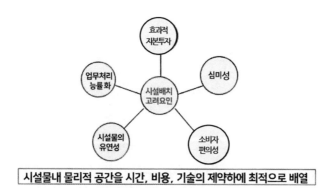

스포츠시설 배치

① 효율적 자본투자

무조건적으로 최소의 비용을 투자해서 스포츠시설 배치를 하는 것이 아니라 경제적으로 효과적인 투자가 필요하다.

② 업무처리의 능률화

실제 스포츠시설을 이용하는 소비자들이 보다 편리하게 시설을 이용할 수 있고, 시설물 운영 요원들이 상호접촉이 많은 부문의 사

람들과 원활히 상호교류를 할 수 있도록 스포츠시설이 배치되어야
한다.

③ 시설물의 유연성

특정 경기의 전용 운동장이 아닌 경우, 다양한 스포츠 활동을 할
수 있도록 배치의 수정이 유연하게 이루어질 수 있는 시설물이어야
한다.

④ 소비자의 편의성

소비자가 시설물을 이용할 때 불편을 느끼지 않도록 배치하여야
한다. 이동 경로가 과학적으로 설계되지 않아 특정 통로를 계속 반
복 이용해야 한다거나 기념품 상점이나 화장실과 같은 편의시설을
찾는 데 어려움을 느낀다면 시설물에 관한 소비자의 만족도는 크게
떨어진다.

⑤ 심미성

아무리 과학적이고 효율적으로 스포츠시설물의 배치가 이루어졌
을지라도 미관상으로 아름답지 않다면 계획된 스포츠시설 배치를
재고해 보아야 한다. 소비자들이 사회적, 경제적 지위가 상승할수
록 이들은 단지 일차적인 즐거움보다 고차원적 요소에서 만족을 얻
으려 하기 때문이다.

4. 스포츠시설 이용관리

스포츠 관리자는 스포츠시설 입지와 규모가 결정된 이후 원활한 서비스제공을 위해 시설배치에 따른 서비스 효율화를 고민해야 한다. 시설 이용을 위해 또는 스포츠상품 구매를 위해 기다리는 행위는 서비스 만족에 영향을 미치고 결국 소비자의 구매 행동에 큰 영향을 미치기 때문이다. 이에 대기행렬 이론(queueing theory, waiting line)을 적용하여 소비자의 대기시간과 서비스 처리능력에 관한 이해가 요구된다.

대기행렬은 어떤 서비스를 받으려고 하는 고객들의 불규칙한 도착으로 인하여 발생하는 현상이다. 고객의 불규칙한 서비스 시간의 불균형으로 인하여 기다리는 상태가 초래되는데 이러한 대기 상태를 개선하기 위한 연구가 대기행렬 이론이다. 따라서 대기행렬의 길이와 서비스제공자의 수를 적정수준으로 유지하는 것이 주요 목적이 된다. 대기행렬 이론의 구성요소는 도착, 서비스 시설, 실제 대기행렬로 구성되어 있다.

예를 들어 실외골프연습장의 시간당 평균 고객 수는 20명이고 시간당 평균 서비스 처리능력은 25명이다. 고객이 연습장에 도착하여 골프연습을 하기 위한 평균 대기시간은 얼마인가를 산출해 보도록 하자.

$$N \frac{\lambda}{\mu(\mu-\lambda)} \qquad 평균\ 대기시간 = \frac{고객\ 수}{처리능력(처리능력-고객\ 수)}$$

$$\frac{20}{25(25-20)} = \frac{20}{125} = 0.16시간(0.16×60분) = 9.6분이\ 된다.$$

① 고객이 골프연습장에 도착하여 연습을 마치고 돌아갈 때까지의 평균 소요시간은 얼마인가?

$$T = \frac{1}{\mu - \lambda}$$ 돌아갈 때까지의 평균 소요시간 = $\frac{1}{처리능력-고객 수}$

$$\frac{20}{125} = 0.2시간(0.2 \times 60분) = 12분이 된다.$$

② 골프연습장의 이용률은 얼마인가?

$$p = \frac{\lambda}{\mu}$$ 시설 이용률(%) = $\frac{고객 수}{처리능력}$

$$\frac{20}{25} = 0.8(0.8 \times 100) = 80\%가 된다.$$

③ 골프연습장에 있는 평균 고객 수는 얼마인가?

$$p = \frac{\lambda^2}{\mu - \lambda}$$ 평균 고객 수(명) = $\frac{고객 수^2}{처리능력-고객 수}$

$$\frac{20^2}{25-20} = \frac{400}{5} = 80명이 된다.$$

④ 골프연습장에서 기다리는 평균대기 고객 수는 얼마인가?

$$N = \frac{\lambda^2}{\mu(\mu - \lambda)}$$ 평균대기 고객 수 = $\frac{고객 수^2}{처리능력(처리능력-고객 수)}$

$$\frac{20^2}{25(25-20)} = \frac{400}{125} = 3.2명이 된다.$$

λ : 단위시간당 도착하는 평균 고객 수

μ : 단위시간당 평균 서비스 처리능력

이 결과에 의하면 골퍼는 실외골프연습장을 이용하기 위해 평균 약 9.6분을 기다려야 하며, 평균대기 고객 수는 3.2명으로 나타났다. 이러한 자료를 가지고 스포츠경영 관리자는 대기시간을 줄이기 위해 골프연습 타석을 추가건설 등에 관한 의사결정의 근거자료로 활용하게 된다.

다음은 스포츠시설 관리를 위한 평가의 일환으로 활용되고 있는 국민체육센터 시설관리 평가항목 및 지표에 관한 평가표이다. 이는 공공스포츠시설에 대한 효율적 관리를 위한 주요자료로 활용되고 있다.

시설관리 평가표

영역	항목	지표	지표별 점수	국민체 육센터
1. 시설 환경	1.1 체육시설 수준(4)	1.1.1 수영장	5	
		1.1.2 헬스장	5	
		1.1.3 다목적체육관	5	
		1.1.4 다목적실 및 기타시설	5	
	1.2 부대시설 수준(3)	1.2.1 장애인 시설 설치 수준	5	
		1.2.2 체육시설 부대시설 설치수준	5	
		1.2.3 주차장	5	
	1.3 안전 및 유지관리(4)	1.3.1 보험 가입	5	
		1.3.2 신재생 에너지 시설	5	
		1.3.3 안전관리 및 이용자 안전	5	
		1.3.4 유지관리	5	
영역 합계			55	
2. 프로 그램 운영	2.1 적정 운영시간(1)	2.1.1 운영시간 및 운영일수	5	
	2.2 프로그램별 운영행태(5)	2.2.1 전체 이용률	5	
		2.2.2 수영장 이용률	5	
		2.2.3 체육관 이용률	5	
		2.2.4 헬스장 이용률	5	

영역	항목	지표	지표별 점수	국민체육센터
		2.2.5 다목적실 및 기타프로그램 이용률	5	
	2.3 연간 프로그램 기획 및 평가(2)	2.3.1 프로그램 운영 계획	5	
		2.3.2 시설 대관 운영	5	
	2.4 특화 프로그램 운영(3)	2.4.1 고령층(만 65세 이상) 대상	5	
		2.4.2 장애인 대상	5	
		2.4.3 사회공헌 프로그램 운영	5	
영역 합계			**55**	
3. 마케팅	3.1 홍보·마케팅(6)	3.1.1 예약 수단 다양성	5	
		3.1.2 홈페이지 운영 및 정보제공 수준	5	
		3.1.3 마케팅 계획 및 실행 (이벤트 포함)	5	
		3.1.4 셔틀버스 운행	5	
		3.1.5 동호회 조직 및 지원	5	
		3.1.6 회원 데이터베이스 구축	5	
	3.2 대외협력(1)	3.2.1 대외협력	5	
	3.3 이용자 의견수렴(2)	3.3.1 만족도 및 프로그램 수요조사	5	
		3.3.2 이용자 소통 노력	5	
영역 합계			**45**	
4. 조직 및 재무	4.1 운영 인력 확보 및 전문성(4)	4.1.1 운영 인력 확보	5	
		4.1.2 지도자 및 강사 전문성	5	
		4.1.3 직원 교육	5	
		4.1.4 자원봉사자 활용	5	
	4.2 재무평가(4)	4.2.1 운영수지	5	
		4.2.2 예산 보조 적정성	5	
		4.2.3 이용료 적절성	5	
		4.2.4 비용 집행 적정성	5	
	4.3 기획 및 평가(5)	4.3.1 운영 관련 제도 정비	5	
		4.3.2 운영위원회 운영	5	
		4.3.3 연간 사업계획 수립	5	
		4.3.4 조직 평가	5	

영역	항목	지표	지표별 점수	국민체 육센터
		4.3.5 지자체와의 소통	5	
		영역 합계	65	
		총 점수 합계	220	
		해당 시설 점수	220	

제8장

스포츠경영의 재무관리

스포츠경영 기업이나 조직의 재무분석은 재무자료를 분석하여 기업의 재무상태와 경영성과의 양부를 평가하는 것으로서 재무제표 분석이 중심이 된다. 즉 재무제표나 기타 경영자료를 분석 검토하여 스포츠경영 기업의 재정상태와 경영성과를 파악하려는 방법을 말하며 신용분석을 목적으로 시작되었으나 최근에는 경영관리를 위해 더욱 중시되고 있다. 이러한 재무분석을 통하여 제공되는 정보에 의하여 자금계획을 수립하고, 또한 경영관리를 효과적으로 통제할 수 있으므로 재무분석은 재무계획과 재무통제의 기초가 된다. 이러한 재무분석의 목적은 기업 재무의 유동성, 재무구조의 안정성, 그리고 기업의 수익성을 파악하고자 하는 것이다.

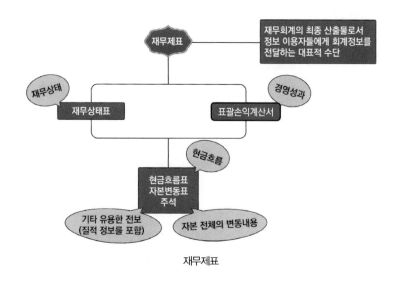

재무제표

스포츠경영 활동에 있어서 자금은 스포츠경영 관리자, 선수, 경기 시설물, 다양한 경영지식 및 기술 등과 더불어 중요한 경영자원으로 인식된다. 이는 스포츠상품이나 서비스를 생산하고 제공하여 스포츠소비자들에게 전달하는 것이 스포츠경영 활동의 주목표이기는 하지만 이러한 경영 활동을 가능하게 하려면 반드시 탄탄한 기업의 재무적 기반이 뒷받침되어야 한다. 스포츠경영에 있어서의 재무관리란 일반 재무관리의 이론과 기법을 스포츠에 적용하여 스포츠 기업, 팀이나 구단, 스포츠시설물 또는 스포츠조직들이 각 경영목표를 달성하기 위해 필요한 자본을 합리적으로 조달하고, 조달된 자본을 효과적으로 운용·관리하는 것이다. 따라서 스포츠 재무관리를 위해서 각 스포츠경영 주체들이 필요한 자본을 언제, 어디서, 얼마만큼 조달할 것인가 하는 조달 측면과 조달된 자본을 운용하는 측면을 동시에 고려해야 한다.

1. 스포츠경영 재무관리의 기능과 필요성

스포츠경영 재무관리의 기능은 스포츠 기업이나 관련 조직의 재무상태를 보여주는 대차대조표의 구조를 이용하면 쉽게 이해될 수 있다. 대차대조표란 특정 시점에서 스포츠 기업이나 팀 또는 구단, 스포츠조직체 등의 재무상태를 나타내는 리포트로 회기연도 말에 각 스포츠 업체들이 영업활동에 사용되고 있는 자산이 얼마만큼 있으며, 그것이 어떠한 자본으로 조달되고 있는가를 나타내는 표이다. 기본적 이해를 돕기 위해 대차대조표의 자산은 사업을 운영하기 위하여 유무형의 자산이 필요하며, 이러한 자산은 유동자산과 고정자산으로 구분한다. 또한, 부채는 자산을 보유 또는 취득하기 위하여 필요한 자금을 타인으로부터 차입한 금액 및 자산 등을 외상으로 취득한 경우 장차 변제하여야 할 금액 등을 부채라 하며 유동부채, 고정부채, 자기자본 부채로 구분된다. 또한, 자본이란 주주 또는 출자자가 납입한 자본금 및 경영활동 결과 발생한 기업의 이익을 배당 등의 형태로 처분하지 아니한 경우 회사 내의 재산의 형태로 남아 있는 이익잉여금 등이 있다.

스포츠경영 재무관리의 기능은 크게 투자 결정기능과 자본조달 결정기능으로 나눈다. 투자 결정기능이란 대차대조표의 차변에 해당하는 것으로 스포츠 기업이나 조직이 보유하고 있는 자본을 시설물, 경기홍보, 팀 운영 등에 있어 기업의 미래 수익성과 성장성을 예측하여 어떤 자산에 얼마만큼 투자할 것인가를 결정하는 것이다. 즉, 투자 결정이란 어느 자산에 얼마만큼의 자금을 투자하여 운용하는 것이 스포츠조직체의 가치를 극대화시키는 것인가를 결정하는 것으로 수익성과 위험성을 둘 다 고려하여야 한다. 또한,

자본조달 결정기능은 대변에 해당하는 것으로 새로운 자산 구입이나 투자계획안을 수행하기 위해 필요한 자금을 어떻게 조달할 것인가에 관한 결정이다.

이는 스포츠조직체가 투자에 필요한 자금을 어느 원천에서 조달할 것인가에 관한 결정으로 이때 중요하게 고려되어야 하는 것은 자본비용이다.

자산(차변)		자본+부채(대변)	
유동 자산 (언제든지 현금화 가능한 자산)	**당좌자산 → 진짜 현금** (현금, 단기매매증권, 매출채권 등)	**자본**	**자본금 → 내 돈**
	재고자산 → 팔면 현금 (상품, 제품, 원재료)		**자본잉여금** (주식발행초과금, 감자차익)
	투자자산 → 깔아놓은 자산 (장기금융상품, 만기보유증권, 장기대여금 등)		**이익잉여금 → 번 돈** (이익준비금, 처분전 이익 잉여금 등)
고정 자산 (현금화 하기 어려운 자산)	**유형자산 → 부동산** (토지, 건물, 기계장치)		**자본조정 → 계산한 거** (자기주식, 주식할인발행차금)
	무형자산 (영업권, 특허권, 산업재산권 등)	**부채**	**유동부채** 1년 내 상환채무 (단기차입금, 미지급금)
			고정부채 1년 이후 상환채무 (장기차입금, 퇴직급여 충당금)
자금사용결과		**자금의 조달**	

대차대조표 BS

2. 스포츠경영 재무관리의 목표

스포츠경영 재무관리의 궁극적인 목표는 조직가치의 극대화에 있다. 스포츠경영에 있어 조직가치의 극대화는 향후 투자 유치와 매우 밀접한 관계를 가진다. 스포츠조직의 가치는 미래에 스포츠 기업(조직체) 또는 팀이나 구단이 벌어들일 현금과 시장환경의 변동에 따른 불확실성을 포함한 조직의 현재가치를 의미한다. 스포츠 조직의 가치를 대차대조표 차변에서 파악한다면 어떤 투자(안)에 투자하였는가와 관련되는데 이는 투자의 수익성과 위험성에 의하여 스포츠조직체의 가치가 결정된다.

스포츠조직체의 가치(V) = F(수익성, 위험성)

스포츠조직체의 가치가 클수록 자금조달을 원활히게 할 수 있기 때문에 스포츠경영자는 보다 효율적인 재무관리 방안을 강구해야 한다. 현대적인 스포츠 재무관리에 있어서 자본비용과 자본구조를 중심으로 하는 자본조달 결정과 자본의 운용을 중심으로 하는 투자 결정이 스포츠 재무관리의 핵심을 이루고 있다. 그리고 스포츠 경영활동의 자본조달 결정에 있어서 투자가치인 현재가치와 조화를 이루어 스포츠조직가치의 극대화를 실현하는 것을 그 목표로 하고 있다.

3. 스포츠경영 조직의 가치

스포츠조직의 가치에 관한 평가는 일반기업과 마찬가지로 화폐의 시간적 가치에 입각하여 평가될 수 있으며 크게 미래가치와 현재가치의 계산으로 서로 다른 시점에서 발생하는 화폐를 일정 기준에서 비교하게 된다.

동일한 금액의 크기라 하더라도 현재 화폐가 미래 화폐의 가치보다 더 가치가 있다는 것이 화폐의 시간적 가치의 골자이다. 즉 화폐의 시간적 가치란 동일한 금액이라도 어느 시점에서 평가하느냐에 따라 그 가치가 달라지는 것을 의미한다. 이러한 화폐의 시간적 가치에 관한 개념은 스포츠 재무관리의 모든 분야에서 경제적 의사결정을 수행함에 있어 그 근간이 되기 때문에 매우 중요하다. 이에 스포츠 재무관리를 위한 화폐의 현재가치와 미래가치에 대해 살펴보도록 하자.

① 화폐의 미래가치
화폐의 미래가치란 현재의 일정 금액이 일정 기간이 흐른 그 가치가 얼마나 될 것인가를 알아보는 것으로 이자율이 적용된다.

$$FV_t = C_0(1+r)^t$$

FV_t : t 시점에서의 미래가치
C_0 : 현재 시점의 현금
r : 이자율 또는 기회자본비용
t : 기간

$(1+r)^t$: 미래가치계수(복리이자 요소, 복리 계수)

예를 들어 스포츠센터를 운영하는 A 씨는 첫 달 1,000만 원, 둘째 달은 1,500만 원, 셋째 달은 2,000만 원, 넷째 달은 2,500만 원을 벌어 매달 10%의 이자율로 예금하면 3개월이 지난 후의 화폐의 미래가치는 얼마인가를 위의 식에 대입하여 보도록 하자. A 씨의 각 기간 현금 총 7,000만 원의 미래가치는 이자율이 적용되어 약 7,846만 원이 된다.

시점	현금	미래가치계수	미래가치
0	1,000	$1 \times (1.1)^3 = 1.3310$	$1,000 \times 1.3310 = 1,331$
1	1,500	$1 \times (1.1)^2 = 1.2100$	$1,500 \times 1.2100 = 1,815$
2	2,000	$1 \times (1.1)^1 = 1.1000$	$2,000 \times 1.1000 = 2,200$
3	2,500	$1 \times (1.1)^0 = 1$	$2,500 \times 1 = 2,500$

현금흐름의 미래가치 = 각 기간 현금의 미래가치의 합 = 7,846원

② 화폐의 현재가치

화폐의 현재가치는 미래에 발생하게 될 현금흐름의 화폐 가치를 현재 시점에서 평가한 값을 말한다. 이때 현재가치는 할인율이 적용된다.

$$PV = \frac{C_t}{(1+r)^t}$$

PV : 현재가치

C_t : 미래 t 시점에서의 현금흐름

r : 할인율

t : 기간

$\dfrac{1}{(1+r)^t}$: 현재가치 계수(현가이자 요소, 현가 계수)

예를 들어 프로골퍼 A 선수가 KPGA 투어를 통해 첫 달에 1,000만 원, 둘째 달에 1,500만 원, 셋째 달에 2,000만 원, 넷째 달에 2,500만 원을 벌 것이 예상된다면 매달 10%의 이자율로 예금할 때 화폐의 현재가치는 얼마인가를 위의 식에 대입하면 다음과 같다. 현금 총 7,000만 원의 현재가치는 할인율이 적용되어 5,894만 원이 된다.

시점	현금	현재가치 계수	현재가치
0	1,000	$1 \div (1.1)^0 = 1$	$1,000 \times 1 = 1,000$
1	1,500	$1 \div (1.1)^1 = 0.9091$	$1,500 \times 0.9091 = 1,363.65$
2	2,000	$1 \div (1.1)^2 = 0.8264$	$2,000 \times 0.8264 = 1,652.80$
3	2,500	$1 \div (1.1)^3 = 0.7513$	$2,500 \times 0.7513 = 1,878.25$

현금흐름의 현재가치 = 각 기간 현금의 현재가치의 합 = 5,894.7원

③ 현금관리의 중요성

기업은 수익성이 떨어지거나 악화된다 해도 바로 도산에 이르지는 않으나 현금이 부족하거나 순환이 원활하지 못하면 도산될 수 있다. 손익계산서상으로 흑자를 기록하였다 해도 예정대로 매출채권이 회수되지 않으면 자금난에 봉착할 수 있어 현금관리의 중요성

이 강조되고 있다. 이처럼 기업이 경영활동을 원활히 수행하기 위해서는 제품, 서비스의 생산을 위한 유형자산의 확보, 원재료 및 부품 등과 같은 재고자산의 확보와 신용매출을 위한 자금의 확보를 위해 운전자본(Working capital) 관리가 요구된다.

운전자본이란 유동자산에서 유동부채를 뺀 것으로 현금을 만들어 내는 영양소 역할을 한다. 따라서 운전자본관리는 이들 유동자산과 유동부채의 적절한 배합에 관한 단기적 의사결정과 관련되며 늘 정상적인 영업 활동에 영향을 주지 않는 범위 내에서 어느 정도의 자금 확보 관리가 요구된다.

신인선수 계약금

한 명의 고교선수가 프로야구팀에 입단하여 약 15년 정도 선수 생활을 예상한다. 물론 매년 구단의 수익에 기여하는 바가 다르나 분석의 편의를 위해 15년간 동일한 수익(1,000만 원)을 가져다준다고 가정하고 이자율 10%를 적용하여 신인선수의 계약금을 산정해 보자.

신인선수의 가치를 화폐의 현재가치로 적용하여 환산하면 다음과 같다.
$1,000/(1+0.1) + 1,000/(1+0.1)2 + \cdots\cdots\cdots + 1,000/(1+0.1)15 = 7,366$만 원
화폐의 현재가치는 할인율이 적용되어 이 선수에게 줄 계약금의 상한선이 약 7,400만 원이 된다.

신인선수를 스카우트하면서 그 선수가 은퇴할 때까지 혹은 계약 만료까지 팀에 얼마나 공헌할 것인가를 계산하여야 한다. 기량이 뛰어난 선수일수록 또 오랫동안 선수 생활을 할 가능성이 클수록 매년 구단 수입에 많은 기여를 할 것이라고 볼 것이다. 매년 팀에 기여할 것이라고 예상되는 돈을 현재가치로 바꾼 후 은퇴할 때까지 혹은 계약 만료일까지 합한 값이 계약금이라고 볼 수 있다. 전체적으로 선수의 잠재적 능력을 포함한 상품으로서의 가치를 평가한 것이 계약금이다. 반면 연봉은 시즌이 끝난 후 다음 해 한 해 동안 기여할 수 있는 정도를 고려하여 계산한다. 입단 때 단 한 번만 하는 계약금 협정과는 달리 연봉협상은 매년마다 한다. 이는 성과급의 성격이 강하기 때문이다.

4. 스포츠조직의 재무적 가치평가

기업의 정확한 재무적 가치평가를 위해서는 반드시 기업의 수익 창출 가능성, 부채, 기타 간접적인 환경 등 다양한 외부요인 등을 파악해야 한다. 일반적인 기업의 재무적 가치 평가방법 중 자산가치 평가법은 기업의 보유자산이나 자산의 시장가치를 측정하여 기업의 재무적 가치를 평가하며 또는 기업의 현금흐름을 예측하여 현재의 현금흐름으로 계산하는 미래현금 흐름 할인법을 적용하여 기업의 재무적 가치를 평가하는 방법이 많이 쓰인다.

스포츠경영 조직이 보유하고 있는 자산에 관한 가치평가는 재무관리의 중요한 과제 중 하나이다. 이러한 맥락에서 스포츠조직의 가치평가는 스포츠 재무관리 측면에서 매우 중요하다. 다시 말해 현재나 미래의 경기 전망이나 이자율 등 시장 상황을 고려해서 어디에 투자해야 현재가치로 환산했을 때 가장 좋은 것인지 판단할 수 있는 의사결정의 기준이 되기 때문이다. 여기서 가치는 미래에 창출될 현금흐름을 현재가치로 할인한 것을 말한다. 그리고 스포츠조직의 재무적 가치는 스포츠조직이 미래에 창출할 현금흐름을 적절한 할인율을 적용하여 구한 현재가치를 의미한다. 화폐의 시간적 가치는 스포츠 재무관리의 전 분야에 걸쳐서 적용될 수 있다. 다양한 분야에서 이용될 수 있겠으나 실물투자 결정과 스포츠조직의 재무적 가치 측면에서 살펴보도록 하자. 스포츠조직은 경기장 건설이나 스포츠용품 판매를 위한 건물, 토지 등의 구입 여부를 판단하여야 하는데 이를 실물투자에 관한 의사결정 문제라고 한다. 먼저 실물투자 가치평가 측면에서 경희기업의 김 사장이 스포츠센터를 지어 분양하려고 한다고 가정해 보자. 이 스포츠센터를 짓는 데 현재

20억 원이 소요되지만 1년 후에는 24억의 현금을 받고 매각할 수 있다고 한다. 시장 이자율이 연 10%라고 할 때 '이 투자안의 현재 가치는? 김 사장은 이 투자안을 수행해야 하는가?'를 위해 아래 화폐의 현재가치 식에 대입해 보자.

$$PV = \frac{C_t}{(1+r)^t} \quad \frac{24\text{억 원}}{1+0.1} = \text{약 21억 8천만 원}$$

즉 투자안의 가치는 21억 8천만 원인데 이를 20억 원에 수행할 수 있다는 것이다. 결국, 스포츠센터를 짓는다는 것이 김 사장의 입장에서 볼 때 20억 원을 주고 약 21억 8천만 원을 받는 것과 같은 것이어서 1억 8천만 원의 이득을 보게 된다. 이때 1억 8천만 원의 순현재가치(NPV: Net Present Value)의 이익을 얻게 된다.

또 다른 예로 조직의 재무적 가치평가 측면을 살펴보도록 하자. 드레포스 프로야구 구단이 매년 벌어들이는 영업이익이 4억 원이라고 하자. 부채에 관한 이자는 1억 원을 지급하며 나머지 3억 원이 순이익이다. 지급 이자에 관한 할인율은 10%, 순이익에 관한 할인율은 20%라고 하면 드레포스 프로야구 구단의 재무적 가치를 알아보기 위해 마찬가지 식에 대입하여 보도록 하자. 일반기업의 가치와 마찬가지로 부채와 자기자본(순이익)의 합을 통해 드레포스 프로야구 구단의 가치를 평가할 수 있다. 부채의 가치는 매년 지급되는 1억 원의 영구적 현금흐름의 현재가치이므로 다음과 같이 10억 원이 된다.

$$PV = \frac{C_t}{(1+r)^t} \; \text{부채} \quad \frac{1\text{억}}{0.1} = 10\text{억 원}$$

여기에 자기자본 가치로 매년 유입되는 순이익 3억 원의 영구적 현금흐름의 현재가치이다.

$$PV = \frac{C_t}{(1+r)^t} \; \text{자기자본} \quad \frac{3\text{억}}{0.2} = 15\text{억 원}$$

따라서 드레포스 프로야구 구단의 현재가치는 부채에 자기자본을 합하여 25억 원이 된다. 일반적으로 프로스포츠 구단의 가치평가는 주로 할인율이 적용된다. 이는 구단의 매출과 매입의 변동이 심하기 때문이다.

(1) 환경적 영향요인들에 의한 스포츠구단의 재무적 가치평가

스포츠구단의 가치는 경제적으로만 평가되는 것이 아니라 승률에 의해서도 결정되며 지역 연고와 열성 팬들이 갖는 강력한 감정으로 인해 여타 기업과 매우 다른 환경적 요인들에 의해 간접적 영향을 받는다. 그런데도 스포츠구단의 가치 평가과정은 일반적인 가치평가 과정과 같다. 즉 구단을 소유함으로 인해 발생하는 현금흐름(매출과 비용)과 이 현금흐름에 관련된 불확실성을 반영하는 할인율을 추정하는 것이다. 동일한 스포츠에서도 종목 리그에 따라 현금흐름은 다를 수 있다. 스포츠구단의 재무적 가치 평가를 위해 현금흐름에 영향을 미치는 요인들은 다음과 같다.

① 구장 소유 여부

일부 스포츠구단은 구장을 소유하고 있어 사용하는 데 전혀 비용이 들지 않거나 아주 적은 금액만 소요된다. 반면 구장을 소유하지 못한 구단은 시설 소유기관이나 단체로부터 임대하여 연간 상당한 금액을 지불해야 한다.

② 연고 도시의 크기

케이블 및 TV 방송에 따른 수입이 총수입에 상당한 부분을 점유하고 있는 현실에서 대도시에 연고권을 둔 구단은 작은 도시에 연고권을 둔 구단보다 훨씬 유리한 위치에 있다.

③ 플레이오프 진출 여부

플레이오프 진출에 따른 TV 방영 횟수, 기념품 판매 등은 구단의 가치평가에 주요 평가항목이 된다.

④ 선수연봉의 크기

스포츠구단의 가장 큰 비용은 선수연봉이며 특히 2군(마이너리그) 소속팀을 함께 소유하는 경우에는 추가 비용이 든다.

스포츠구단의 재무적 가치평가를 위해 할인율의 추정은 현금흐름 추정보다 더욱 어렵다. 왜냐하면, 스포츠구단의 주식이 거래되는 경우가 거의 없기 때문이다. 그러나 스포츠구단의 매출액과 이익 등의 재무정보는 경제 전체의 매출액과 이익보다 변동이 심하여 일반적으로 높은 할인율이 적용된다.

(2) 프로야구 구단의 현금흐름

국내 프로야구 구단 경영에 있어 재무적 가치평가를 위해 현금흐름을 살펴보면 크게 매출(수익)과 비용(지출)으로 구성되어 있다. 프로야구 구단의 매출은 이익분배협정(Revenue-sharing arrangement)에 의하여 좌우되며 이는 다음 몇 가지로 구성된다.

① 홈경기 및 원정경기 입장료(Home and road game receipts)

프로야구 구단의 가장 분명한 수입은 정규시즌의 홈경기 입장료이다. 홈팀과 원정팀이 72:28로 분배하며 일등석 입장료는 홈팀이 차지한다. 따라서 원정팀 경기 수입은 28%를 차지한다(프로축구는 100:0으로 홈팀이 100%를, 프로농구는 70:30으로 분배되며 홈이 아닌 중립지역에서 열리는 경기장 입장 수입은 연맹에 귀속된다).

② 구내매점과 주차(Concessions and parking)

기념품, 음식, 음료, 맥주 등을 판매하는 매점의 매출은 직접 구단의 수입원이 되기도 하고 또는 외부에 권리를 매각함으로써 구단의 수입원이 되기도 한다.

③ TV 중계방송 중계료(TV revenues)

프로스포츠에서 방송중계료 수입은 큰 비중을 차지한다. 전국망 방송의 경우는 리그연맹에서 협상 및 계약을 하고 지역방송은 해당 지역의 구단이 직접 지역방송사와 중계권 계약을 맺는다. 국내 실정은 광고주가 직접 특정 인기스포츠에만 광고를 낼 수 없게 되어 있고 한국방송광고공사에서 여러 종목을 패키지로 묶어 광고주에게 판매한다. 이는 시청률과 팬의 숫자를 고려하면 인기 종목의 희생으로 비인기 종목의 재원확충에 도움을 주고 있다고 볼 수 있다. 리그연맹에서 계약하는 전국방송 중계수입은 리그사무국의 운영비를 공제한 후 각 구단으로 수익금을 균등분배하고 있다.

④ 구단명 사용허가(Licensing)

구단의 명칭이나 로그, 마스코트 등 상표 등록된 재산권을 사용할 수 있도록 사업적 권리를 부여하는 것으로 발생하는 수익은 구단에 귀속된다.

⑤ 구장 내 광고

구장 내 광고판과 대형 TV 스크린을 통한 광고는 광고를 원하는 광고주로부터의 수입은 구단에 귀속된다.

프로야구 구단의 가장 중요한 비용(지출)은 선수연봉과 기타 연관된 비용(2군 운영비용 포함)이다. 이 비용은 구단에 따라 그리고 연도에 따라 다르다. 또한, 선수를 방출함에 따른 비용도 발생한다. 이 외에 1군, 2군 팀을 운영하는 비용, 구장 관리 및 운영비용, 일반관리비(광고비, 인건비) 등이 있다.

5. 스포츠조직의 재무분석

스포츠조직의 재무분석이란 스포츠조직의 재무활동 전반에 걸친 분석으로 자금과 관련된 모든 스포츠경영 활동을 평가하고 향후 기업의 운영을 위한 의사결정, 즉 투자 결정과 자본조달 결정에 도움을 주기 위한 분석이다. 즉 한 해 동안 스포츠조직이 얼마나 효율적으로 경영을 해 왔는지 재정적 측면에서 보여주기 위해 재무제표라는 명칭 아래 해마다 다양한 보고서를 작성하게 된다. 이러한 재무분석은 비율분석과 같은 수치에 의한 양적 분석으로 구성되지만, 스포츠경영자의 능력이나 산업 전망 또는 팀이나 선수들의 역량 등과 같은 계량화하기 곤란한 질적 요인도 매우 중요하게 작용할 수 있다는 점을 염두에 두어야 한다.

(1) 재무제표에 관한 이해

재무제표(Financial Statement)란 스포츠조직이 경영 활동을 수행하는 데 따른 자본의 흐름이나 상태, 즉 입장권이나 스폰서십에 의해 유입된 수익, 투자유치에 따른 투자금, 팀이나 구단 및 시설물 등을 위해 사용한 비용 등의 내역을 숫자로 나타낸 표를 말한다. 1년마다 작성되며 발표되는 재무제표는 스포츠조직의 지난 1년간 경영성과와 재무상태를 알려주는 성적표와 같다. 스포츠조직에서 재무제표가 필요한 이유는 스포츠산업 관련 이해관계자들이 합리적인 의사결정을 할 수 있도록 다양한 정보를 제공하기 위해서이다. 이러한 재무제표의 대표적인 것으로 대차대조표와 손익계산서가 있다. 대차대조표와 달리 특정 시점이 아닌 일정 기간 동안의 영업성적을 정확히 결산하여 그 수익을 달성하기 위해 어떠한 비용을 사용했는가를 밝히고 현재의 미처분 이익을 나타내는 재무제표를 말한다.

(2) 비율분석

스포츠조직의 재무관리자는 최적의 경영 의사결정을 내리기 위해 과거 및 현재의 재무상태와 경영성과를 분석하게 된다. 이러한 분석의 수단으로 재무비율분석이 사용된다. 재무비율은 재무제표상에 표기된 특정 항목의 수치를 다른 항목의 수치로 나눈 것으로 조직의 재무상태나 경영성과를 파악하는 데 사용되는 비율이다. 재무비율을 이용하여 경제적 의사결정을 하기 위해서는 표준비율에 관한 이해가 선행되어야 하는데 이는 특정 조직의 재무상태와 경영성과의 양부를 판단하기 위해 기준이 되는 비율을 말한다.

일반적으로 산업 평균비율이 적용되며 이 외에도 분석대상이 되는 조직의 과거비율, 이상적 재무비율, 경쟁업체의 비율 등이 이용된다. 분석대상이 되는 과거비율은 당해 조직의 과거 몇 년 동안의 재무비율을 평균한 비율이나 직전 연도의 재무비율을 표준비율로 이용하는 것이며, 이상적 표준비율은 그 조직을 둘러싸고 있는 대내외적 환경을 분석하여 가장 이상적이라고 생각되는 비율을 표준비율로 이용하는 것이다. 대표적인 비율분석으로는 이용자의 목적에 따라 유동성 비율, 레버리지 비율, 활동성 비율, 수익성 비율, 생산성 비율 등이 있다.

① 유동성 비율

유동성 비율이란 조직의 단기적인 채무 지급능력을 측정하기 위한 비율 또는 돈을 빌린 금융기관이 반환을 요구할 때 이를 갚을 수 있는 능력을 알아보기 위한 비율을 말한다. 즉 유동성이란 스포츠조직이 보유하고 있는 총자산 가운데 단기간(보통 1년 이내)에 현금으로 전환시킬 수 있는 자산의 비중을 의미한다. 따라서 유동성 비율은 레버리지비율과 함께 재무위험을 측정하는 비율로 현금 또는 1년 이내에 현금화할 수 있는 유동자산과 1년 이내에 지불해야 하는 유동부채 간의 비율을 말한다. 유동성 비율이 높으면 유동자산이 유동부채에 비해 많다는 것이고 이것은 자산의 현금화 속도가 빠르다는 것을 의미한다. 이러한 유동성 비율에는 유동비율과 당좌비율 등이 있다.

- 유동비율

유동자산을 유동부채로 나눈 비율로서 단기간 내(1년 이내)에 현금화할 수 있는 자산과 1년 이내에 상환해야 할 부채를 비교한 것이다. 유동비율이 크면 클수록 조직이 단기간 내 부채를 지급할 수 있는 능력이 좋은 것으로 평가된다. 일반적으로 200% 이상이면 유동성이 양호한 것으로 평가된다.

> **매출액순이익률: 5% 이상**
>
> **매출액영업이익률: 20% 이상**
>
> **매출총이익률(매출총이익/매출액): 30% 이상**
>
> **부채비율: 100% 이하**
>
> **차입금의존도: 30% 이하**
>
> **총자산회전율: 1.5% 이상**
>
> **자기자본이익률: 20% 이상**
>
> **유동비율: 150% 이상**
>
> **당좌비율: 100% 이상**

일반적 우량기업 재무비율

$$\text{유동비율(\%)} = \frac{\text{유동자산}}{\text{유동부채}} \times 100$$

$$674\% = \frac{575,136}{85,293} \times 100$$

유동비율은 자산 및 부채 항목을 이용하여 값을 구하는 것이기 때문에 대차대조표를 활용한다. 예를 들어 드레포스 프로스포츠 구단의 유동자산은 575,136이고 유동부채는 85,293이다. 따라서 유동비율은 약 **674%**가 된다. 따라서 드레포스 구단의 유동성이 매우 양호하다고 평가할 수 있다.

- 당좌비율

유동자산 중에서 유동성이 떨어지는, 즉 1년 이내에 현금화하기가 어려운 재고자산을 뺀 부분을 유동부채로 나눈 것으로 조직이 재고자산을 처분하지 않고서도 채무를 이행할 수 있는가를 나타낸다. 당좌비율 역시 유동비율처럼 크면 클수록 조직의 단기부채 지급능력이 좋은 것으로 평가된다. 일반적으로 100% 이상이면 양호한 것으로 평가된다.

$$\text{당좌비율(\%)} = \frac{(\text{유동자산} - \text{재고자산})}{\text{유동부채}} \times 100$$

② 레버리지 비율

레버리지 비율은 안전성 비율이라고 불리는데 조직이 조달한 전체 자본 중 어느 정도가 타인자본(부채)에 의존하고 있는가를 나타내는 비율이다. 이는 부채의 원리금을 상환할 수 있는 정도를 측정하는 것으로 여기에는 부채비율과 이자보상비율 등이 있다.

- 부채비율

총자본을 구성하고 있는 자기자본과 타인자본의 비율을 말한다. 일반적으로 부채비율은 100% 이하일 때 양호한 상태라고 한다. 부채비율을 산출할 때 분모에 해당하는 자기자본 대신에 총자본을 이용하기도 한다.

$$\text{부채비율(\%)} = \frac{\text{타인자본}}{\text{자기자본}} \times 100$$

- 이자보상비율

타인자본의 사용으로 발생하는 이자가 조직에 재정적으로 어느 정도나 무리를 주는지를 나타내주는 비율이다. 이때 평가되는 이자는 세금을 내기 전 이익에서 지출이 되므로 이자 지급능력은 세금의 영향은 받지 않는다.

$$\text{이자보상비율(\%)} = \frac{\text{이자 및 납세전이익}}{\text{이자}} \times 100$$

③ 활동성 비율

활동성이란 조직이 보유하고 있는 자산을 얼마나 효율적으로 활용하고 있는가를 나타내는 비율이다. 일반적으로 매출액에 관한 주요자산의 회전율로 나타낸다. 즉 매출액의 변동상태는 조직의 영업 활동을 잘 나타내주기 때문이다. 활동성 비율이 높다는 것은 자산의 활동도가 높다고 판단할 수 있는 지표가 된다. 활동성 비율에는 재고자산회전율, 매출채권회전율, 고정자산회전율, 총자산회전율 등이 있다.

- 재고자산회전율

매출액을 재고자산 값으로 나눈 것이다. 재고자산이 특정 기간 동안에 몇 번이나 현금 또는 매출채권으로 전환되었는가를 나타낸다. 재고자산회전율이 높을수록 생산 및 판매 활동이 효율적으로 수행되었다고 평가된다.

$$재고자산회전율(회) = \frac{매출액}{재고자산}$$

$$127(회) = \frac{1,371,538}{1,351}$$

예시와 같이 대차대조표의 재고자산과 손익계산서의 매출액 항목 값을 이용하여 재고자산은 1,351이고 매출액을 나타내는 수익은 1,371,538이다. 재고자산회전율은 약 127회가 된다.

- 매출채권회전율

매출액을 외상 매출금으로 나눈 값이다. 매출액이 동일한 스포츠 관련 조직 중에 외상 매출금이 작은 조직이 매출채권관리를 더 잘하고 있다고 평가된다. 즉 매출채권 회전율은 클수록 조직이 효과적으로 자산을 활용하고 있는 것이다.

$$매출채권회전율(회) = \frac{매출액}{외상매출금}$$

- 고정자산회전율

매출액을 고정자산으로 나눈 값으로 이 비율이 높을수록 고정자산이 활발하게 이용되고 있는 것이다.

$$고정자산회전율(회) = \frac{매출액}{고정자산}$$

- 총자산 회전율

매출액을 총자산으로 나눈 값으로 총자본회전율이라고도 불린다. 이 비율은 조직이 총자산을 얼마나 효율적으로 이용했는가를 나타낸다.

$$총자산 회전율(회) = \frac{매출액}{총 자산}$$

④ 수익성 비율

수익성은 일정 기간 동안 조직이 투자한 자본 대비 얼마만큼의 이익을 달성했는가를 측정하는 것이다. 이 비율이 낮아지면 파산의 가능성이 존재한다. 수익성 비율에는 총자본 순이익률, 매출액 순이익률, 자기자본순이익률 등이 있다.

- 총자본 순이익률

조직의 수익성을 대표하는 비율로 순이익을 총자본으로 나눈 값
이다. 이는 투자수익률(ROI: Return on Investment)이라고도 불린
다. ROI 기법은 조직의 목표를 투자수익률로 하여 이에 영향을 미
치는 다양한 재무요인을 체계적으로 관찰하여 문제를 일으키는 재
무요인을 발견, 통제하는 방법이다.

$$투자수익률(총자본이익률)\ (\%) \ = \ \frac{납세전순이익}{총자본} \ \times \ 100$$

예를 들어 총자본 순이익률은 대차대조표의 총자본과 손익계산
서의 납세 전 순이익을 이용하여 값을 구하는 것이기 때문에 대차
대조표와 손익계산서를 모두 활용한다. 드레포스구단의 총자본은
843,469이고, 납세 전 순이익은 당기순이익인 109,264가 된다. 이
에 총자본 순이익률은 약 13%가 된다.

$$13(\%) \ = \ \frac{109,264}{843,469} \ \times \ 100$$

- 매출액 순이익률

조직의 경영활동에 따른 성과를 총괄적으로 파악하는 비율로 순
이익을 매출액으로 나눈 값이다. 순이익이 매출액에서 얼마의 비율
을 차지하는가를 보여준다. 매출액 순이익률이 34%라고 하면 1,000원
매출액 발생 시 순이익은 340원이라는 것이다.

$$\text{매출액 순이익률 (\%)} = \frac{\text{순이익}}{\text{매출액}} \times 100$$

- 자기자본순이익률

순이익을 자기자본으로 나누어 산출되는 비율로 자기자본 수익률(ROE)이라고도 한다. 이는 자기자본의 효율적 이용도를 나타낸다. 자기자본 1원에 관한 순이익이 얼마의 비율을 차지하는지 알 수 있다.

$$\text{자기자본순이익률 (\%)} = \frac{\text{순이익}}{\text{자기자본}} \times 100$$

⑤ 생산성 비율

생산성이란 조직이 상품생산 대비 투입한 전체생산요소에 관한 산출량을 비율로 나타낸 것으로서 경영 활동의 효율성 또는 합리적인 성과 배분 분석에 이용된다. 생산성은 노동생산성과 자본생산성으로 구분할 수 있다.

- 노동생산성

종업원 1인당 부가가치생산액을 말한다. 노동생산성이 높다는 것은 그만큼 노동력이 효율적으로 이용되어 보다 많은 부가가치를 산출하고 있다는 것을 의미한다. 스포츠를 만드는 주요소인 노동력은 선수와 에이전트, 선수회로 구성되는데 노동생산성은 이용목적에 따라 각 요소의 경쟁력을 비교하는 좋은 지표가 될 수 있다.

$$\text{노동생산성 (원)} = \frac{\text{부가가치}}{\text{종업원수}}$$

점수	80	75	70	65	55	50	45
타율	0.320	0.310	0.300	0.290	0.270	0.260	0.250
	이상	0.319	0.309	0.289	0.279	0.269	0.259
홈런	40개	35-39	30-34	26-29	23-25	20-22	16-19
1루	4.00(초)	4.05	4.10	4.15	4.20	4.25	4.30
주루	4.10(초)	4.20	4.25	4.30	4.35	4.40	4.45

1등급(80-80점): 메이저리그 톱스타 수준
2등급(54-59.9점): 메이저리그 상위권 팀 주전
3등급(50-53.9점): 메이저리그 중하위원 팀의 주전
4등급(47-49.9점): 메이저리그 벤치

MLB 선수의 노동생산성 평가

다음의 표는 미국 메이저리그 야구선수들에 관한 노동생산성을 근거로 선수의 효율성을 평가하기 위한 평가표이다. 선수의 타율, 홈런 수, 1루 주루시간에 의해 선수의 생산성을 평가하고 예측하여 이를 근거로 선수의 등급을 산정하는 지표로 활용하고 있다.

- 자본생산성

조직이 총자본을 투자해서 운영한 결과로 얻어진 총부가가치액을 나타내는 것이다. 만약 새로운 투자가 없는데도 이 수치가 커진다면 이는 노동생산성이 높아지는 것으로 해석할 수 있다.

$$\text{자본생산성 (원)} = \frac{\text{부가가치}}{\text{총자본}}$$

이상의 스포츠조직의 재무분석을 최종 정리하면 다음과 같다. 비율분석은 간단하고 이해가 쉬우며 자료수집이 용이하기 때문에 구체적이고 복잡한 분석을 하기에 앞서 예비분석으로서 실무에서 많이 이용되고 있는데 기초자료인 재무제표 자료의 신뢰성이 확보되어야 한다. 결국, 유동성 비율은 조직의 단기채무 지급능력을 측정하는 비율을 의미하며, 레버리지 비율은 안정성 비율이라고 불리는데 조직이 조달한 전체 자본 중 어느 정도가 타인자본에 의존하고 있는가를 나타내는 비율을 말한다. 활동성 비율은 조직이 자산을 얼마나 효율적으로 활용하고 있는가를 나타내는 비율로 일반적으로 매출액에 관한 주요자산의 회전율로 나타낸다. 수익성 비율은 조직이 투자한 자본 대비 얼마만큼의 이익을 달성했는가를 측정하는 것을 의미하며 끝으로 생산성 비율은 조직이 상품생산 대비 투입한 전체생산 요소에 관한 산출량을 비율로 나타낸 것으로서 경영 활동의 효율성 또는 합리적인 성과배분 분석에 이용된다. 이러한 비율분석은 여러 가지 장점에도 불구하고 질적 요인 무시, 개별적 재무비율의 이용, 표준비율 산정의 어려움 등 문제점을 내포하고 있다.

(3) 종합적 비율분석(지수법)

조직의 경영성과 및 재무상태를 평가하고자 하는 비율분석은 평가결과를 하나의 단일지표로 나타낼 수 없다는 점, 비율 간 상호의존 관계 무시, 서로 상반되는 징후를 보이는 두 개의 비율이 동시에 있을 수 없다는 점 등의 단점을 가진다. 종합적 비율분석은 이러한 단점을 보완한 것으로 대표적인 것이 지수법이다. 지수법은 조직의 경영성과 및 재무상태를 잘 파악할 수 있는 몇 개의 중요한 재무비율에 가중치를 부여하여 지수를 산출하고 이를 토대로 종합적으로 평가하는 방법으로 가중비율 종합법이라고도 한다. 학자마다 중요 재무비율의 선정 및 가중치를 부여함에 있어 차이가 있지만, 일반적인 절차는 첫째, 여러 재무비율 가운데 분석목적에 부합되는 몇 개의 중요 재무비율을 선정한다. 둘째, 선정된 중요 재무비율에 그 중요성을 고려하여 가중치를 부여하되 가중치의 합은 100이 되게 한다. 셋째, 선정된 중요 재무비율들에 대하여 각 조직의 실제비율과 표준비율을 산출한 다음 실제비율을 표준비율로 나누어 관계비율을 산출한다. 조직의 실제비율이 표준비율보다 높으면 1보다 크게 되고 표준비율보다 낮게 되는 경우는 1보다 작은 값이 된다. 넷째, 산출된 관계비율에 가중치를 곱하여 중요 비율법 점수를 계산하고 이들 점수를 모두 합해 종합지수를 산출한다. 이렇게 산출된 종합지수가 100점 이상이면 양호하며 미달하면 불량하다고 평가한다.

① 중요재무비율의 선정과 가중치

지수법을 이용할 경우 먼저 분석목적에 적합하다고 생각되는 중요 재무비율을 선정하고 선정된 중요비율에 대하여 그 중요성을 고려하여 가중치를 부여하여야 한다. 지수법의 가장 큰 단점은 중요 재무비율 선정과 가중치 부여가 주관적이란 점을 들 수 있다. 그런데도 지수법은 실무적으로 많이 이용되고 있으므로 스포츠조직의 경우에도 분석자의 입장에서 합리적인 방법을 통해 중요 재무비율 선정과 가중치 부여가 이루어진다면 의미가 있다. 또한, 투자대상으로 기업을 분석할 때 재무제표에 직접 표현되지 않는 조직의 분권화, 경영정보시스템, 경영자의 개발, 경영자의 능력, 회사의 장래성, 업계의 경기 동향, 금융 동향, 경기침체에 관한 저항력, 자산에 관한 질적 분석이 요구된다. 이러한 요인들은 재무제표에는 나타나지 않지만, 조직의 성장과 발전에 큰 영향을 미친다. 따라서 질적 분석은 기업의 투자가치를 평가하는 데 매우 중요한 사항이다. 다시 말해, 기업분석은 수치화할 수 있는 재무제표에 의한 재무분석과 회사의 연혁, 사업내용, 경영진, 업계 지위, 기업문화 등 계량화할 수 없는 질적분석으로 나눌 수 있다. 따라서 선수, 에이전트와 구단 등의 관계도 스포츠조직의 질적분석 요인이 된다.

(4) 스포츠조직의 손익분기점과 레버리지 분석

지렛대의 원리를 경영활동 분석에 이용하는 것을 레버리지 분석이라고 한다. 즉 스포츠 조직이 타인자본(부채)을 사용하면 영업상태가 좋든 나쁘든 간에 고정적으로 이자를 지급하여야 하며, 고정자산을 보유하고 있으면 영업활동이 활발하든 활발하지 않든 간에 감가상각비를 비롯하여 고정적으로 발생하는 영업비용을 부담하여야 한다. 이러한 고정비의 존재가 지렛대의 역할을 하기 때문에 매출액이 증가하거나 감소함에 따라 기업의 손익변동은 매출액의 변동률보다 더욱 확대되어 나타난다. 이러한 현상을 레버리지 효과라 부른다.

① 영업 레버리지 분석

스포츠조직의 영업 레버리지는 영업이익의 실현과정에서 조직의 매출액 수준과 관계없이 발생하는 영업비용, 즉 고정적인 영업비용을 부담하고 있는 경우 매출액의 변화에 따라 영업이익이 어떻게 변화하는가를 분석하는 것이다.

만약 조직이 고정적인 영업비용을 부담하고 있지 않으면 영업 레버리지 효과는 발생하지 않는다. 일반적으로 고정비의 비중이 큰 스포츠시설업은 상대적으로 그 비중이 낮은 스포츠 경기업에 비해 매출액의 변동이 영업이익에 미치는 효과가 크게 나타난다. 스포츠 영업 레버리지 분석의 초점은 매출액과 영업이익의 관계에 커다란 영향을 미치는 고정적 영업비용의 역할이다. 스포츠시설업은 고정 자산에 많은 투자를 했기 때문에 고정비의 비중이 커지게 되고, 따라서 변동비는 적게 된다. 고정비의 비중이 낮은 스포츠 서비스업은 고정비의 비중이 높은 조직에 비해 영업 레버리지와 손익분기점이 낮다. 손익분기점은 총수익과 총비용이 일치하여 이익도 손해도 발생하지 않는, 즉 이익이 0인 점을 가리킨다.

영업 레버리지에서의 손익분기점은 영업이익이 기준이 되며 매출액과 영업비용이 같게 되어 영업이익이 0인 점을 말한다. 손익분기점 분석(BEP 분석: break even point analysis)은 비용, 매출액(량), 이익의 상호관계를 분석하기 때문에 CVP(cost-volume-profit relationship analysis) 분석이라고도 부른다.

예를 들어 드레포스 프로야구 구단의 매출액이 1,000만 원이고, 400만 원의 고정영업비용과 매출액의 40%인 400만 원의 변동 영업비용을 차지하고 있다. 그렇게 되면 현재의 영업이익은 200만 원이 된다. 만약 드레포스 프로야구 구단의 매출액이 변동하게 되는 경우 영업이익은 어떻게 될 것인가?

항목	10% 감소	현재	10% 증가
매출액	900만 원	1,000만 원	1,100만 원
(-) 고정적 영업비용	400만 원	400만 원	400만 원
(-) 변동적 영업비용	360만 원	400만 원	440만 원
영업이익	140만 원(30% 감소)	200만 원	260만 원(30% 증가)

매출액이 10% 증가하게 되는 경우 영업이익은 260만 원이 되어 30%가 증가한다. 반대로 매출액이 10% 감소하는 경우의 영업이익은 140만 원이 되어 영업이익이 30% 감소하게 된다. 이처럼 고정적인 영업비용이 지렛대 역할을 하여 매출액의 증감에 따라 영업이익의 증감 폭이 확대되어 나타나는데 이를 영업 레버리지 효과라 부른다. 스포츠용품제조업과 스포츠시설업의 경우에는 고정자산의 사용으로 인하여 고정적 영업비용을 부담하고 있으므로 영업 레버리지 분석이 요구된다.

② 손익분기점분석

손익분기점(BEP)은 총수익과 총비용이 일치하여 손해도 이익도 발생하지 않는 상태를 말한다. 매출액이 손익분기점 이상이면 이익이 발생하고 이하일 경우는 손해가 발생한다. 손익분기점은 첫째, 모든 비용은 고정비와 변동비로 구성되어야 한다는 것. 둘째, 생산능력의 범위 내에서 고정비는 일정하고 단위당 판매 가격과 단위당 변동비는 일정하다는 등의 가정이 요구된다. 손익분기점 분석은 매출액과 총영업비용의 관계를 고려하여 매출액이 어느 정도가 되어야 총영업비용을 보상하고도 영업이익이 발생하는가를 보는 것이다.

총영업비용은 고정영업비용과 변동 영업비용으로 구분할 수 있는데 고정영업비용이란 조직의 매출량과 관계없이 일정하게 발생하는 비용이며, 변동 영업비는 매출량에 비례하여 변동하는 비용을 가리킨다. 고정비는 매출량과 관계없이 일정하며, 변동비는 매출량에 정비례하는데 변동 영업비용은 제품 한 단위당 소요되는 변동비에 매출량을 곱하여 산출한다.

$$변동영업비용(VC) = 제품\ 단위당\ 변동비 \times 매출량 = V \cdot Q$$
$$총영업비용\ (TC) = 변동영업비용(VC) + 고정영업비용\ (FC)$$
$$총수익(TR) = 단위당\ 제품가격(P) \times 매출량(Q)$$

- 매출량의 손익분기점

손익분기점은 몇 개를 생산해서 팔아야 영업이익이 0이 되는가 또는 얼마의 매상을 올려야 영업이익이 0이 되는가 하는 두 가지로 표현 가능하다. 전자가 매출량의 손익분기점, 후자가 매출액의 손익분기점이 되는데 손익분기점의 성격상에 별다른 차이는 없다.

P: 단위당 판매가격
Q^2: 손익분기점의 매출량
FC: 고정영업비용
V: 단위당 변동비

매출량의 손익분기점 $Q^2 = \dfrac{FC}{P-V}$

- 매출액의 손익분기점

매출액의 손익분기점은 매출량의 손익분기점에 제품의 판매단가를 곱하여 쉽게 산출 가능하다.

$$\text{매출액의 손익분기점 } (Q^2 \cdot P) = \frac{FC}{1 - \dfrac{V}{P}}$$

즉 매출액 1원 중에서 고정영업비용을 회수하고 영업이익에 공헌하는 비율을 나타낸다.

스포츠경영에 있어 스포츠 서비스업 관련 손익분기점분석은 다음과 같은 특징이 있다. 첫째, 고정비가 차지하는 비중이 극히 작다. 이는 매출액의 총액과 비교하여 판매비 및 일반관리비의 합계액인 영업비의 금액이 상대적으로 극히 작기 때문이다. 둘째, 변동비가 대부분을 차지하고 있다. 따라서 스포츠 서비스업의 경우에는 손익분기점의 위치를 판독하기가 어렵다. 즉 비용선과 매출액선이 평행에 가까운 형태로 중복되는 부분이 길어서 손익분기점의 위치가 분명치 않기 때문이다.

③ 재무 레버리지 분석

스포츠조직의 재무 레버리지(Leverage)는 스포츠조직이 조달한 자금 가운데 외부에서 빌려 온 돈, 즉 타인자본이 차지하는 비율을 말한다. 조직이 타인자본을 사용하게 되면 영업이익의 증가나 감소와 관계없이 일정 금액의 금융비용을 지불해야 하는데 이러한 금융비용은 조직이 영업 활동을 통해 돈을 많이 벌든, 적게 벌든 항상 일정한 고정비적 성격을 지니게 된다. 결국, 재무 레버리지는 이자 지급액과 같은 고정 재무비용으로 인해 영업이익 변화율에 비해 세후 순이익 변화율이 확대되어 나타나는데 이를 재무 레버리지 효과 (financial leverage effect)라 부른다. 만약 조직이 고정적인 재무비용을 부담하고 있지 않으면 재무 레버리지 효과는 발생하지 않는다. 예를 들어 드레포스 프로농구 구단의 영업이익이 1,000만 원이며, 현재 매년 지불해야 하는 이자가 200만 원이다. 법인세율을 50%라고 가정하게 되면 세후 순이익은 400만 원이 된다. 이 같은 상황에서 영업이익이 30% 증감하는 경우 세후 순이익은 어떻게 될 것인가?

항목	30% 감소	현재	30% 증가
영업이익	700만 원	1,000만 원	1,300만 원
(-) 이자	200만 원	200만 원	200만 원
세전 이익	500만 원	800만 원	1,100만 원
법인세	250만 원	400만 원	550만 원
세후 순이익	250만 원(37.5% 감소)	400만 원	550만 원(37.5% 증가)

영업이익이 30% 증가하게 되는 경우 세후 순이익은 550만 원이 되어 37.5%가 증가한다. 반대로 영업이익이 30% 감소하는 경우의 세후 순이익은 250만 원이 되어 세후 순이익이 37.5% 감소하게 된다.

6. 스포츠조직의 투자 결정

스포츠 미래 사업에 관한 투자 결정은 스포츠조직의 생존 여부와 직결된다. 어디에 투자하느냐에 따라 조직의 수익이 달라지기 때문이다. 따라서 조직의 위험성과 수익성을 정하는 투자 결정은 조직의 가치를 결정하는 가장 중요한 요인이므로 합리적인 의사결정과정을 따라야 할 것이다. 자본예산은 상대적으로 큰 규모의 투자안에 관한 의사결정을 위한 분석과정으로서 투자안의 성격에 따라 대체투자, 확장투자, 신규투자로 구분할 수 있다.

대체투자는 비용을 절약하기 위해 기존시설을 대체하는 것을 말하며, 확장투자는 기존설비의 규모를 늘리기 위한 투자를 일컫는다. 신규투자는 전혀 새로운 투자를 말한다. 또한, 투자안의 상호관계에 따라 독립적 투자와 종속적 투자로 나눌 수 있는데 독립적 투자는 어떤 투자안의 선택 여부는 다른 투자안의 채택 여부와 아무런 상관이 없는 경우를 말한다.

종속적 투자는 어떤 투자안의 선택 여부가 다른 투자와 상호인과적 투자로 나뉜다. 상호배타적 투자안은 어떤 투자안을 선택하면 다른 투자안은 채택될 수 없는 경우를 말하며, 상호인과적 투자안은 한 투자안이 선택되면 다른 투자안의 채택은 필연적인 경우를 일컫는다. 대부분 조직이 사업기회를 모색하여 투자하면 통상적으로 투자 효과가 1년 이상 장기간에 걸쳐 나타나는 자본예산을 수립하게된다. 일반적인 자본예산 절차를 살펴보면 다음의 네 가지 단계를 생각해 볼 수 있다.

1단계: 투자기회의 탐색과 선정
조직의 장기적 경영전략과 밀접한 관계가 있으며 이를 실현하기 위한 구체적인 투자기회를 찾아서 이를 통한 조직의 성장기회를 탐색하는 단계를 말한다.

2단계: 각 투자대상의 현금흐름 측정

조직의 성장기회가 있다고 판단되는 투자안의 향후 기대되는 현금흐름을 측정한다. 구체적으로 해당 투자안을 수행할 경우 기대되는 미래 현금흐름의 크기, 현금흐름의 발생 시점 및 현금흐름의 불확실성을 추정하는 것이다.

3단계: 각 투자대상의 타당성(경제성) 평가

두 번째 단계에서 추정된 현금흐름에 관한 자료를 토대로 투자안의 경제성을 평가하는 단계로 이와 관련된 기법으로 회수기간법, 평균이익률법, 순현가법, 내부수익률법 등이 있다. 투자안에 관한 투자안에 대하여 어떤 방법을 적용하느냐에 따라 투자안의 경제성 평가결과는 다를 수 있다. 투자안의 경제성을 평가한 결과 경제성이 있다고 판단되며 소요자금을 조달하여 투자안을 수행하고 경제성이 없다고 판단되는 경우에는 투자안을 기각하는 의사결정을 내리게 한다.

4단계: 투자안에 관한 통제 및 사후관리

투자안에 관한 수행과정이 계획대로 이루어지고 있는지를 관찰하고 만약 투자환경이 변화하는 경우 이를 반영하여 자본예산을 수정하는 등 피드백 기능을 수행하는 것과 관련된 활동이다. 이러한 자본예산 절차 중에서 가장 중요한 단계는 투자안의 현금흐름 측정 및 투자안의 경제성 평가일 것이다.

① 스포츠조직의 현금흐름

스포츠조직이 투자를 위해 투자분석의 대상인 투자안의 현금흐름을 측정하게 되는데 투자 규모가 크고 장기적인 투자안으로부터 예상되는 현금의 지출 및 수입을 정확하게 측정하는 것은 쉬운 일이 아니다. 일반적으로 투자안으로부터 현금흐름을 측정할 때 기본원칙을 살펴보면 첫째, 감가상각비는 회계학상의 비용이므로 현금유출로 보아서는 안 된다는 점이다. 둘째, 이자 비용은 명백한 현금유출이지만 이를 현금유출에 포함해서는 안 된다. 왜냐하면, 이자비용은 할인율이 반영되기 때문에 이를 다시 현금유출로 보는 것은 이중으로 차감하는 것이 된다. 셋째, 법인세는 명백한 현금유출이다. 넷째, 증분 기준으로 측정해야 한다는 점이다. 이는 투자안을 선택한 결과 직접 발생하는 조직의 현금흐름 변화 정도를 말하는데 투자안을 선택하는 경우와 선택하지 않는 경우의 현금흐름의 차이분을 가리킨다.

증분 기준과 관련하여 과거의 투자 결정을 통해서 이미 현금유출이 이루어진 비용, 즉 매몰 비용(sunk cost)은 고려할 필요가 없으나 투자안 선택으로 포기하게 되는 기회비용(opportunity cost)과 파생적으로 나타나는 부수효과(side effect)를 고려해야 한다.

원활한 현금흐름이란 화폐의 시간가치를 반영하여 투자안을 채택함으로써 일정 기간 동안 들어온 현금유입과 현금유출의 차이를 의미한다.

순현금 흐름 = 현금 유입액 - 현금 유출액

현금흐름은 순수입과 감가상각비의 합 그리고 할부금에서 향후 지불될 목적으로 장부상에 기입되었으나 실제 지급하지 않은 외상대금 등을 제외한 금액이다. 모든 스포츠조직의 영업활동은 현금흐름의 형태로 전화되어 평가할 때 실질적인 의미를 가진다. 이익은 성공적인 스포츠경영을 위해 반드시 필요하며 현재와 미래의 현금흐름은 낙관적이어야 한다. 만약 현금흐름이 감소하고 조직의 전망이 긍정적으로 평가되지 않을 경우가 발생한다면 조직은 결국 매각될 것이다.

스포츠경영에 있어 조직을 경영하고 투자자가 자금을 공급하는 이유는 이익을 얻기 위해서가 아니라 현금(돈)을 벌기 위해서이다. 스포츠 재무관리에서 재무의사 결정 시 가장 기초적인 것은 현금흐름을 정확하게 파악하는 것이다. 이에 현금은 모든 의사결정에 있어서 가장 먼저 고려해야 한다. 더 많은 현금흐름의 창출만이 스포츠조직의 장기적인 생존을 보장하기 때문이다. 스포츠조직의 현금흐름이 원활하지 못하면 아무리 많은 이익을 내더라도 부도를 낼 수 있으므로 현금흐름은 스포츠조직의 가치를 재는 척도로 활용되며 현금흐름을 담보로 대출이 이루어지는 금융기법도 나타나게 된다.

7. 스포츠조직 투자안의 경제성 평가

고려대상이 되는 투자안으로부터 예상되는 현금흐름을 측정하고 나면 이 투자안을 선택할 것인지 또는 기각할 것인지 여부를 결정해야 한다. 이를 투자안의 경제성 평가라 한다. 이상적인 투자안의 경제성 평가방법이 갖추어야 할 4가지 조건을 살펴보면 다음과 같다. 첫째, 측정된 모든 현금흐름이 고려되어야 한다. 만약 어떤 특정 투자안을 평가하는 데 있어 향후 발생할 모든 현금흐름을 반영하지 못하고 일부만이 투자안 평가에 이용된다면 바람직한 평가방법이라 할 수 없을 것이다. 둘째, 적절한 할인율을 사용하여 화폐의 시간가치를 반영하여야 한다. 동일한 현금흐름이라도 발생 시점, 즉 현재의 가치가 미래의 가치에 비해 가급적 현재 시점을 기준으로 하는 것이 바람직하고 이때 이용될 할인율은 투자안의 특성을 잘 반영시켜야 한다. 셋째, 가치의 가산원칙을 따라야 한다. 투자안을 평가하다 보면 여러 투자안을 결합한 투자안을 평가할 기회가 종종 생기곤 한다. 이럴 경우, 각 투자안을 새로이 결합하여 현금흐름을 계산할 필요 없이 단순히 각각의 개별 투자안의 가치를 구한 후 이를 결합하여 투자안의 가치를 계산할 수 있는 것이 바람직한 평가방법이라고 할 수 있다. 넷째, 조직의 가치를 극대화할 수 있는 투자안을 선택할 수 있어야 한다. 투자안으로 발생하는 순현금 흐름의 크기가 매우 중요하기 때문에 바람직한 투자안 평가방법은 순현금 흐름을 가장 많이 발생시키는 투자안을 선택할 수 있어야 한다. 이상의 4가지 조건을 모두 만족하는 기법은 순현재가치법이 가장 우월한 방법이다. 투자안의 경제성 평가를 위한 방법은 화폐의 시간적 가치를 고려하지 않은 회수기간법과 회계적이익률법이 있으며, 시간적 가치를 고려하여 투자안의 경제성을 평가하는 순현재가치법과 내부수익률법이 있다.

(1) 화폐의 시간적 가치를 고려하지 않은 방법

① 회수기간법

회수 기간이란 투자한 비용을 회수하는 데 걸리는 기간을 말한다. 회수 기간이 짧다는 것은 투자비용을 빨리 회수할 수 있다는 것으로 기업의 유동성을 높일 수 있다는 것을 의미한다. 즉 회수 기간이 짧을수록 안정적인 투자안이라고 판단할 수 있다. 평가에 이용되는 회수 기간은 주로 연 단위가 이용된다.

3가지 독립적인 투자안

연/투자안	A 투자안	B 투자안	C 투자안
0	-2000	-2000	-2000
1	1500	0	0
2	500	1500	500
3	-100	500	1500
4	-100	200	200

A 투자안의 경우 2,000만 원의 투자비용을 2년이 지나면 회수할 수 있고, B 투자안은 3년, C 투자안은 역시 3년이 걸린다. 따라서 A 투자안이 가장 안정적인 투자안이라고 볼 수 있다. 이러한 회수 기간법은 평가방법이 매우 간단하고 이해하기 쉬우나 다음과 같은 한계점을 가진다. 첫째, 현금흐름을 고려하지 못한다. A 투자안이 비록 가장 빠른 회수 기간을 보이는 투자안이기는 하지만, 회수 기간이 흐른 후인 3년, 4년 차에 보일 -100씩의 현금흐름을 고려하지 않기 때문이다. 둘째, 회수 기간 내 현금흐름에서 화폐의 시간적 가

치를 무시하고 있다. 즉 B 안과 C 안을 보면 회수 기간 3년이라는 동일한 결과를 보이고 있지만, 투자 초기에는 보다 많은 현금유입을 가져다주는 B 안이 보다 유리한 투자안이기 때문이다. 그러나 회수기간법은 단지 기간만 고려하기 때문에 이를 평가할 수 없다. 셋째, 가치의 가산원칙을 적용할 수 없다.

아래 표가 의미하는 바는 A와 B는 상호배타적인 투자이지만, 투자안 C는 독립적이어서 A와 C 그리고 B와 C의 투자가 결합 가능하다고 본 것이다. 이때 가능한 현금흐름과 회수 기간을 살펴보면 단일 투자의 경우는 B 투자안이 최적의 투자안으로 선택되나 결합투자안에서는 A와 C의 결합투자가 최적안으로 평가된다.

결합투자 시 회수기간

연/투자안	A	B	C	A+C	B+C
0	-1000	-1000	-1000	-2000	-2000
1	0	1000	0	0	1000
2	2000	0	0	2000	0
3	-1000	1000	3000	2000	4000
회수 기간	2	1	3	2	3

넷째, 독립적인 투자안에 있어 투자 결정의 기준이 되는 회수 기간을 주관적으로 결정하기 때문에 얼마의 회수 기간을 기준으로 투자 결정을 해야 하는지에 관한 객관적인 근거는 없다.

② 회계적 이익률법

회계적 이익률은 연 순이익 대비 연 투자액의 비율을 의미한다. 이때 연 투자액은 총 투자액의 1/2과 같다.

$$회계적\ 이익률 = \frac{연순이익}{연투자액}$$

예를 들어 드레포스 실내골프 연습장 경영자는 골프스윙 분석기를 1,500만 원에 구입하려고 한다. 이 분석기 구입에 따른 5년 동안의 예상 순이익은 아래와 같다.

1년	2년	3년	4년	5년
100만 원	120만 원	150만 원	100만 원	90만 원

5년 후 골프스윙 분석기는 잔존가치가 없으므로 연 투자액은 750만 원(총 투자액의 1/2)이 되고 이에 따른 회계적 이익률은 75%가 된다.

연 순이익(100+120+150+100+90) = 560만 원

$$\frac{560}{750} = 0.75$$

이 분석 방법 역시 회수기간법처럼 화폐의 시간적 가치를 고려하지 않을 뿐만 아니라 현금흐름 역시 고려하지 않는다. 이는 회계장부상의 이익을 분석대상으로 하기 때문에 발생하는 문제이다.

(2) 화폐의 시간적 가치를 고려한 방법

① 순현가법

순현가법이란 투자로 인하여 발생할 미래의 모든 현금흐름을 적절한 할인율로 할인하여 현재가치로 투자안을 측정하는 방법을 말한다. 즉 순현가법은 화폐의 시간적 가치를 고려한 측정방법으로 투자에 따른 현금흐름을 현재가치로 환산하고 여기에서 최초의 투자액을 공제하여 산출한 순이익의 현재가치를 측정하는 것이다. 순현가(순현재가치법: Net Present Value Method)는 0보다 클 경우 조직의 가치가 증가하는 것을 의미한다. 그러므로 조직이 하나의 투자안을 가지고 있는데 이 투자안의 순현가가 0보다 클 경우 그 투자안은 채택될 것이다. 만약 여러 개의 다양한 투자안이 있을 경우에는 각 투자안들의 순현가를 계산해서 가장 큰 순현가를 가지는 투자안을 선택하면 된다.

우선 투자안의 평가를 위한 특정 시점의 현금흐름과 초기투자액 및 할인율을 알아야 하는데 순현가는 현금유입의 현가에서 현금유출의 현가(투자비용)를 차감해서 산출된다.

$$\text{NPV} = \sum \frac{CF^t}{(1+R)^t} - I^o$$

CF^t : 미래시점 t의 현금흐름

$(1+R)^t$: 할인율

I_o : 초기투자비용

예를 들어 한 경영자는 실내 골프연습장을 구매하려고 한다. 이 실내골프장은 1년 후 현금흐름이 1억 8천만 원인데 최초의 투자액이 1억 5천만 원이다. 할인율이 10%일 때의 순현가는 얼마이며 경영자는 이 실내골프장에 투자해야 할지?

$$\frac{1억8천만원}{(1+0.1)^t} - 1억 5천만 원 = 4,800만 원$$

NPV가 4,800만 원으로 0보다 큰 값이므로 경영자는 실내골프장을 구매하여 운영하는 결정을 내려야 한다.

② 내부수익률법

내부수익률법(IRR: Internal Rate of Return)이란 투자로 인해 발생하는 현금유입의 현재가치와 현금유출의 현재가치를 일치시키는 할인율을 말한다. 따라서 내부수익률법은 현금유입의 현재가치와 현금유출의 현재가치를 일치시켜 투자안의 순현가를 0으로 하는 할인율 IRR을 구한 후 이를 시장수익률(할인율)과 비교하여 투자 여부를 결정하는 방법을 말한다. 내부수익률을 통해서 투자안의 채택 여부를 결정할 때에는 내부수익률이 시장수익률(할인율)을 초과하면 채택하고 반대로 내부수익률이 시장수익률(할인율)보다 낮으면 채택하지 않게 된다. 상호배타적인 여러 투자안을 놓고 내부수익률법으로 의사결정을 할 때는 내부수익률이 가장 큰 투자안을 선택하게 된다. 내부수익률을 통해 투자안의 평가를 위해서는 특정 시점의 현금흐름과 초기투자액 및 내부수익률을 알아야 한다. 내부수익률은 순현가를 0으로 만드는 할인율을 말한다. 따라서 순현가식을 0으로 놓았을 때 할인율이 바로 내부수익률이 되는 것이다.

이러한 내부수익률은 시행착오법(trial and error methods)을 이용하여 구할 수 있다.

$$\text{내부수익률 } 0 = \sum \frac{CF_t}{(1 + IRR)^t} - I^o$$

예를 들어 경영자는 1억 원을 투자하여 스크린골프장을 운영하려고 한다. 2년 후의 약 1억 3천만 원에 스크린연습장을 팔 수 있을 것으로 예상한다면 이 투자안의 내부수익률은 얼마인가?

$$0 = \frac{1억\,3천만\,원}{(1 + IRR)^2} - 1억\ 원$$

$= 0.14(14\%)$이다.

이처럼 내부수익률을 이용하여 투자 결정을 내릴 때는 내부수익률과 이자율(할인율)을 비교해서 결정한다. 만약 내부수익률이 이자율보다 크다면 투자를 해야 하고, 반대로 이자율보다 작다면 투자하지 말아야 한다. 예를 들어 위의 결과처럼 내부수익률이 14%인데, 은행 이자율이 10%라면 경영자는 은행에 예금하는 것보다 투자하는 것이 유리할 것이다.

순현가법과 내부수익률법은 미래에 기대되는 현금흐름을 현재가치로 할인한다는 점에서 동일한 가치평가 방법인데, 순현가법은 주어진 할인율에 구하는 반면, 내부수익률법에서는 순현가를 0으로 놓고 그 조건을 만족시키는 할인율을 구한다는 점에서 차이를 보인다.

(3) NPV와 IRR법의 비교

순현가법과 내부수익률법의 관계는 서로 독립적인 투자안들을 각각 평가하는 경우나 하나의 투자안에 대하여 경제성 여부를 평가하는 경우 또는 여러 투자안 중에서 어느 것에 우선 투자할 것인가, 즉 투자의 우선순위를 결정하는 경우에는 동일한 평가결과를 얻는다. 즉 순현가법에서 경제성이 있다고 판단된 투자안은 내부수익률법에서도 경제성이 있는 것으로 평가되고, 순현가법에서 경제성이 없다고 판단된 투자안은 내부수익률법에서도 경제성이 없는 것으로 평가되므로 어느 방법을 써도 별문제가 없다. 그러나 두 투자안의 투자규모, 투자수명, 예상되는 미래 현금흐름의 양상이 현저하게 다를 경우 상반된 결과가 도출될 수 있다.

① 투자규모

투자규모에 현저한 차이가 있는 두 투자대상이 있다. X 투자안은 1,000만 원을 투입하여 1년 후에 1,150만 원의 현금유입이 있고, Y 투자안은 100만 원을 투자하여 1년 후에 130만 원의 현금유입이 있다고 가정하자. 단 할인율은 10%이다. 이 경우 두 투자안의 순현가와 내부수익률을 계산하면 다음과 같다.

이 투자안의 순현가는 모두 0보다 크며 내부수익률도 할인율보다 크므로 두 투자안을 독립적으로 경제성을 평가하는 경우에는 경제성이 있는 것으로 평가되어 두 평가방법의 평가결과가 동일하다.

	투자안 X	투자안 Y
순현가	454,545	181,818
내부수익률	15%	30%

그러나 두 투자안의 우선순위를 정하거나 상호배타적 관계에 있는 경우에는 상반된 결론을 내리게 된다. 순현가법을 적용하는 경우 투자안 X가 내부수익률법을 적용하는 경우에는 투자안 Y가 더 우월한 투자안이 된다.

② 투자수명

투자규모가 같더라도 투자수명이 현저히 차이가 나는 경우에도 두 평가방법의 경제성 평가결과가 다르게 나타날 수 있다. 즉, 두 투자안 A와 B는 상호배타적 관계에 있다. 투자안 A의 투자수명은 1년이고, B의 투자수명은 5년이며, 두 투자안의 투자비용은 1,000만 원으로 동일하다. A 투자안의 경우 1년 후에 1,200만 원의 현금유입이 있고, B 투자안의 경우에는 5년 후에 2,000만 원 현금유입이 있다. 단 할인율은 10%로 가정한다. 이 경우 두 투자안의 순현가와 내부수익률을 계산하면 아래와 같다.

	투자안 A	투자안 B
순현가	909,091	2,418,000
내부수익률	20%	14.9%

순현가법을 적용하는 경우 투자안 B가, 내부수익률법을 적용하는 경우에는 투자안 A가 더 우월한 투자안이 된다.

③ 현금흐름의 양상

투자규모와 투자수명이 같더라도 투자안들의 현금흐름 양상이 현저하게 차이가 나는 경우에도 두 방법의 평가결과가 상반될 수 있다. 즉, 두 투자안 A와 B는 투자비용이 둘 다 1,000만 원이며 투자수명이 둘 다 4년이다. 투자안 A의 경우에는 매년 4,500만 원의 현금유입이 있고, 투자안 B의 경우에는 3차 연도와 4차 연도에 각각 7,000원과 14,000원의 현금유입이 있다. 할인율은 10%로 가정한다. 이 경우 두 투자안의 순현가와 내부수익률을 계산하면 다음과 같다.

	투자안 A	투자안 B
순현가	4,265	4,821
내부수익률	27.9%	25.5%

순현가법을 적용하는 경우 투자안 B가, 내부수익률법을 적용하는 경우 투자안 A가 더 우월한 투자안이 된다. 상반된 결과가 도출되는 경우 두 방법 가운데 어느 방법을 써야 하는가? 결론적으로 말하자면 순현가법을 써야 한다. 순현가법은 투자안의 경제성을 평가하는 방법 중 가장 우수한 방법이다. 특히 순현가법이 내부수익률법에 비해 더 우수한 방법인지를 살펴보자면 다음과 같다.

첫째, 순현가법의 재투자수익률에 관한 가정이 합리적이다. 순현가법은 투자안으로부터 유입되는 현금의 자본비용과 동일한 수익률로 재투자된다고 가정하고 내부수익률법은 내부수익률로 재투자된다고 가정한다. 내부수익률로 재투자된다는 가정은 현재와 같은 내부수익률을 지니는 좋은 투자기회가 미래에도 계속 존재한다고 가정하는 것인데 치열한 경쟁상황을 고려해 볼 때 너무 낙관적인 견해이다. 따라서 시장에서 공통으로 평가하는 자본비용 수준의 수익률로 재투자된다고 보는 것이 합리적이고 현실적인 가정이라 볼 수 있다. 둘째, 가치의 가산원리가 적용된다. 순현가법에서는 투자조합을 형성하는 여러 투자안에 함께 투자하는 경우 투자안의 순현가를 구하여 이를 합하면 투자조합의 순현가가 산출된다.

$$NPV(X + Y) = NPV(X) + NPV(Y)$$

이와 같은 원칙을 가치의 가산원리라 부른다. 이 원리를 이용하면 제약된 예산하의 투자조합을 구성하는 데 유용하게 이용할 수 있다. 그러나 내부수익률에서는 각 투자안의 내부수익률의 합이 투자조합의 내부수익률이 산출되지 않는다. 투자조합의 내부수익률은 새로 산출해야만 한다.

8. 스포츠조직의 위험을 고려한 투자분석

(1) 현금흐름의 불확실성과 투자안 평가

투자안에 관한 현금흐름을 정확하게 예측할 수 있다고 가정하고, 즉 확실성하에서의 투자분석을 다루었다. 그러나 미래 현금흐름의 크기를 예측할 수 있는 투자안은 거의 찾아보기 어렵다. 이처럼 현금흐름의 불확실성이 존재하는 경우, 그로 인해 야기되는 투자안의 위험은 투자안 평가에 적절하게 반영하여야 한다. 위험은 여러 가지 상황에서 투자안으로부터 얻는 미래 현금흐름의 변동가능성 내지 수익률의 불확실성을 의미하며, 위험을 측정할 때는 일반적으로 과거의 자료를 기초로 산출한 수익률의 확률분포를 이용한다. 예를 들어 스포츠조직에서의 위험은 프로스포츠에서 관람할 관중 수에 관한 예측의 불확실성은 미래 입장 수입의 예측에 있어서 판단의 기초로 삼을 자료나 제반 상황이 충분히 형성되지 않은 상태를 초래한다. 이렇게 되면 어쩔 수 없이 주관적인 판단에 의존하게 되는데 이것은 확실한 상태에서의 의사결정에 비해 위험이 크다고 할 수 있다. 따라서 투자를 하게 되면 이것은 수익으로 나타나거나 기대수준에 미달하는 등 손실로 나타날 수 있다. 스포츠 재무관리에서 말하는 위험은 이러한 투자손실의 가능성 또는 그 확률을 의미한다.

(2) 스포츠조직의 위험을 고려한 투자 결정 방법

현금흐름의 불확실성이 존재할 경우, 대표적인 미래의 불확실한 현금흐름의 가치를 계산하는 방법으로는 위험조정할인율법과 확실성등가법이 있다.

① 위험조정할인율법

위험조정할인율법은 불확실한 현금흐름을 고려하여 할인율을 높게 잡아 계산하는 방법이다. 현금흐름이 확실할 때에는 그 현금흐름의 현재가치를 계산하기 위해 무위험 이자율을 적용하였으나, 위험이 있는 경우에는 투자로부터 예상되는 현금흐름을 위험에 따라 조정된 할인율을 이용한다.

현금흐름의 현재가치 $= \sum \dfrac{CF_t}{(1+R)^t}$

CFt : t 시점의 현금흐름

R : 할인율

위의 식에서 할인율 R을 투자안의 불확실성, 즉 위험에 따라 조정하는 방법이다. 위험이 많을 것으로 예상되는 투자안에는 큰 할인율을, 반대로 위험이 적을 것으로 예상되는 투자안에는 작은 할인율을 이용한다.

② 확실성등가법

확실성등가법은 위험이 있는 미래 현금흐름을 확실한 금액으로 조정한 후, 무위험 이자율로 할인하여 현금흐름의 현재가치를 산출하는 방법이다. 예를 들어 위험이 있는 투자로부터 기대되는 현금흐름 1,000만 원을 확실성 있는 투자로부터 예상되는 현금흐름 850만 원과 같은 가치를 갖는 것으로 본다든지 하는 것이다. 투자수명이 1년인 위험이 있는 투자안으로부터 기대되는 현금흐름을 1,000만 원이라고 한다. 만약 이 투자안의 1년 후의 불확실한 금액 1,000만 원이 위험이 전혀 없는 1년 후의 현금흐름 850만 원을 보장한다고 하면 확실한 현금흐름 850만 원은 불확실한 현금흐름 1,000만 원의 확실성등가가 된다. 이때 확실성등가는 위험이 전혀 따르지 않는 경우이기 때문에 이를 할인하여 현가를 계산할 때에는 무위험 이자율을 이용하는 것이다.

만약 무위험 이자율이 10%라면 1년 후에 보장된 확실성등가의 현가는 다음과 같다.

$$\text{현금흐름의 현가} = \frac{CEQ_t}{(1+R)^t} = \frac{850\text{만 원}}{(1+0.1)} = 730\text{만 원}$$

여기서 R은 무위험 이자율을 나타낸다. 이때 위험이 있는 투자안의 기대 현금흐름을 위험조정할인율로 할인해서 얻은 현가는 확실성등가의 현가인 730만 원과 같아야 한다. 따라서 불확실한 현금흐름의 위험조정할인율은 27%가 된다(1,000만 원 - 730만 원 = 270만 원, 백분율 27%).

$$\text{현금흐름의 현가} = \frac{C_1}{1+E(R)} = \frac{1,000만 원}{1+0.27} = 787만 원$$

그리고 확실성등가와 위험조정할인율 간의 관계에 따라 확실성등가계수, 즉 불확실한 기대현금 흐름에 관한 확실한 현금흐름의 비율을 얻을 수 있는데, 이 확실성 등가계수는 다음과 같다.

$$\text{확실성 등가계수: } \alpha_t = \frac{CEQ_t}{C_t}$$

$$\alpha_1 = \frac{850만 원}{1,000만 원} = 0.85$$

확실성등가계수는 0보다 크고 1보다 작은 값을 취하는데 각 투자자의 위험에 관한 태도에 따라 그 크기가 달라진다. 일반적으로 투자자가 위험회피적일수록 그리고 투자안의 위험이 클수록 확실성등가계수가 0에 가깝다. 이상과 같이 위험조정할인율이든 확실성등가법이든 간에 투자안의 채택 여부는 순현재가치를 산출하여 판단하게 된다.

순현재가치 = 현금유입의 현가 - 현금유출의 현가

현금유입의 현재가치를 산출할 때 위험조정할인율법은 불확실한 현금흐름을 이용하고 이의 불확실성, 즉 위험을 적절하게 반영한 할인율을 적용하여 현재가치를 계산하는 반면 확실성등가법은 불확실한, 즉 위험이 없는 상태의 현금으로 바꾼 후 무위험이자율로 할인하여 현재가치를 구하는 방법이다.

9. 스포츠조직의 자본비용

스포츠조직은 원활한 경영을 위해서나 새로운 투자를 위해서는 자금을 필요로 하며 자금을 사용할 때는 그 대가를 자본제공자에게 지급해야 한다. 이렇듯 자본비용은 스포츠조직 입장에서는 자본 사용에 관한 비용으로 자본제공자 입장에서는 투자한 자금에 관한 대가인 수익률로 해석할 수 있다.

자본비용은 크게 타인자본비용과 자기자본비용으로 구분할 수 있다. 이는 기업이 타인으로부터 자금을 빌린다면 적절한 이자를 지급하여야 함은 물론 자기자본을 조달하여 사용한 경우에도 다른 곳에 투자한다면 일정 수익을 얻을 수 있기 때문에 자기자본을 자신의 사업에 투자하였다면 그 기회비용만큼 수익을 올려야 한다. 이처럼 자기자본에도 비용이 수반되는 것이다. 스포츠 재무관리에서 자기 비용이 중요시되는 이유는 첫째, 조직의 자본구조를 분석하여 현재 조직의 가치를 파악하기 위해서이며, 둘째는 새로운 투자를 할 때 투자로부터 기대되는 현금흐름의 현재가치를 파악하기 위함이다. 이처럼 자본비용은 조직의 가치를 측정하고 투자안의 경제성을 분석하며 기타 여러 가지 재무의사를 결정하는 데 있어 매우 중요한 기능을 수행한다. 자본비용을 측정할 때 과거에 이미 조달한 자본의 역사적 비용이 아니라 현재 시점에서 새로이 자본을 조달할 경우 부담하여야 하는 비용을 기준으로 측정한다. 왜냐하면, 현재 시점에서 계산한 자본비용이라야 조직가치를 측정하고 투자안의 경제성을 평가하기 위하여 미래 현금흐름을 현재가치로 계산하는 과정에서 적절한 할인율로 사용할 수 있기 때문이다.

(1) 타인자본비용

타인자본비용은 타인자본을 조달한 대가로 조직에서 부담하는 비용을 의미한다. 이는 명시적 비용과 암시적 비용으로 나눌 수 있는데 암시적 비용이란 타인자본조달로 인하여 발생하는 조직재무구조의 악화와 이로 인하여 조직의 대외 신용력이 하락함에 따라 조직에서 부담하는 불이익을 의미한다. 이와 같은 불이익은 결국 타인자본조달로 인하여 재무위험이 증가하기 때문인데 재무위험의 크기가 어느 정도이냐 하는 것은 조직의 상황과 전반적인 경제여건에 따라 다르므로 객관적인 측정은 매우 어렵다. 따라서 암시적 비용은 타인자본조달로 인하여 발생한 비용이라 하더라도 타인 자본비용에 포함시키지 않고 자기자본 비용을 계산할 때 이를 고려한다.

타인자본조달로 조직에서 부담하는 명시적 비용은 이자 비용을 의미한다. 그런데 타인자본에 관한 이자 비용은 법인세 감세효과를 수반한다. 법인세 감세효과란 현행세법상 이자 비용이 손비로 인정되기 때문에 이자 비용만큼 법인세 과세대상 이익이 줄어듦으로써 결국 이자 비용에 법인세율을 곱한 금액만큼 법인세 납부액이 줄어드는 효과를 말한다.

예를 들어 드레포스 골프용품 제조 회사가 타인자본 1,000만 원을 연간 10%의 이자율로 사용하고 있다고 하자. 이 회사의 영업이익이 600만 원이고 법인세율이 35%라 할 때 이자 비용이 법인세 감세효과가 있는 경우와 없는 경우를 비교하면 다음과 같다.

이자 비용 감세효과 없을 때	이자 비용 감세효과 있을 때
영업이익 600	영업이익 600
법인세(35%) 210	이자 비용 100
납세 후 이익 390	납세 전 이익 500
이자 비용 100	법인세(35%) 175
순이익 290	순이익 325

이처럼 이자 비용이 법인세 감세효과가 있을 때는 영업이익에서 법인세납부 이전에 이자 비용을 우선 공제함으로써 감세효과가 없을 때에 비하여 법인세 과세대상 이익이 이자 비용만큼 줄어들게 된다.

(2) 자기자본 비용

자기자본의 경우 이를 다른 곳에 투자한다면 일정 수익을 얻을 수 있기 때문에 자기자본을 자신의 사업에 투자하였다면 그 기회비용만큼 수익을 올려야 한다. 따라서 자기자본 비용은 일종의 기회비용 개념으로 이해할 수 있다.

자기자본 비용 = Rf + (E(Rm) - Rf) × βI

= 10% +(15% -10%)(1.2) = 16%

Rf : 무위험수익률

E(Rm): 시장 기대수익률

βi : 체계적 위험

예를 들어 현재 무위험수익률이 연 10%이고, 시장 기대수익률이 연 15%이다. 드레포스 스포츠용품회사의 체계적 위험이 1.2라면 드레포스 스포츠용품회사의 자기자본 비용을 위의 공식에 대입하였더니 16%가 자기자본 비용이 된다.

10. 스포츠조직의 자본조달

스포츠조직의 목표가 결정되면 조직은 이를 달성하기 위한 재정을 확보해야 한다. 자금조달은 크게 내부에 의한 자금조달과 외부에 의한 자금조달로 분류할 수 있다. 이때 내부에 의한 자금조달은 스포츠조직 자체 내에서 미래에 관한 불확실성 대비 또는 조직사업의 재투자를 위한 사내 유보액을 생각할 수 있으며 반면 외부에 의한 자금조달은 스포츠조직이 외부에서 직접금융 또는 간접금융을 통해서 자금을 조달하는 방법이다.

(1) 직접금융을 통한 자금조달

직접금융을 통한 자금조달이란 자금을 조달하고자 하는 스포츠

기업이 회원권 판매, 스폰서십, 주식이나 채권을 발행하여 자금을 투자하고자 하는 투자자로부터 직접 조달하는 방법이다.

예를 들어 스포츠기업이 주식이나 채권을 발행하여 직접 투자자를 모집하는 것이다. 그러나 실제로 스포츠용품 업체 중에 상장 또는 거래소 등록 기업을 제외하고는 스포츠조직이 직접 주식이나 채권을 발행해서 자금을 조달하는 방법은 우리나라의 경우에는 아직 활성화되어 있지 않으며 주로 회원권을 판매하거나 라이센싱 또는 스폰서십을 통해 자금을 조달하는 방법을 이용하고 있다.

① 주식발행

불특정 다수의 일반 투자자들을 대상으로 발행하는 주식은 자기자본의 일부분으로서 재무건전성 측면에서 본다면 다른 방법을 통한 자본조달에 비해 보다 투명한 자금 조달방법이라고 볼 수 있다. 주식발행은 보통주와 우선주로 구분된다.

- 보통주:

투자자들은 보통주를 매입하자마자 해당 기업의 주주로서 이사회 구성원으로서의 자격이 얻어지고 배당금을 결정할 수 있으며 타기업의 인수, 합병 등에 관한 투표권을 가진다. 또한, 보통주 투자자들은 배당금과 주식 가치의 상승에 따른 자본이득을 투자에 관한 대가로 얻을 수 있다.

- 우선주:

보통주 투자자와의 가장 큰 차이점은 우선주 투자자들의 경우 보통주 투자자들보다 배당금을 지급받는 순서에 있어 우선권을 갖는 다는 것이다. 그리고 기업경영이 원활히 이루어질 경우는 문제가 없지만, 만약 투자한 기업이 파산할 경우가 발생하면 투자자들은 원금 회수를 걱정하게 되는데, 이때 우선주 투자자는 보통주보다 우선해서 기업의 잔여재산에 관한 청구권을 갖게 된다. 그러나 이러한 우선주 투자자들은 보통주 투자자들과 달리 주권, 즉 주주 회의의 투표권 권리가 없다. 우선주는 보통주보다 투자의 안정성이 매우 높기 때문에 안전을 중시하는 투자자들에게 인기가 높다.

- 채권발행:
채권을 통한 자금조달은 주식에 비해 유동성이나 편리성 측면에서 매우 일반적이고 많은 자금을 조달할 수 있다는 장점이 있다. 채권은 발행기관에 따라 회사채나 국채로 나누어지는데 스포츠용품 업체의 자금조달은 주로 회사채를 이용하고 반면 월드컵이나 올림픽과 같은 국제대회에 필요한 자금은 주로 국채를 발행하여 조달한다.

② 회사채
회사채는 스포츠용품 업체나 몇몇 스포츠기업들이 거액의 자본을 비교적 장기간 사용하기 위하여 불특정 다수의 일반 투자자들로부터 집단적, 공개적으로 자금을 빌리고 그 증거로서 발행하는 유가증권이다. 기업은 회사채발행을 통하여 자금을 조달하게 되며 이를 기업 측의 부채로 처리한다. 그러므로 조직의 과도한 회사채발행은 채권자들을 원리금의 회수 불가능 위험에 빠뜨릴 염려가 있기

때문에 법적으로 채권자들을 보호하기 위하여 일정한 범위 이내로 회사채발행을 규제하고 있다. 회사채에는 채권자들에게 지급될 확정이자 및 만기일이 표시되어 있다. 채권자들은 기업에 자본을 빌려준 자본대여자로서 기업이 파산하게 되면 우선주나 보통주 소유주에 앞서 기업자산에 관한 청구권을 갖게 된다. 이러한 채권자들은 주주총회와 같은 기업의 주요 의사결정에는 참여할 수 없지만 정해진 이자와 만기일에 원금을 지급받을 수 있다.

③ 기타 자금조달 방법

기타 직접금융을 통한 자금 조달방법으로 회원권, 스폰서십, 민자유치나 기금을 생각해 볼 수 있다.

- 회원권 판매:

스포츠시설업자들에 의해 주로 이용되는 회원권 판매는 골프장이나 스포츠센터 운영자들이 연회비나 평생 회비 등을 통하여 재원을 확보하는 형태이다. 초기 투자금이 매우 많이 필요한 이러한 시설물 건립에 조직운영자는 미래 시설물을 이용할 수 있는 권리나 혜택을 소비자들에게 제공하는 대가로 회원권을 판매하여 재원을 확보하게 된다.

- 스폰서십:

스포츠 스폰서십이란 기업이 현금이나 물품 또는 노하우나 조직적 서비스를 제공함으로써 운동선수나 팀, 연맹, 협회, 스포츠 행사를 지원하여 마케팅 커뮤니케이션의 여러 가지 목표를 달성할 목적으로 기획, 조직, 실행, 통제하는 모든 활동이라고 정의될 수 있다.

- 민자유치:

민자유치 사업은 국가가 사회 간접 자본 시설들을 건설함에 있어 재원 부족의 어려움 및 이들 사업을 조기에 시행하고자 하는 의도에 추진되는 사업을 연상하게 된다. 사업 규모가 크고 많은 재원이 투입되는 경우를 제외한 단일 시설이나 건설 및 운영에 위험 요소가 많지 않은 시설의 경우 '기부채납' 방식이 보편적이다.

기부채납 방식은 공공 부문이 토지를 제공하고 민간 부문은 건설비를 담당하여 사업비를 분담하는 방식으로 요약할 수 있다. 소유권은 토지를 제공한 공공 부문에 있으나 시설 건설비를 분담한 민간 부문이 일정 기간 동안의 시설 무상 사용권을 제공받아 일정 기간 동안 시설을 운영하고, 이때의 시설 운영 수익으로 건설비와 적정한 수익을 회수한 후 시설 운영권을 반납하는 사업 방식이다. 민자유치 사업은 사업 규모가 크든 작든 간에 혹은 사업 방식이 어떠하든 간에 시설 건설비를 투자하는 민간 기업이 투자비를 회수하고 적정한 이윤을 얻을 수 있는가가 사업 성공의 핵심이라고 할 수 있다.

④ 기금

국민체육진흥공단이 경륜 및 경정사업을 통해 조성한 자금으로 체육 관련 다양한 분야에 이 기금을 지원해 주고 있다.

(2) 간접금융을 통한 자금조달

간접금융을 통한 자금조달이란 일반 투자자들로부터 스포츠기업이 직접 자본을 제공받지 않고 은행이나 투자회사 같은 금융기관을 통해 간접적으로 자금을 조달하는 방법을 말한다. 이러한 간접금융 자금조달 방법으로는 은행차입, 매입채무, 기업어음 발행 등이 있다.

① 은행차입

은행차입은 특수은행을 제외한 대부분의 은행에서 조달할 수 있기 때문에 우리나라의 경우 은행차입은 주로 단기자본조달의 원천으로서 기업의 주된 자금원이 되어왔다. 일반적으로 은행은 돈을 빌리고자 하는 스포츠기업의 신용을 기준으로 신용대출한도를 설정하여 운영하고 있다.

② 매입채무

매입채무란 기업이 제품이나 원재료 등을 구입할 때 그 구입 비용을 즉시 지급하지 않고 연기함으로써 발생하는 채무를 말한다. 이것은 거래 당사자들 간의 계약에 의해 체결되기 때문에 거래신용이라고도 불린다. 이러한 매입채무는 기업회계의 대차대조표상에는 외상매입금과 지급어음의 형태로 나타난다.

외상매입금이란 기업의 신용을 전제로 제품구입비 지급을 일정 기간 연기받는 것이며, 지급어음은 채무의 증거로 제품 구매자가 발행하여 구입에 관한 대가로 발행해준 어음으로 법적 구속력을 갖는다. 매입채무는 기업 간의 신뢰가 쌓여갈수록 점점 증가한다.

③ 기업어음

기업어음은 기업이 발행한 약속어음을 말한다. 기업어음을 발행하여 판매하면 필요한 자본을 쉽게 조달할 수 있기 때문에 보편적으로 많이 이용되고 있는 자본조달 방법이다. 기업어음을 발행하고자 하는 대부분의 기업은 투자금융회사, 종합금융회사 및 일반 시중은행 등의 중개기관을 통하여 이를 판매한다. 기업어음은 단기적 자본조달 수단으로 은행대출에 비하여 담보제공을 비롯한 번거로운 수속절차 없이 수시로 자본을 조달할 수 있다는 점에서 편리하다.

④ 리스 금융

기업이 생산에 필요한 설비와 건물과 같은 자산을 직접 소유하는 것이 일반적이며 자산을 소요하기 위해서는 구입에 소요되는 자금을 조달하여야 한다. 그러나 리스 금융을 사용할 경우에는 자산을 소유하지 않고도 소유하는 경우와 동일한 자산의 사용권을 확보하기 때문에 자금조달의 부담을 갖지 않는 장점이 있다. 따라서 리스의 주요 관심사는 그 사산을 이용하는 것이 아니라 기업의 입장에서 보면, 자산사용권을 자산의 구입이나 리스계약을 통해 얻을 수 있기 때문에 리스계약은 자산의 구입과는 서로 대체적인 자산사용권의 획득수단이 되며 자산구입에 필요한 자금을 조달하는 효과를 얻는다.

- 리스의 유형

□ 운용리스:

운용리스는 서비스 리스라고도 하는데 임차인이 필요로 하는 자산을 1~5년의 비교적 단기간 동안 임차하는 리스 형태를 말한다. 운용리스는 자산 확보를 위한 자금조달의 측면보다는 자산의 효율적인 이용이라는 성격이 강한 리스 형태이다. 즉 컴퓨터, 복사기, 헬스클럽 장비 등 자산의 성격상 모델이나 기술의 발전 속도가 아주 빨라서 진부화의 위험이 매우 큰 자산이나, 또는 항공기나 선박같이 구입 가격이 비싼 자산이 그 대상이 된다.

□ 금융리스:

특정 자산을 필요로 하는 사람이 정기적으로 그 자산의 사용권을 확보하기 위해 임대인과 장기사용계약을 맺는 형태의 리스이다. 금융리스는 서비스 리스로 분류하는 운용리스와 다르게 자본 리스라고 하는데, 그 성격상 자산 구입을 위한 자금을 조달하는 대체적인 수단으로 이용되는 리스이기 때문이다.

□ 금융리스와 운용리스의 장단점 비교:

금융리스의 경우에는 부채로 계상되어 부채 대체효과를 가지며, 리스 사용료도 원금상환 부분과 이자 부분으로 분리하여 이자 부분에 대해서만 비용으로 인정되어 실질적으로 부채를 조달하는 것과 같다. 또한, 임대회사인 리스회사가 리스계약으로 자산을 취득할 때 취득세를 납부할 뿐만 아니라 임차회사가 리스계약으로 자산을 취득할 때 다시 취득세를 납부하여야 하므로 이중적 세금부담을 갖게 된다. 그러나 대부분의 리스계약은 대출계약보다 규제조건이 적으며 특정 자산을 구입하기 위한 자금을 조달하기 위하여 회사채를 발행하거나 차입금을 교섭하는 등의 절차적인 번거로움이 적으며 취득자산을 담보로 하여 대출을 받는 것과 같은 효과를 갖는다. 운용리스의 경우 대차대조표상에 부채로 계상되지 않아서 명시적인 부채 대체효과를 갖지 않기 때문에 장부상의 자금조달 여력을 해치지 않으면서 자산을 도입할 수 있는 장점이 있다. 그러나 운용리스는 임대회사의 기술적 진부화에 관한 위험 때문에 리스 사용료가 은행 금리보다 비싼 경우가 많으며, 어떤 특정 기계나 설비의 구입을 통해 가속상각이 가능한 경우에 감가상각을 통한 법인세 절약의 효과를 보지 못하는 경우도 있다.

- 리스의 장점

□ 자금조달상의 이점

자산 구입에 따르는 일시거액의 자금지출을 피할 수 있다. 리스는 은행차입의 경우와는 달리 임차하는 기업에 자산의 매입대금과 일체의 구입 부대비용을 포함한 소요자금의 100% 융자효과를 가져다준다. 또한, 운용리스의 경우 리스료만 손익계산서에 비용으로 계상되고 해당 자산의 가격은 대차대조표에 부채로 계상되지 않는 부외금융효과를 얻을 수 있다.

□ 세제상의 이점

일정 기간마다 지급하는 리스료는 세법상 손비로 처리되어 법인세 감세효과가 있다.

□ 유동성 유지

필요자금을 전액 조달하여 자산을 직접 구입하는 경우에는 유동성 유지에 문제가 초래될 수 있다. 그러나 리스는 자산 구입에 소요되는 자금 전액을 조달받는 효과를 가져다주므로 유동성 유지에 많은 도움을 준다.

□ 불확실성의 감소

기술혁신에 따라 진부화의 위험이 높아지는 현실에서 기업이 소유하고 있거나 필요로 하는 기계설비, 사무기기 등 필요로 하는 자산을 직접 소유하지 않고 중도해약이 가능한 운용리스를 통하여 이를 필요한 기간 동안만 이용함으로써 기술혁신에 따른 진부화의 위험을 회피할 수 있다. 그러나 금융리스의 경우에는 임차인이 진부화의 위험을 부담하게 된다.

□ 거래비용의 측면

리스는 자산을 직접 구입하는 경우에 비해 거래비용이 크게 절약된다. 예를 들어 어떤 기업이 상품 수출을 위해 향후 3개월 동안선박이 필요하다 하자. 이 경우 선박을 구입하여 3개월간 사용한후 3개월 후에 다시 판매할 때 드는 거래비용보다 리스하는 경우비용부담이 훨씬 저렴할 것이다. 그러나 리스를 하는 경우에는 대리비용이 발생하게 된다. 즉, 임차인은 임대인과는 달리 자산의 잔존가치에 관심이 없으므로 수선, 유지에 신경을 덜 쓰게 되고 과도하게 이용하거나 함부로 이용할 수 있다. 또 임대인은 이러한 임차인의 행동을 감시하는 데 비용이 발생한다. 따라서 리스는 자산의구입과 재판매에 따른 비용이 리스에 따른 대리비용에 비해 클 경우에 효과적이다.

- 리스의 단점

□ 높은 리스료

리스료는 일반적으로 같은 금액을 은행에서 차입하는 경우 지불해야 하는 이자 금액보다 비싸다. 임차인이 부담하는 리스료에는 임대인이 은행차입을 통하여 자산을 구입했을 때 발생하는 차입금에 관한 이자, 리스 대상자산의 감가상각비, 보험료를 비롯한 일반 관리비용 이외에도 리스회사의 이익이 포함되어 있기 때문에 리스료는 은행차입비용보다 높게 나타나는 것이 보통이다.

□ 잔존가치 권리 포기

리스계약 경과 후 자산의 잔존가치에 관한 이익을 누릴 수 없다. 리스 대상자산의 소유자는 임대자이므로 계약 기간 종료 시 리스 대상자산의 잔존가치가 크거나 앞으로서의 사용 가능 연수가 길수록 임대인에게는 유리하나 임차인은 불이익을 감수할 수밖에 없다. 운용리스의 경우 임차인인 기업이 리스계약 기간 동안 지불한 리스료의 총액이 해당 자산의 구입 가격을 초과하는 경우에는 계약 기간이 끝나면 자산의 소유권이 임대인에게 있으므로 임차인은 매우 불리한 입장에 있다. 그러나 금융리스는 계약종료 시 리스 자산을 시장가치보다 낮은 가격으로 구입할 수 있는 선택권을 통하여 운용리스의 경우와 같은 불이익을 회피할 수 있다.

제9장

스포츠경영의 재고관리

스포츠 제품의 원천에서 최종 소비 시점까지의 흐름을 원활하게 하는 핵심활동들은 전반적으로 재고관리의 일부분으로 인식될 수 있다. 즉 스포츠경영에 있어 재고관리는 고객서비스 시스템의 산출물로서 적절한 제품을 적절한 위치에 적절한 고객에게 적절한 상태를 유지하면서 적시에 가장 낮은 비용으로 전달하는 것을 포함하며 탁월한 고객서비스는 고객 만족을 유발하며 고객 만족은 전체 스포츠경영 목표의 산출물이 된다. 따라서 재고수준과 재고에 투자된 자본, 보관비용, 노후화 등을 포함하는 재고유지비용 등에 관한 재고관리는 스포츠경영 기업의 특별한 관리가 요구된다. 이처럼 재고관리는 고객과 기업의 접촉에서 가장 핵심적인 분야이기 때문에 기업에 관한 고객 인식과 고객 만족에 막대한 영향을 미친다.

1. 재고관리 전략의 의미

스포츠경영에 있어 재고관리의 개선 효과를 극대화하기 위해서는 재고활동을 전략적 시각에서 접근하여야 하며 재고의 요소들이 하나의 통합된 단위로 활동할 때 재고는 스포츠경영 기업의 핵심적 역량으로서 중요한 전략적 위치를 점할 수 있다. 재고전략은 스포츠 시장에서 유지해야 하는 서비스 수준을 재고비용을 고려하여 전략적으로 결정하는 작업으로 기업 전체의 전략적 목표, 마케팅전략, 고객서비스 충족수준, 경쟁자의 비용 대 서비스 관계 등을 고려하게 된다. 최근 국내 스포츠제조업의 상당히 큰 비용이 재고관련 비용으로 소요되고 있다는 점은 스포츠경영자에게 재고관리 활동이 더 이상 운영적 차원에서 다루어져서는 안 되며 재고관리에 관한 전략적 사고가 필요함을 시사하고 있다.

2000년 이전 재고관리의 기능은 원자재나 부자재 및 완제품의 물리적 분배 및 운송이라는 개념으로 인식하였다. 그러나 최근 들어 경영자들이 공급사슬관리가 기업의 경쟁력 확보 및 수익률 제고에 많은 영향을 미치고 있다는 점을 깨달은 후부터는 재고관리 활동을 스포츠경영의 전략적인 과제로 받아들이고 있다. 미국의 세계적 유통업체인 월마트(Wal-Mart)가 어떻게 항상 저렴한 가격에 탁월한 서비스로 상품을 판매할 수 있는지에 관한 연구 결과 월마트 경쟁전략의 핵심은 재고수준을 최저로 유지하면서 제품을 적시에 보충하는 방법을 찾아내는 데 있음을 발견하였다. 즉, 재고관리 전략이 월마트가 내세우는 'Everyday Low Price' 슬로건을 뒷받침하고 있다. 이처럼 효과적인 경영을 위해 재고관리 활동의 전개가 세계적인 유통업체의 경쟁전략의 핵심이 되고 있다는 사실은 현대기업 활동에 있어 재고관리 전략이 핵심이라는 것을 잘 표현하고 있다.

재고관리가 전략적 경영에서 중요한 것은 기업 활동에 있어 각 영역 간의 조화와 균형을 이루는 것인데 기업의 장기적인 활동과 단기적인 활동 사이에 균형적 역할을 담당하고 있기 때문이다. 경영전략은 기업의 모든 주요 기능들을 연계시켜 포괄적으로 실행되어야 한다는 점을 고려할 때 전략의 전개에 필요한 조화와 균형을 유지하는 기능이 재고관리에 있다는 것이다. 이러한 맥락에서 재고관리 활동이 잘 이루어지고 있다는 의미는 스포츠경영 기업의 제품, 서비스 등과 관련 있는 수많은 개별 요소들이 완벽하게 조화를 이루고 있으며 동시에 전체로서 통합이 잘 관리되고 있다는 것을 의미한다.

2. 재고관리

끊임없는 수요공급의 불확실성 및 변동에 따라 기업이 제공하는 많은 제품에 관한 재고를 제거할 수 없다면 재고를 발생시키는 요인들을 가능한 한 최대로 줄여야 한다. 그러나 재고 외에 별도로 적절한 재고유지나 재고보유가 요구되는 형태도 존재하는데 이러한 상황은 다음의 재고보유 이유와 형태에 의한 관리가 요구되기 때문이다.

(1) 재고보유의 이유와 형태

① 안전(Safety)재고

안전재고는 공급사슬 내에 존재하는 불확실성에 대비하기 위하여, 즉 갑작스러운 고객의 수요나 보충주문을 받을 때 재고가 품절되는 것을 원하지 않기 때문에 미리 안전한 재고를 유지하는 것을 말한다. 일반적으로 불확실성 수준이 높으면 높을수록 요구되는 안전재고의 수준은 높아진다. 따라서 스포츠경영 기업은 안전재고를

확보하여 고객 만족과 운영 효율화를 위하여 안전재고를 확보하여
야 한다.

② 주기(Cycle) 재고

주기 재고는 제품을 주문하는 주기의 기간에 걸쳐서 제품 수요에
맞추도록 요구되는 재고이다. 즉 작은 양을 계속 주문하는 것보다
는 큰 양으로 적게 주문하는 것이 바람직하기 때문에 주기 재고가
존재한다. 그러나 재고를 가지고 있는 것이 비용 면에서 훨씬 효율
적이어야 한다.

③ 계절적(Seasonal) 재고

미래수요를 기대하며 제품을 재고로 쌓아두기로 결정할 때, 즉
미래수요가 생산능력보다 초과할 것이라면 수요가 낮은 기간에 제
품을 생산하여 미래의 높은 수요에 맞추기 위해 재고로 가지고 갈
수 있다. 따라서 스포츠경영 관리자는 수요와 공급에 관한 예측을
통해 계절적 재고를 고려하여야 한다.

(2) 재고원인 제거 및 완화

세계를 선도하는 글로벌 기업들은 가능하면 재고 발생의 원인을
제거하기 위하여 많은 노력을 기울이고 있다. 재고 제거를 위한 방
안의 일환으로 주문량을 통합하고 예측의 정확도를 높여 재고를 완
화시킬 수 있다.

① 주문량 통합(Customizing)

고객의 구체적인 주문이 발생한 후에 이루어지도록 제품이 설계
된다면 기본제품은 단일의 대량형태로 보관될 수 있으며 재고 절감
과 동시에 서비스도 크게 개선될 수 있다.

② 예측정확도 개선

주문 및 시장 수요와 공급에 관한 보다 정확한 예측은 안전재고
량을 줄이게 한다.

(3) 보유 재고 최적량 결정

스포츠경영자는 재고 발생의 원인을 모두 제거할 수 없으므로 얼
마만큼의 재고를 보유할 것인가에 관한 의사결정을 해야 한다. 이
는 재고를 보유함으로써 발생하는 모든 관련 비용들을 고려하여야
하는데 재고와 관련하여 고려해야 할 비용에는 구매단가, 주문비용,
재고유지비용, 품절비용이 있다.

① 구매단가

구매단가는 일정 기간 동안의 총 구매비용을 산정하게 되고 재고
유지비용이 주로 구매단가에 의하여 좌우되기 때문에 구매단가를
고려하여야 한다.

② 재고유지비용

재고유지비용은 실제로 재고를 보유함으로써 발생하는 제 비용
을 말한다. 재고를 보유함으로써 직접 발생하는 비용으로는 창고비,

세금, 보험료, 고장 및 파손, 도난 재고에 묶인 자금에 관한 기회비용 등을 들 수 있다. 재고유지비용은 자금이 재고에 묶여 수익률이 높은 사업에 투자를 포기해야 하는 경우로 인한 자본의 기회비용에 큰 영향을 미치게 된다.

③ 주문비용

내외부로부터 주문을 획득하는 과정에서 비용이 발생하는 것으로 주문처리 및 발송비용, 수송비, 검사비, 관련 인건비 등이 있다. 주문비용은 대개 주문의 크기보다는 주문 횟수에 의하여 더 직접적인 영향을 받는다. 따라서 주문량이 커질수록 연간 총 주문비용은 감소하나 평균 재고가 증가하여 재고유지비용이 상승하게 된다.

④ 품절비용

품절비용은 재고를 불충분하게 보유하여 발생하는 것으로, 즉 물품의 결손으로 고객의 주문에 즉각적으로 응하지 못하여 발생하는 부재고(backorder) 비용, 판매 유실에 의한 이윤감소, 그리고 신용저하로 인한 미래의 이윤감소를 들 수 있다. 부재고가 발생하면 독촉비용, 긴급처리비용, 특별발송 및 포장비용 등이 발생하게 되며 품절에 관한 고객의 반응이 어떠하든지 빈번한 품절은 신용의 실추를 유발하여 고객은 다시 물품을 구입하러 오지 않을 수도 있다.

(4) 수요에 따른 재고관리

스포츠 시장의 변화와 소비자의 소비 경향의 다양성에 의해 내외부적 시장 수요에 의해 재고관리가 효율적으로 관리되어야 한다. 따라서 재고시스템에서는 총재고 관련 비용을 최소화하도록 재고품목의 주문 시기와 주문량을 결정해야 한다. 재고품목의 주문 시기와 주문량 결정을 위한 재고시스템은 수요와 조달 기간이 확정적이냐 또는 확률적이냐에 따라 확정적 모형과 확률적 모형으로 구분된다.

① 확정적 재고모형

시장의 수요와 조달 기간이 일정하다고 가정할 때 주문량을 결정하는 것이 확정적 재고모형이다. 재고에 있어 가장 기본적인 경제적 주문량(EOQ: economic order quantity) 모형은 재고 주문비용과 재고유지비용의 합을 최소화하는 것으로서 1915년 해리스(W. Harris)에 의해서 고안되었다. 예를 들어 드레포스 골프장이 골프클럽 재고정책을 수립하려고 한다. 관련 자료를 토대로 드레포스 골프장의 골프클럽의 경제적 주문량, 연간 최소비용, 연간 최적 주문 횟수, 최적 주문주기 및 재주문점을 구해보자.

연간 수요(D) = 1,000 세트/연

일간 수요(d) = $\dfrac{1,000}{365}$ 세트/일

주문 비용(S) = 1,000원/회

연간 세트당 재고 유지비용(H) = 200원/세트×연

조달 기간(L) = 5일

경제적 주문량(Q) = $\sqrt{\dfrac{2DS}{H}}$ = $\sqrt{\dfrac{2(1,000)(1,000)}{200}}$ = 100세트

연간 최소 비용(TC) $= \dfrac{DS}{Q} + \dfrac{QH}{2}$

$= \dfrac{(1,000)(1,000)}{100} + \dfrac{(100)(200)}{2}$

$= 10,000 + 10,000 = 20,000$원

연간최적 주문횟수(N) $= \dfrac{D}{Q} = \dfrac{1,000}{100} = 10$회

최적 주문주기(T) $= \dfrac{1}{N} = \dfrac{1}{10}$년 $= 36.5$일

재주문점(R) $=$ d×L $= (\dfrac{1,000}{365})(5) = 14$세트

따라서 드레포스 골프장은 골프클럽 재고수준이 14세트에 도달할 때마다 100세트씩 36일마다 연간 10회 주문하면 가장 경제적 주문이 된다.

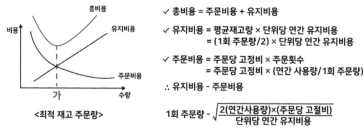

경제적 주문량 모형: EOQ: Economic Order Quantily

② 확률적 재고모형

확정적 재고모형에서는 수요가 확실하며 일정하다고 가정하였으나 현실에 있어서는 수요는 확정적이 아니며 확률적으로 발생한다. 확률적 재고모형이란 수요와 조달 기간이 일정치 않은 불확실한 수요에 대처하는 모형이다. 확률적 재고모형은 수요의 불확실성 때문에 안전재고를 어느 정도 확보하고 언제 주문해야 할 것인가를 결정해야 한다. 안전재고는 서비스 수준에 의해 결정된다. 서비스 수준을 높이면 고객에게 만족감을 줄 수 있으나 안전재고량이 늘어나 재고유지비가 증가하게 된다. 예를 들어 드레포스 골프장이 골프클럽 재고정책을 수립하려고 한다. 관련 확률적 재고모형 자료를 토대로 주문량, 재주문점과 안전재고를 산출해 보자.

1일 평균수요(d) = 200세트/일

1일 수요의 표준편차(σ) = 150세트

조달 기간(L) = 4일

요구되는 서비스(만족도) = 95%

1회 주문비용(S) = 2,000원/회

연간 세트당 재고유지비용(H) = 200원/세트×연

연간영업일 수(yd) = 250일

95% 서비스 수준에 해당하는 (Z) = 1.65

연간 평균 수요(D) = yd×d = 250(200) = 50,000세트/연

경제적 주문량(Q) = $\sqrt{\dfrac{2DS}{H}}$ = $\sqrt{\dfrac{2(50,000)(2,000)}{200}}$ = 1,000세트

조달 기간 동안의 평균수요(μL) = d×L = 200(4) = 800세트

조달 기간 동안의 수요 표준편차(σL) = $\sqrt{4(150)^2}$ = 300세트

재주문점(R) = $\mu L + Z + \sigma L$ = 800+1.64(300)

  = 800+495

  = 1,295세트

안전재고(S) = Z^{σ} = 1.65(300) = 495세트

확률적 재고모형 산출식에 의한 결과는 드레포스 골프장은 제품 주문 고객의 만족도 95%를 유지하면서 경제적 주문량은 1,000세트, 재주문점은 1,295세트, 안전재고를 위해 495세트 물량을 유지하여야 한다.

3. 공급사슬 관리(SCM: Supply Chain Management)

치열한 글로벌 경쟁 환경하에서는 핵심역량의 공유를 통한 강한 경쟁력을 지닌 기업만이 생존할 수 있는 상황이다. 이러한 차원에서 스포츠제조업체와 공급업체 그리고 고객 등이 마치 사슬처럼 엮여 서로 긴밀한 협조체제를 이루어 공동 운명체를 형성하는 새로운 공급사슬 관리가 요구된다. 기업은 가능한 한 적은 비용으로 세계 최고 수준의 제품을 만들어 내지 않으면 안 되기 때문에 이제 기업 간의 경쟁이 아니라 공급사슬 간의 경쟁이 불가피하게 되었다. 이러한 맥락에서 스포츠경영 기업의 경쟁력을 키우기 위해서는 제조업체, 공급업체, 고객 등이 혼연일체가 되어 비용 절감, 기술력 향

상 등 강한 경쟁력을 확보해야만 지속가능경영이 가능하다. 공급업체에서는 많이 팔면 좋지만, 문제는 공급한 물품의 결제는 물품이 사용되는 시점을 기준으로 하기 때문에 자금 수급에 막대한 차질을 빚게 된다. 이러한 상황에서 공급업체들은 만성적인 자금난에 허덕일 수밖에 없으며 전체적으로 보면 심각한 자원의 낭비를 초래하고 이는 경쟁력을 떨어뜨리는 원인이 된다. 공급사슬관리는 이와 같은 불합리한 요소를 시스템적으로 철저히 배격하자는 개념이다. 스포츠제조업체들의 가장 큰 골칫거리 중 하나인 과잉재고의 경우 제조업체, 공급업체, 고객 등이 서로의 정보를 투명하게 볼 수 있다면 간단히 문제가 해결될 수 있다. 즉 공급업체가 제조업체의 생산현황을 투명하게 볼 수 있다면 적기에 적량을 납품할 수 있어서 과잉생산으로 인한 과잉재고에 관한 문제에 대하여 더 이상 우려를 하지 않아도 된다. 제조업체 역시 고객의 정보를 마치 자기 기업 시스템에서 검색하듯이 활용할 수 있다면 필요 이상의 생산을 할 필요가 없게 된다. 공급사슬상에 존재하고 있는 기업군은 서로 자기 기업의 정보를 투명하게 공개하고 상대기업은 이러한 정보에 의거하여 자재 및 제품의 생산이나 납품계획을 수립하고 재고를 최소화시키게 된다. 과거 1980년대에는 기업의 업무형태가 기능 중심적이던 것이 1990년대에는 프로세스 중심으로 그리고 최근 2000년부터는 공급사슬(supply chain) 중심으로 변화하고 있다.

기업 업무형태의 변화

1980년대 후반 미국을 중심으로 전개된 경영혁신 운동(BPR: Business Process Reengineering)의 추진성과가 저조한 경우가 발생하는데 이러한 결과는 정보기술이 뒷받침하지 않았기 때문으로 지적되고 있다. 이와 같은 경영혁신운동을 토대로 첨단 정보기술을 활용하여 패키지로 구현한 것이 전사적 자원관리(ERP: Enterprise Resource Planning)가 대두되었다. 이후 공급사슬(SCM: Supply Chain Management)이란 용어는 비교적 최근에 등장한 개념인데 그 개념은 수주, 생산, 판매, 구매, 재고, 배송, 고객관리 등이 공급사슬에 의해 통합적으로 운영되어야 한다는 것이다. ERP가 기업 내 전사적 자원의 효율적인 활용을 위한 최적의 시스템이라고 한다면 SCM은 이보다 넓은 개념으로 기업과 기업 간의 자원, 정보, 자금 등을 통합 관리하여 이해관계에 있는 모든 기업의 최적화를 도모하는 데 주목적이 있다. 지금까지의 경영혁신 기법은 주로 기업 내의 전략, 구조, 기능 등의 개선 및 혁신에 중점을 맞추어 왔다면 SCM은 기업 내뿐만 아니라 기업 간 부문까지를 관심 영역으로 두고 있다. 즉 공급자, 자사, 고객을 모두 통합하여 하나의 라인으로 연결하고자 하는 것이다. SCM은 정보시스템과 파트너십을 기반으로 하여 공급자, 자사, 고객 모두가 이익이 되는 것을 목표로 하고 있다.

(1) 공급사슬의 정의

SCM은 원재료로부터 고객에 이르기까지의 전 과정을 공급사슬이라고 하며, 각 부문 사이의 물류, 정보, 자금의 흐름을 총체적으로 관리하여 공급사슬의 효율을 증가시키는 전략이다. 공급사슬에 있어서 주요한 관리원칙은 크게 두 가지이다.

① 공급사슬 내 투명성(정보 공유)

공급사슬에서 가장 역동적인 것은 황소 채찍 효과(Bullwhip effect)라고 불리는 현상이다. 공급사슬의 맨 앞에 위치한 고객 제품 수요의 조그마한 변화가 공급사슬의 뒤로 가면 갈수록 점점 크게 변동하게 되는 것은 무엇 때문일까? 즉, 기업들은 처음에는 제품 부족, 후에는 초과 제품공급을 일으키는 식의 행동을 한다. 이러한 사이클은 강력한 시장 수요가 제품의 부족을 가지고 올 때 시작한다. 즉 어느 시점에서 수요가 변화하든지 제품의 공급이 수요수준을 초과하게 된다. 유통업자와 제조업자는 공급이 수요를 초과하는 것을 인식하지 못하고 제품 만드는 것을 계속한다. 마침내 제품의 재고가 너무 많아지게 되면 제조업자는 공장을 폐쇄하고 근로자들을 해고한다. 유통업자는 가치가 하락한 재고가 넘치게 되고 이를 소진하는 데 애를 먹게 된다. 최종사용자의 정보가 데이터 대신에 접수된 주문을 기준으로 수요예측을 하는 것은 본질적으로 공급사슬로 이동함에 따라 더욱더 부정확하게 될 것이다. 따라서 수요 예측에서 이러한 왜곡을 방지하는 한 가지 방법은 공급사슬 내의 모든 업체가 예측할 수 있는 공통된 수요데이터를 공유하는 것을 원칙으로 한다.

② 고객 주문을 바탕으로 생산

생산이 고객의 주문에 의해 결정됨에 따라 기업은 최종제품 재고를 갖고 있는 것이 어렵게 되었다. 반면 기업은 실재 고객 주문을 받았을 때 최종조립 프로세스에 들어갈 수 있는 부품과 표준품의 재고를 구축함으로써 개별적 고객 주문의 생산을 준비할 수 있도록 경영자의 관리가 주요원칙이 된다.

제10장

스포츠경영의 인사관리

1. 스포츠경영 인사관리의 정의

과거 기업의 경쟁우위를 가져다준 주된 원천은 재무적 자원의 조달, 경영능력과 기술적 능력이었다고 해도 과언이 아닐 것이다. 그러나 글로벌 시대, 국경 없는 무한경쟁의 기업경영환경에서의 성공한 기업이 공통으로 갖는 특징은 무엇일까? 초경쟁 시대에 조직의 경쟁력을 좌우하는 핵심요인은 인재관리에 있다. 많은 기업에 있어 경쟁우위를 유지하는 원천은 혁신을 실행하는 능력을 갖춘 조직구성원, 즉 사원을 빠뜨릴 수 없다. 경쟁력 있는 기업이 핵심역량을 가지고 있다는 개념은 경영자원에 관한 논의를 통해 알려져 있다 (핀풀, 2022, 네이버 지식백과). 즉 인적자원관리는 기업의 사업전략을 보강하는 것이며 기업의 독자적 인사관리가 경쟁력을 낳고 있다. 이러한 맥락에서 스포츠경영의 인사관리는 조직구성원들이 각자의 능력을 최대한 발휘하여 좋은 성과를 거두도록 관리하는 일, 스포츠조직체가 보유한 인적자원의 효율적 이용을 위하여 수행하는 일련의 계획적, 체계적 조직 활동으로 정의된다.

승진 (Promotion)	채용 (Hiring)	퇴직 (Retirement)	임금 (Wage)
· 상위 직위 이동 · 배치전환 · 근로의욕 증진 · 잠재능력 발휘	· 인원계획 기초 · 양적&질적 배치 · 체계적 훈련 · 객관적 평가	퇴직 직전 3개월 평균임금 기준으로 계산하며, 1년에 대해 30일분 이상 의 평균임금을 퇴 직금으로 지급	· 근로의 대가 · 지급조건 명백 · 근로시간이나 　생산량에 근거

인사관리

스포츠경영에 있어 인사관리의 기본은 사람을 어떻게 움직일 것
인가? 어떻게 구성원을 통해 스포츠조직체, 경영체의 목표를 달성
할 수 있는 것인가? 하는 문제가 된다. 이처럼 인사관리에 관한 개
념 자체가 최근 스포츠조직, 기업의 부가가치 창출을 위한 생산요
소의 하나로 인력 또는 노동력이라는 인식에서 스포츠 기업의 전략
적 목표를 달성하는 데 가장 핵심적 역할을 담당하는 전략적 자산
으로 강조되고 있다. 따라서 스포츠경영의 인적관리는 조직 목표를
달성하는 데 기여할 수 있는 구성원들의 잠재적 능력을 조직의 전
략적 자산이 될 수 있도록 육성, 개발함과 동시에 전략적 자산이
스포츠조직의 전략적 목표를 달성하는 데 기여하도록 체계적으로
운영하는 조직적 활동으로 정의할 수 있다.

2. 스포츠경영 인사관리 내용

스포츠 기업은 시장환경과의 상호관계 속에서 부가가치를 창출하며 존속하고 성장할 수 있다. 조직의 부가가치를 창출하는 원천은 스포츠 기업이 보유하고 있는 인적자원으로 이들 자원을 효율적으로 활용하여 부가가치를 창출하는 것이 바로 조직경영이다. 전통적으로 조직경영을 위한 인사관리 내용은 인적자원계획(인적자원의 수요공급계획, 직무분석, 핵심역량 파악 등), 인적자원육성(모집, 선발, 배치, 교육훈련, 업적평가 또는 인사고과 등), 인적자원활용(직간접 보상 및 복지 후생관리, 성과급제, 근로조건관리 등) 등이 포함된다. 이러한 일련의 활동을 통해 스포츠조직은 구성원들에게 필요한 지식과 기술을 습득시키게 되고, 또한 스포츠조직의 목표를 달성하기 위해 구성원들의 노력을 유도하고 강화하는 여건을 조성함으로써 조직성과를 증대시킴과 동시에 구성원들의 만족도를 증대시킬 수 있다.

인적자원
출처: callistohr.co.kr.webDecorum

(1) 스포츠경영의 인적자원계획 활동

조직경영을 위한 인사관리 내용 중 인적자원계획 활동은 인적자원육성과 인적자원 활용을 기초로 제공되는 활동이다. 즉 스포츠경영 조직 내 구성원을 육성하고 활용하기 위한 사전준비 과정으로 인적자원의 수요공급계획, 직무분석, 핵심역량 파악 등이 포함된다. 따라서 스포츠경영자는 조직경영목표 달성을 위해 요구되는 인적자원의 채용과 배치, 활용에 관한 전망과 대책에 관한 계획을 강구하여야 한다. 이러한 인적자원계획(human resource planning)은 스포츠조직의 전반적인 전략적 계획에 기초하여 수립될 수 있다. 이른바 인적자원의 수요공급계획을 통한 수급전망을 수립함으로써 스포츠조직의 전략적 목표를 성공적으로 수행할 수 있는 구성원의 양적 질적 수준을 추정하게 된다. 결국, 이러한 정보는 스포츠조직의 구성원 모집, 선발 활동과 교육훈련 계획의 입안을 위한 기초자료를 제공해 준다.

인적관리를 위한 직무분석(job analysis)은 스포츠조직 내의 각 직무와 관련된 정보와 체계적 수집과 분석 활동을 말한다. 직무분석을 통해 얻은 직무 관련 정보는 인적자원관리와 관련된 모든 활동에 요구되는 기초 활동이 된다. 직무의 신입사원을 모집하는 자격요건의 설정과 담당자를 선발할 수 있는 선발기법 결정, 교육프로그램 개발, 임금체계의 설정, 생산성 향상 프로그램 도입을 위한 성과 기준의 설정 등을 위한 중요한 정보를 제공해 주게 된다. 핵심역량(core competences)의 설정은 각 직종별로 조직이 경쟁우위를 유지하기 위해 요구되는 핵심역량 평가를 통해 향후 스포츠경영조직이 필요로 하는 경쟁력을 갖춘 인재상을 설정하는 데 활용된다. 즉 높은 성과를 올린 인재의 행동특성을 조사 분석하여 그 행동특성에 의해 밝혀진 행동능력을 몇 개의 키워드로 모델화한 것으로 이는 곧 조직이 기대하는 인재상의 내용을 형성하는 것이다.

(2) 스포츠경영의 인적자원육성 활동

스포츠경영 조직은 인적자원육성 활동을 통해 조직 목표달성을 위해 요구되는 인재를 확보, 조달할 수 있게 된다. 즉 스포츠경영 조직이 필요로 하는 인재를 모집, 선발, 배치하는 활동을 말한다. 모집활동(recruitment)의 목표는 적절한 후보군을 적은 비용으로 신속하고 적법하게 모집하는 것이며 선발, 배치는 모집된 후보자들에 관한 적절한 선발기법의 적용과 평가를 통해 가장 적합한 인재를 선발하여 배치하는 활동을 말한다.

이렇게 모집, 선발, 배치된 인적자원의 핵심역량을 증대시키기 위한 노력이 바로 인적자원개발 활동이 되며, 이는 핵심역량을 중심으로 하는 스포츠조직의 인재상 구현을 통해 조직구성원들의 현재와 미래의 직무성과를 높이기 위한 계획적이고 체계적인 학습활동을 의미한다.

스포츠경영 조직구성원의 직무성과를 높이기 위한 훈련(training)은 주로 현재 담당 직무를 효율적으로 수행하기 위한 지식과 기술의 습득에 초점을 둔다면 개발(development)은 주로 미래 담당하게 될 직무의 효율적 수행을 위한 지식과 기술의 습득에 초점을 두고 있다.

스포츠경영 조직구성원들에 관한 업적평가(performance evaluation)를 통해 조직은 직무담당자 직무수행의 적절성 여부를 평가하

여 그 결과를 담당자에게 피드백함으로써 직무수행 향상을 추구할
수 있다. 평가결과의 피드백을 통해 적절한 성과 행동은 더욱 장려
되고 부적절한 행동은 수정될 수 있다. 업적평가의 결과는 직무담
당자 직무수행능력의 개선뿐만 아니라 승진, 강등, 해고, 급여인상,
인센티브 등과 같은 인사활동의 자료로 활용될 수 있다.

(3) 스포츠경영의 인적자원 활용 활동

스포츠경영 조직구성들의 인적자원 활용 활동을 통해 조직구성원
들의 성과 지향적 행동을 촉진하고 경쟁우위의 원천을 지속적으로
유지할 수 있는 기초를 확보할 수 있다. 조직구성원의 성과 지향적
행동을 유도하기 위한 보상(compensation) 활동은 직접보상으로서
의 임금관리와 간접보상으로서의 복지후생 관리로 이루어질 수 있
다. 즉 임금(salary)은 개인이 보유하고 있는 능력이나 조직 목표달
성에 기여한 업적에 따라 차등적으로 지급되는 것인 반면, 복지후생
(fringe benefits)은 조직구성원 자격을 보유하고 있는 구성원에게 임
금 이외의 후생증진을 위한 부가 급부로서 운영된다. 스포츠경영 조
직의 재정적 지불 능력의 범위 내에서 이루어지는 보상활동을 통해
조직은 유능하고 충성스러운 인적자원을 유지할 수 있게 된다. 그뿐
만 아니라 조직구성원들의 생산성 향상 활동을 촉진하고자 성과 창
출 행동과 대가(rewards)를 결부시켜 상여금이나 임금인상과 같은
금전적 대가와 직무 만족도 개선과 같은 비금전적 대가를 제공한다.

스포츠경영 조직의 인적자원관리는 조직내외부의 다양한 요인에
의해 영향을 받으며 이러한 조직 외부의 영향요인으로는 경제적,

사회적, 기술적 변화와 근로기준법을 비롯한 각종 법률적 영향요인 등이 있다. 따라서 외부적 환경요인의 요구에 적절히 대응하여야 하며 더 나아가 세계화(globalization)의 진전으로 인한 국제적 전개에 적합한 인적자원관리 방안이 강구되어야만 한다. 조직 내부의 영향요인으로는 조직구성원들의 일상적인 조직활동에 명시적, 묵시적으로 영향을 미치는 경영자의 경영철학, 경영전략, 조직문화 등을 고려해야 한다(정재훈, 2006).

3. 인적자원관리 활동과 스포츠경영의 경쟁우위

많은 실증적 연구 결과들은 인적자원관리 활동이 조직의 경쟁우위 획득에 커다란 영향을 미치고 있음을 보여주고 있다. 2000년에 실시한 한 연구는 920개의 기업에 대해 인적자원관리 활동과 생산성 수준과의 관련성을 조사하였다(Huselid, 2001). 기업의 인적자원관리 활동 유효성으로 장려금제도, 구성원 고충처리제도, 공식적인 평가제도, 구성원 참여제도 등의 존재 여부에 기초하여 평가되었다. 연구결과 인적자원관리 유효성과 생산성 간에 강한 연계성이 있음을 보여주었다. 즉, 인적자원관리 유효성이 높은 기업은 그러지 못한 기업보다 경영실적이 명확하게 뛰어나고 있음을 보고하였다. 스탠퍼드 대학의 페퍼(Pfeffer, 1994) 교수는 그의 '사람을 통한 경쟁우위(competitive advantage through people)'에서 인적자원관리 활동의 경쟁우위 형성에 관한 잠재력인 영향력을 강조하고 있다. 이러한 맥락에서 스포츠경영의 인적자원관리 활동은 조직구성원들의 조직성과로 이어져 조직의 경쟁우위를 강화할 수 있다. 기업성과는 질적, 양적 측면에서 생산성 증대, 혹은 제품이나 서비스의 혁신성 등에 영향을 미치기 때문이다.

또한 바람직한 조직성과는 차별화에 의한 경쟁우위를 조직에 가져다준다. 경쟁조직에 비해 서비스나 품질 면에서 뛰어난 서비스나 제품을 제공하거나, 또는 경쟁조직이 제공할 수 없는 혁신적 서비스나 품질의 제공을 통해 이루어진다. 서비스나 제품에 관한 품질의 독창성은 그 서비스나 제품을 생산하는 사람들의 행동에 의해 크게 좌우된다. 양질의 서비스나 제품을 창출하기 위해서는 우선 생산 담당자들의 역량이 우수하지 않으면 안 되며, 이러한 뛰어난 기량을 갖춘 구성원들이 조직 내 계속 유지됨으로써 차별화된 서비스나 제품을 생산할 수 있게 되는 것이다. 결국, 특정 스포츠 기업의 좋은 이미지는 해당 기업의 서비스, 제품에 관한 고객들의 신뢰감을 증진시켜 구매활동을 촉진함으로써 스포츠 기업의 경쟁력 제고에 크게 영향을 미칠 수 있다. 그러나 인적자원관리 활동을 통한 경쟁력 제고 방안의 단점은 시간이 오래 걸린다는 점이다. 반면 경쟁력 확보를 위해 새로운 종류의 설비, 시설을 도입하는 데는 많은 시간이 필요하지 않다. 하지만 인적자원을 통해 확보된 경쟁력은 다른 방법에 의해 제고된 경쟁력보다 오래 유지되고 경쟁업체가 모방하기 쉽지 않다. 이러한 맥락에서 기업 경영정책을 수립하고 실행하며 실행하고 효과를 얻기 위해서는 보다 장기적인 안목의 인사관리가 요구된다.

4. 스포츠경영 인적자원관리 전략의 차별화

일반적으로 스포츠조직체가 사업계획 특히 신사업진출 계획을 수립하는 데 있어 고려해야 할 요소가 먼저 사업수행을 위한 자본(capital resource)조달 문제를 들 수 있다. 이와 관련하여 기업들은 그동안 다양한 예상 시나리오를 정하고 그에 맞는 전략을 수립하는 등 상대적으로 많은 시간과 노력을 투자하고 있다. 즉 얼마의 자금을 어디서 어떻게 조달할 것인지에 대해 갖가지 시나리오를 설정하고 가능한 최적의 자원조달 방안을 강구하는 데 많은 시간을 아끼지 않아 왔다. 그러나 사업전략을 수립하는 과정에서 인적자원 확보도 고려되어야 할 중요한 요소라는 인식이 대두되기 시작하였다. 실제로 많은 기업들은 새로운 사업을 추진하는 과정에서 자본조달 문제 못지않게 필요한 인적자원 확보 문제가 커다란 장애 요인으로 꼽고 있다. 특히 기존사업에서 새로운 사업으로 사업 포트폴리오(business portfolio)를 이행하는 기업에는 필요한 인적자원(human resource)을 확보하는 문제는 곧 사업의 성패를 좌우하는 결정적 요소가 되기 때문이다. 최근 스포츠게임 프랫폼 기업이나 실감형 IT스포츠기업 관련 업체는 사업과 관련한 적정한 인재선발 및 육성에 어려움이 있음을 토로한다. 4차 산업혁명의 주요 핵심기술을 기반으로 한 기업 조직경영 실행을 위해서는 차별화된 인적자원관리가 요구된다. 따라서 스포츠경영 조직체는 사업전략과 연계된 인적관리 전략을 수립하기 위해서는 해당 사업에 부합한 인재여건이 무엇인지를 검토할 필요가 있다. 즉 기업의 인적관리 전략은 사업전략 특성에 따라 달라지기 때문이다. 운영 효율성(operational excellence) 중심의 사업전략을 추진하고 있는 기업의 경우에는 팀워크가 무엇보다 중요하며 이를 위해 사업단위의 집단성과 배분 방식을 취해야 하며 조직 효율화를 위한 직무교육에 집중해야 한다. 반면 고객과 친밀감(customer intimacy)을 핵심역량의 원천으로 삼고 있는 기업의 경우에는 구성원의 적극적인 고객 관계 구축을 장려하기 위해 개인 성과에 따른 차별적 보상을 단행해야 좋은 성과가 나타난다. 제품 리더십(product leadership) 중심의 사업전략을 수행하는 기업의 경우에는 혁신(innovation)을 강조하고 실패에 관한 두려움을 없애기 위해서 개인에 관한 차별적 보상보다는 집단중심의 성과보상과 이에 준하는 교육을 실시해야 한다. 조직구성원 간의 지나친 경쟁을 유발하는 상황에서는 개인에게서 중장기적 성과향상을 가져올 수 있는 혁신적 아이디어가 나오기 힘들며 오히려 구성원들이 단기적 성과에 집착하는 모습을 보이게 되기 때문이다. 이처럼 스포츠 기업이 추구하는 사업전략의 유형에 따라 전체 인적관리 프로세스는 달라져야 한다. 사업전략과 인적관리 전략은 이처럼 상호 긴밀한 연관이 있다.

  스포츠경영 조직의 사업전략을 실제 행동으로 옮기고 그 성과를 창출하는 근본 동인은 조직 내부의 구성원들이다. 사업전략을 성공적으로 수행할 수 있도록 인적자원을 관리하기 위해서는 다음과 같은 과정을 이해하는 것이 필요하다. 첫째, 기업은 고객에게 구체적으로 어떤 가치를 제공하려고 하는지, 그렇게 하기 위해서 어떤 사업전략을 선택할지를 명확히 해야 한다. 만약 명확한 사업전략이 없이 구성원들에게 열심히 일할 것을 요구한다면 항해에서 나침반도 없이 무조건 선원들에게 열심히 노를 저을 것을 요구하는 것과 다름이 없다. 둘째, 이미 수립된 고객가치와 사업전략을 성공적으로 수행하기 위해 구성원들의 필요역량을 구체적으로 도출해 내야 한다. 세계 테마파크인 디즈니월드는 고객에게 단순한 관광, 여행의 가치만을 주는 것이 아니라 재미있고(fun) 이색적이며(wacky), 꿈과 비전(vision)의 가치를 제공하는 것을 사업전략의 목적으로 하고 있다. 이러한 고객가치와 사업전략을 성공적으로 수행하기 위해 구성원들이 갖추어야 할 필요역량을 유머감각과 혁신으로 규정하고 이를 채용이나 평가, 보상 등을 결정할 때 주요기준으로 활용하고 있다. 셋째, 필요한 역량을 갖춘 사람을 채용하고 이들이 제 역량을 충분히 발휘할 수 있는 조직 여건을 마련해주기 위해 적합한 인적자원관리전략을 수립해야 한다. 사업전략이 스포츠조직체의 비전을 달성하기 위한 전사적인 방향성을 의미한다면 인적자원관리전략은 사업전략을 현장에서 실행하는 조직문화를 어떻게 형성할지에 관한 방향이라 할 수 있다. 끝으로 사업전략과 연계된 인적자원관리전략을 현장에 적용할 수 있는 시스템을 구축하는 것이다. 이러한 시스템에는 공정한 채용, 평가, 보상, 육성시스템 등 다양한 인적자원관리 시스템들이 유기적으로 연계될 수 있는 일관성이 반드시 고려되어야 할 기준이 된다. 또한, 인적자원관리 시스템이 단순한 시스템만으로 그치지 않고 조직 활성화의 촉매제로 활용되기 위해서는 강한 실행력이 필요하다. 이는 최고경영자 및 상위 관리자들의 적극적인 의지에 달려 있다고 할 수 있다.

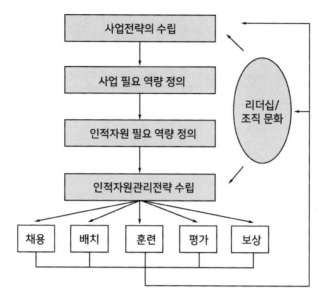

인적자원관리 전략수립을 위한 과정

제11장

환경, 사회, 지배구조(ESG)와
스포츠경영

1. 환경, 사회, 지배구조(ESG) 경영

1987년 유엔환경계획(UNEP)과 세계환경개발위원회(WCES)가 함께 채택한 '우리 공동의 미래(Our Common Future)', 브룬트란트 보고서에서 '지속가능발전'이 전 세계적으로 주요 의제로 처음 제시되었다(김현수, 2021). 이후 유엔환경계획(United Nations Environment Programme)의 지원으로 설립된 NGO 단체인 GRI(Global Reporting Initiative)에 의해 GRI-GI 가이드라인에 따른 국제표준인 지속가능보고서 발간을 통해 ESG 경영의 근간이 되었다(안수현, 2007).

지속가능(Sustainability) 경영이란 기업의 경영활동에 영향을 미치는 사회, 환경, 경제적 이슈들을 균형 있게 고려하여 기업의 지속가능성을 추구하고자 하는 경영활동이다. 즉 지금까지의 기업들이 중요하게 추구했던 매출과 이익 등 재무적 성과뿐만 아니라 환경문제, 사회문제, 윤리문제 등 비재무적 성과에 대해서도 함께 고려하는 경영을 통해 지속적으로 기업의 가치를 향상시키는 경영기법이다(박현성, 2010). 이러한 지속가능경영은 기업의 경영활동 대상과 목적이 현재 세대뿐만 아니라 미래 세대 역시 지속 가능할 수 있도록 환경 및 경제, 사회의 지속가능성을 위해서 기업 경영활동의 질을 개선하는 노력과 동시에 이에 따른 위험을 최소화하도록 주주가치를 포함하여 기업의 가치를 높이는 경영활동이라 할 수 있다(Stead & Stead, 2014). 단순히 이윤추구라는 경영목적에서 벗어나 해당 기업이 속한 사회에 대한 역할과 책임 등을 고려한 경영활동을 의미한다. 이러한 지속가능경영은 이후 유엔의 책임투자원칙(PRI: Principles for Responsible Investment)으로 발전하였다(지용빈, 2022). 2006년 UN의 지속가능투자원칙을 준수하는 UN PRI가 결성되며 환경, 사회, 지배구조와 관련된 이슈를 투자 정책의 수립과 자산운영 및 의사결정 등에 고려할 것이라는 원칙을 발표하였으며, 이때 ESG라는 용어가 처음 나타났다. 이후 2021년 UN PRI 연간 보고서에 따르면 세계 3,826개 투자사 및 투자기관이 가입하여 PRI 정책을 실행하고 있다(박병유, 서희정, 2022). 이처럼 글로벌 시장에서 최근 ESG 경영활동은 선택이 아닌 생존의 화두로 강조되고 있다.

ESG는 지속가능성의 달성을 위한 3가지 핵심요소로 과거의 기업 가치는 재무제표와 같은 단기적이고 정량적인 지표로 주로 평가되어 왔지만 최근에는 그 중요성이 변화하고 있다(지효진, 2023). 변화의 중심에 ESG와 같은 비재무적 경영가치의 중요성이 더욱 대두되는 것은 세계적으로 기후변화 위기와 COVID-19에 의한 팬데믹을 겪은 경험에 기인한다(삼정 KPMG, 2021).

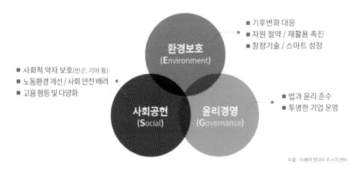

■ 기후변화 대응
■ 자원 절약 / 재활용 촉진
■ 청정기술 / 스마트 성장

환경보호
(Environment)

■ 사회적 약자 보호(빈곤, 기아 등)
■ 노동환경 개선 / 사회 안전 배려
■ 고용 평등 및 다양화

사회공헌
(Social)

윤리경영
(Governance)

■ 법과 윤리 준수
■ 투명한 기업 운영

자료: 미래에셋대우 리서치센터

ESG 구성의 3요소

출처: 미래에셋대우 리서치센터

　이러한 사회 환경 속에 ESG는 기업의 경영활동의 비재무적 성과를 판단하는 기준으로 환경(Environment), 사회(Social), 지배구조(Governance)와 관련된 기업의 사회적 책임의 정도를 측정하기 위해 개발되었다(Galbreath, 2013). 따라서 ESG를 활용한 평가는 투자자들의 사회적 책임이 있는 기업에 장기지향적 투자를 할 수 있도록 정보를 제공하는 역할을 해주는 평가지표가 된다. 이전까지의 ESG 경영은 투자자들의 투자 결정 시 고려해야 할 요소로 인식되었으나 최근 전반적인 기업 경영의 목표와 활동 영역으로 확대되어 가고 있다(지용빈, 서영욱, 2021). 아래 표는 ESG 각 영역별 세부 핵심지표이다.

ESG 영역별 핵심지표

ESG 항목	세부 핵심지표
환경	▪ 환경 경영 인증 ▪ 환경 정보 공개 ▪ 국제이니셔티브 참여 ▪ 환경 경영 조직 ▪ 환경 교육 ▪ 환경 성과 평가 ▪ 온실가스 배출량 ▪ 에너지 사용량 ▪ 유해화학물질 배출량 ▪ 용수 사용량/ 재이용량 ▪ 폐기물 배출량/ 재활용량
사회	▪ 기간제 근로자 비중 ▪ 인권보호 프로그램 운영 ▪ 여성 근로자 비중 ▪ 협력사 지원 ▪ 공정거래 프로그램 ▪ 부패방지 프로그램 ▪ 제품 및 서비스 안전성 인증 ▪ 사회공헌 지출액
지배구조	▪ 주주총회 ▪ 배당 ▪ 기업지배구조 공시 ▪ 이사회 독립성 ▪ 이사회 운영 실적 ▪ 이사회 내 전문위원회 ▪ 감시기구 ▪ 감사위원회 운영 현황 ▪ 외부감사인 독립성 ▪ 이사회운영규정 등 공개 ▪ ESG등급 공개

출처 : 한국기업지배구조원(2021)

　　최근 ESG가 주목받기 시작하면서 ESG와 같은 비재무적 성과와 관련한 연구가 활발히 진행되고 있다. Gillan & Starts(2010)는 ESG 성과가 강할수록 경영성과, 효율성 및 기업가치가 증가한다고 하였으며, 많은 연구에서 기업의 ESG 경영이 기업 이미지, 브랜드자산과 구매의도에 부분적으로 영향을 미친다는 결과보고를 통해 기업의 ESG 경영활동은 전반적으로 기업 경영성과와 기업 이미지 관련 영역에 긍정적 영향관계를 입증해 주고 있다. 이러한 사회적 현상은 스포츠계 또한 4차 산업혁명과 상생, ESG와 같은 시대적 화두에 마주하게 되면서 환경, 사회, 투명경영을 고려한 경영전략 수립과 지속가능 경영을 추구하게 되며 ESG 경영은 스포츠 분야에서도 적용되어 그 활동이 확장되어 가고 있는 추세이다(류민아, 2022; 지효진, 2023). 최근 스포츠경영 기업의 ESG 활동 여부가 기업 자산 및 기업 이미지에 유의한 영향관계를 미치며 스포츠 기업 중 프로스포츠 구단을 중심으로 ESG 경영활동이 활발히 추진되고 있다(홍진배, 2022.04.22.).

2. ESG 영역별 내용

(1) 환경(Environment)

환경은 사람들의 생산과 생활의 조건이며, 사람들의 생산과 생활에 직간접으로 영향을 주는 각종 요소의 총칭으로 사용되며 전 세계 첨단 기업들이 앞다투어 ESG 경영을 수행 중이다. 특히 주요 IT 기업들은 '전기를 많이 사용하는 업계라는 오명을 벗기 위해 환경 분야 사업에 적극적으로 나서고 있다.

마이크로소프트(MS: Microsoft)는 '기후 혁신 펀드(Climate Innovation Fund)'를 조성해 탄소 제거 기술개발을 지원하며 2050년까지 창사 이래 배출한 모든 이산화탄소를 회수하겠다는 목표를 내걸었으며, 미국 농업협동조합과 인공지능(AI, Artificial Intelligence)

으로 농업을 효율화하기 위한 협업을 시작하여 이산화탄소가 토양에 흡수되도록 하고 그 가치에 환금성을 부여해 농가 부수입으로 만드는 사업을 진행하겠다고 한다(김국현, 2021.02.09.).

환경경영
출처: 원진일렉트로닉스
서울신문(2021.11.11.), 친환경 상품 소개, 유통 강화 ESG 경영 본격화

경영측면에서의 환경은 기업의 친환경 활동, 기업의 생산 경영과정에서의 환경 보호의식과 사회적 책임, 환경에 미칠 수 있는 부정적인 영향의 파악, 환경보호정책 수립에 집중된다. 뿐만 아니라 기후변화, 자원부족 등의 문제가 가져오는 부정적인 영향을 최소화하기 위해 기업은 경영활동으로 환경경영을 계획하게 된다.

이처럼 ESG 경영활동 중 환경경영은 기업 고유의 생산 활동이나 경영활동에서 필연적으로 파생되는 환경피해를 최소화하고 건강한 환경을 유지하며 지속적인 발전을 도모하는 친환경 경영방식이다. 환경경영은 인간이라는 자원과 자연환경의 변화과정 및 잠재적인 가치에 초점을 두면서 고객은 단지 제품이나 서비스의 질만이 아니라 환경 책임, 지역사회에 대한 공헌, 윤리적 책임까지도 기업의 질로서 평가한다는 것을 전제로 한 적극적인 경영활동이다(Laroche et al., 2001). 따라서 기업이 환경경영을 실행하면 기업은 이윤창출은 물론 소비자에게 더 나은 기업 이미지를 심어줄 수 있다. 즉 친환경 경영은 생태학적 측면과 사회학적 측면을 모두 고려하여 인간의 삶의 질을 향상시키고자 하는 기업의 사회적 책임의 수행임과 동시에 궁극적으로는 인류의 공통 관심사인 환경보전의 문제를 기업의 전략적 경영 방향으로 전개하여 기업 이미지 확립과 이윤추구를 목적으로 하는 활동으로 정의되기 때문이다.

(2) 사회(Social)

ESG 경영활동 중 사회는 기업이 사회에 유리한 방식으로 경영활동을 조직하고 관리하는 것을 말한다. 즉 사회의 지속가능한 발전을 위하여 기업이 사회적 책임을 수행하는 경영활동이라고 할 수 있다. 그중에서 기업의 사회적 책임은 기업이 주주, 직원, 전체 사회 등에 대한 의무를 다하는 것으로 정의할 수 있다(Turban & Greening, 1997). McGuire(1963)는 사회적 책임을 기업의 사회에 대한 경제적, 법적 의무뿐만 아니라 사회 전체에 대한 책임이라고 정의하였고, Jones(1980)는 사회적 책임활동을 주주와 이해관계자 모두의 요구를 충족시키고 사회를 개선하기 위한 의무라고 정의하였다. 일반적으로 사회적 책임은 기업 활동을 통해 이해관계자와 관계를 잘 유지하고 사회에 긍정적인 영향을 미치기 위한 책임 있는 활동을 의미한다. 이처럼 기업의 사회적 책임에 대한 개념은 기업의 사회공헌 활동의 개념과 부분적 또는 전체적으로 혼용되는 경우가 많다. 기업의 사회공헌활동이란 기업과 지역사회 간 상호작용으로 기업이 지역주민과 지역의 여러 조직으로부터 좋은 이미지를 확보하고 지역사회의 복지에 기여함으로써 명성을 얻는 활동으로 정의되고 있다. 이는 보통 기업의 사회적 책임영역 중에서 기업 본연의 경제적 책임 이외에 기업이 갖는 문화적 책임, 사회적 공익사업과 소외계층을 위해 수행하는 자선기부 등과 관계된 기업의 책임, 즉 사회복지사업이나 난민구제 등 기업이 기업시민으로서 맡아야 할 책임을 말하는 사회봉사 책임활동을 포함하는 의미로 쓰이기도 한다(문철수, 2001).

사회적 책임, 사회적 가치, ESG 유사개념 비교

구분	사회적 책임(CSR)	사회적 가치(SV)	ESG
개념	기업의 사회적 책임	공공의 이익과 공동체의 발전에 기여하는 가치	환경, 사회, 지배구조에 관한 비재무적 요소
목적	기업의 책임이 주주에 한정되는 것이 아니라 기업활동에 관계된 이해관계자까지 있음을 인식하고 이에 부합한 자발적인 기업의 부가활동	공공의 이익과 공동체의 지속가능한 발전을 추구	장기적 관점에서 기업이 안정적으로 수익창출을 하기 위해 환경, 사회, 지배구조의 비재무적 요소를 관리하는 기업의 장기투자 위험 관리전략
관점	기업의 이해관계자	투자자, 일반국민	투자자
동향	해외: CSR의 개념이 다중적 차원에서 논의되나 현실적으로 사회공헌 활동이 다수 국내: CSR을 기업의 고유목적사업과 별도의 사회공헌 활동으로 인식	해외: 공공 및 사회서비스 분야에 대한 법령을 제정하고 측정방안이 발달. 국내: 공공부문을 중심으로 재무성과와 비재무성과를 통합하여 관리	해외: 2006년부터 단계적으로 확산되어 관련 연구 활동이 풍부함 국내: ESG가 새로운 개념으로 인식되고 있으며 2025년부터 상장사의 ESG 공시 의무화
특징	실제구현은 기업의 수익추구활동과 무관한 경우가 많음 보고양식: GRI 실행지침: ISO26000	사회적 가치의 측정에 관한 논의가 활발하며 제도에 반영하고자 함 공공기관 대상으로 경영평가의 지표로 운영	ESG지표 수집, 평가, 데이터를 제공하는 글로벌 평가기관이 존재 지속가능경영 차원에서 논의

출처: 한동숙(2021): 공공기관의 ESG도입을 위한 정책방안. 재인용

이 사회의 구성원으로서 기업이 어떻게 하면 좋을지 고민하는 일은 ESG 경영활동 중에서도 사회분야에 해당된다. 특히 코로나19와

같은 사회 전반에 미친 팬데믹과 4차 산업혁명과 같은 사회변화는 ESG 경영활동 중 사회의 중요성을 더 높였다. 한 예로 SK 하이닉스는 지역사회의 어려운 이웃을 돌보는 독거 어르신을 위한 인공지능(AI) 스피커 '실버프렌드 무상지원', 치매 어르신과 발달장애 아동을 위한 위치추적 기반 배회 감지기 '행복GPS' 보급, 지역사회 곳곳에서 코로나19로 신음하는 사람들을 지원하는 '사회 안정망(Safety Net) 구축' 사업을 추진하고 있다.

SK 하이닉스 행복GPS 보급

출처: SK 하이닉스 유튜브 캡처

(3) 지배구조(Governance)

ESG 경영활동 중 지배구조란 기업의 실체가 지휘, 통제, 관리되는 방식을 말한다. 이는 조직의 경영진과 모든 구성원이 조직 내부에서 자유롭게 활동할 수 있는 가치를 확립하고, 기업 목표를 설정하며, 기업 활동을 전략적으로 수행하고 사고하는 행위 체제를 말한다(고원예, 2022). 좋은 지배구조는 투명하고 책임 있는 경영이

가능하게 하여 이해관계자들로부터 신뢰를 회복하고 국내외적으로 재원을 안정적으로 확보함으로써 기업 경영효율화를 높이고 경쟁력을 확보하는 데 기여하므로 매우 중요하다(노영호, 2008). 따라서 기업의 지배구조에 대한 기업이 공동의 목표를 달성하기 위해 주어진 자원의 제약하에서 모든 이해당사자가 책임을 갖고 투명하게 의사결정을 할 수 있는 제반 장치이다(김광기, 2020). 따라서 건전한 지배구조를 가진 스포츠기업은 불확실한 상황에 직면했을 때 대응능력이 더 강하고 대내외 위험을 줄일 수 있어서 기업 손실을 축소하여 성장을 촉진할 수 있다. 기업의 투명성은 기업 내부의 생산성과 효율성 및 대내 경쟁력을 증진시켜 기업성과를 극대화하여 기업 이해관계자의 편익을 증대시키기 때문이다.

스타벅스 노사관계 구축

출처: 스타벅스

지배구조 경영에 대한 사례로 글로벌 커피 회사인 스타벅스를 사례로 살펴보았다. 스타벅스는 지배구조 책임활동으로 커피 원두 생산지를 비롯해 모든 유통과정을 기록하고 최종 소비자에게 전달되는 과정을 블록체인을 이용해 공개하여 원두의 품질을 지키고 소비자의 신뢰를 얻기 위해 어디에서 생산되고, 어떻게 소비자에게까지 왔는지를 '빈 투 컵(Bean to Cup)' 프로그램을 통해 제공하였다. 뿐만 아니라 원두 포장에 붙어 있는 QR 코드를 스마트폰으로 스캔하면 원두 재배지와 생산지는 물론 기업이 현지 농부들을 어떻게 지원하는지도 확인할 수 있도록 유통과정의 투명성을 공개하여 지배구조 책임활동을 실행하고 있는 사례가 된다.

3. 환경, 사회, 지배구조(ESG)와 스포츠경영 활동

ESG는 환경, 사회, 지배구조의 첫 글자를 조합하여 만든 단어로 기업이 경영활동을 하는 데 있어 중요한 3가지 핵심요소이며, 재무제표에 나와 있지 않은 비재무적 기업 경영지표를 뜻한다. 즉 환경은 기업이 환경에 관심을 갖고 역량을 결집하는 것이며, 사회는 더 나은 사회를 구현하는 기업의 역할로 폭넓은 사회공헌 활동을 구체화하고 내용을 공유하는 것이다. 지배구조는 법과 윤리를 준수하며 얼마나 투명하게 기업을 운영하는지에 관한 지표라고 할 수 있다.

이제 스포츠경영 기업들은 단순히 사회공헌활동만을 하는 것이 아닌 사회적 책임경영, 친환경제고, 투명한 지배구조를 함께 추구하고 적극적으로 이행해야만 스포츠기업의 지속가능한 경영을 확보할 수 있으며 이해관계자의 신뢰를 얻을 수 있다(민두식, 2022). 따라서 스포츠기업의 경영활동은 지속 가능성을 달성하기 위해 친환경적이고, 사회적 책임경영을 실행해야 하며, 지배구조 개선과 같은 투명경영을 고려해야만 긍정적인 영향을 이끌어 낼 수 있으며 기업의 지속가능한 성장을 이룰 수 있음을 의미한다.

스포츠 관련 기업이 최근 ESG 경영활동을 추구하고 있는 골프장 기업은 골프장 코스 관리의 화학약품 사용을 최소화하여 친환경적(환경)으로 관리하고, 좀 더 적극적으로 사회적 약자 및 지역사회(사회)에 공헌할 수 있는 방안을 마련하며 골프장 운영의 투명성 제고와 준법정신에 의한 윤리경영(지배구조) 실천을 추진하고 있다. 골프장기업의 ESG 경영활동으로 CJ 그룹의 '나인브릿지 제주'와 '해슬리 나인브릿지'의 경우 코스설계 및 공사단계부터 자연경관을 최대한 살리고 철저한 친환경 관리를 통하여 세계골프환경단체인 GEO(Golf Environment Organization)로부터 친환경골프장으로 인증받는 등 친환경적 경영활동을 지속적으로 추진하고 있다(나인브릿지 홈페이지, https:www.ninebridges.co.kr). 또한 대보그룹은 '서원밸리 골프장'을 활용하여 총 누적관람객 44만 명이 넘는 그린콘서트라는 문화행사를 매년 개최하고 골프장을 일반인에게 개방하고 수익금 전액은 지역사회에 기부하는 사회적 경영활동을 추진하고 있다. 다문화 합동결혼식 지원, 장학 프로그램 지원, 결식아동 급식 지원뿐만 아니라 골프 유소년 선수후원 등 골프대중화와 더불어 지역사회와 함께 성장하기 위한 다양한 사회공헌 활동을 시행하고 있다(대보그룹 블로그, 2020.03.09.).

스포츠와 환경은 서로 밀접한 관계를 가지고 있다. 야외 경기장이나 체육관과 같은 인공조성물에 의해 전형적으로 이루어진 스포츠시설이나 골프, 스키, 등산, 스킨스쿠버, 윈드서핑, 산악자전거 오리엔티어링, 급류타기, 철인 3종 경기 등 자연환경을 최대한 활용한 스포츠 활동을 위한 시설들은 자연환경에 막대한 부담을 안겨주는 요인이 된다(김희정, 2012). 스포츠 활동을 위한 물리적 환경이나 스포츠 시설은 환경과 밀접한 관련이 있기 때문에 스포츠로 인한 환경관련 문제는 빈번히 발생하고 있다. 따라서 스포츠 경영활동 중 친환경 이슈는 사회적 책임을 요구하는 스포츠 기업경영 활동의 다양한 경영기법 중 가장 주목 받고 강조되고 있다.

최근 프로스포츠구단이나 공공체육시설 운영관리 효율화 측면에서 시행되고 있는 스포츠시설에 대한 에너지효율은 투입과 산출의 비율로서 동일한 생산에 투입에너지를 적게 사용하는 환경경영 활동을 적극적으로 추구하고 있다. 스포츠시설 운영 및 관리에 쓰이는 에너지 시스템 최적화를 통한 사용량 및 비용절감, 기술개발과 장비개선을 통한 온실가스 배출량 감소, 탄소를 배출하지 않는 대체 에너지 인프라 구축 등 다양한 경영전략을 추진하고 있다. 미국 MLB의 유명 구단인 보스턴 레드삭스의 경우 경기장 지붕에 태양열 집열판을 설치하여 태양광을 대체에너지로 사용함으로써 연간 18톤가량의 이산화탄소 배출량을 감소시키고 있으며, NFL의 뉴잉글랜드 패트리어츠의 경우 구장에서 사용하는 전력의 상당량을 풍력 발전을 통해 생산한 전기로 충당하고 있다. 국내 스포츠계에서도 KBO는 에너지관리공단과 '그린 스포츠' 협약을 통해 태양광 발전설비 및 LED 조명설치 등 녹색구장 조성과 녹색 생활 실천을 진행하고 있다.

글로벌 스포츠기업의 또 다른 ESG 경영활동 사례로 맨체스터 유나이티드(Manchester United Football Club) 축구단은 별도의 재단을 설립하여 지역, 국가 및 국제수준에서 환경 및 사회문제를 해결하고 기후문제에 대한 인식을 고취시키고자 다양한 ESG 경영활동을 하고 있다. 뿐만 아니라 재단을 통해 더 나은 삶을 만들고 지역사회의 삶의 질 향상을 위해 다양한 교육 프로젝트를 제공하고 있으며, 그중 유니세프를 위한 유나이티드 유니세프(United for UNICEF)는 1999년부터 시작되어 지금까지 전 세계 수백만 명의 어린이를 돕는 데 6백만 파운드 이상을 지원하고 있다. 이러한 ESG 경영활동을 추구하며 더 나은 공동체와 사회를 만들기 위해 미래 세대를 교육하고 동기부여 및 영감을 주는 활동의 기회를 제공하고 있다(한국프로스포츠협회, 2019).

경기장 안 뿐만 아니라 밖에서 까지 세계 최고의 축구 클럽
Manchester United F.C

맨체스터 유나이티드는 사회에 기여해야 할 필요성 인식

안전	자선	아동 보호
아동학대 피해 경험 어린이,성인, 취약계층 복지 보호	맨체스터 유나이티드 삶의 본질적인 요소	영국 경찰청 소속 아동 온라인 보호(CEOP) 센터 연계

출처: 한국프로스포츠협회(2019). 재인용. 맨체스터 유나이티드 축구단(Manchester United F. C)의 ESG 경영활동

국내 스포츠기업이나 단체 중 ESG 경영을 기반으로 한 경영활동 사례로 대한체육회는 체육회를 관리하고 통제하는 도구로서 이

사회가 체육회 경영에 대한 의사결정, 전략, 성과에 대한 영향력을 가지고 이사진은 체육회 이해관계자의 이익을 대변하며, 체육회의 경영전략 수립 시 전문가로서 제안과 운영에 관여하는 역할을 부여하여 대한체육회의 투명성과 공정성을 확보하는 지배구조를 실행하고 있다(이정학, 김보석, 2022). 그러나 체육회의 이사회는 다른 이해관계자들보다 우선권을 가지고 있지 않기 때문에 일반기업보다 차별화된 경쟁우위를 가지기 위해서는 지배구조에 대한 투명경영관리가 더욱 중요하다. 이와 같이 투명경영 활동은 체육회의 자원과 역량을 바탕으로 지속적으로 이루어져야 하며, 일회성 보여 주기식 경영활동이 되어서는 안 된다. 따라서 이사회의 운영을 책임감 있는 이해관계자 위원을 임원으로 위촉하여 기업전략에 적합한 지배구조를 구축하는 것이 무엇보다 중요하다. 이에 구성원의 잘못된 거래행위 및 부당한 요구, 금품 및 접대를 통한 편의 제공 및 수수와 같은 비리 및 부정행위 등에 대한 제보와 상담을 운영하고 있으며, 외부 회계감사와 정기적인 경영평가 및 내부감사체계를 확립하여 ESG 경영활동의 지배구조를 추진하고 있다. 다음은 최근 국내 프로스포츠구단이 활발히 추진하고 있는 ESG 경영활동 유형을 살펴보면 다음과 같다.

프로스포츠구단의 ESG 경영활동 유형

항목	세부 내용
교육·학술	학교 스포츠 교실, 스포츠 용품 지원 및 기증, 교사 스포츠 연수, 진로 특강, 치어리더 교실 등
문화·예술	도서관 건립, 도서 및 기자재 기증, 개관 봉사, 문화재 보호활동, 지역 문화예술 활성화 등
체육진흥	스포츠 특기자 지원, 스포츠 캠프, 체험 프로그램, 주부 스포츠 교실, 여성

	스포츠 대회, 여대생 스포츠 특강, 스포츠 대회 개최, 은퇴선수 재능기부 프로그램 등
사회복지	소외계층 스포츠교실, 장애인 수어 제작, 불우이웃돕기, 소외계층 의료 지원, 소외계층 사인 및 포토타임, 장애인 스포츠 교실, 연탄 봉사, 기부, 실종 아동 찾기 캠페인 등
지역사회	지역 어린이 체력증진 프로젝트, 구호성금 지원, 지역아동센터 지원, 재해복구 봉사 지원, 인근농어촌 지원, 지역 유니폼 제작, 청년창업지원 등
사회발전	기초질서 지키기 캠페인, 학교폭력예방 및 건전한 청소년문화 조성캠페인, 학교폭력 피해학생 물품 지원, 선거문화개선 캠페인 등
환경보호	유기동물 보호 캠페인, 친환경 응원도구 배포, 주변경관 개선사업 등
국가민족	탈북민 관련 이벤트, 국가유공자 초청행사, 군 장병 지원, 국경일 기념행사 등
국제사회	스포츠용품 후원, 스포츠 교실, 세계 NGO단체 기금 조성 등

출처: 한국프로스포츠협회(2019). 프로스포츠 7개 단체 통합 사회공헌 사업 기반구축 연구. 재인용

(1) 교육·학술

프로스포츠구단이 실행하는 ESG 경영활동 중 교육·학술 유형은 학교 스포츠 교실, 스포츠 용품 지원 및 기증, 교사 스포츠 연수, 진로 특강, 치어리더 교실 등을 실행하고 있다.

(2) 문화·예술

프로스포츠구단이 실행하는 ESG 경영활동 중 문화·예술 유형은 지역 도서관 건립, 도서 및 기자재 기증, 개관 봉사, 문화재 보호활동, 지역 문화예술 활성화 등의 활동을 실행하고 있다.

(3) 체육진흥

프로스포츠구단이 실행하는 ESG 경영활동 중 체육진흥 유형은 스포츠 특기자 지원, 스포츠 캠프, 체험 프로그램, 주부 스포츠 교실, 여성 스포츠 대회, 여대생 스포츠 특강, 스포츠 대회 개최, 은퇴선수 재능기부 프로그램 등을 실행하고 있다.

(4) 사회복지

프로스포츠구단이 실행하는 ESG 경영활동 중 사회복지 유형은 소외계층 스포츠교실, 장애인 수어 제작, 불우이웃돕기, 소외계층 의료 지원, 소외계층 사인 및 포토타임, 장애인 스포츠 교실, 연탄 봉사, 기부, 실종 아동 찾기 캠페인 등의 활동 등을 실행하고 있다.

(5) 지역사회

프로스포츠구단이 실행하는 ESG 경영활동 중 지역사회 유형은 지역 어린이 체력증진 프로젝트, 구호성금 지원, 지역아동센터 지원, 재해복구 봉사 지원, 인근 농어촌 지원, 지역 유니폼 제작, 청년 창업 지원 등의 활동들이 있다.

(6) 사회발전

프로스포츠구단이 실행하는 ESG 경영활동 중 사회발전 유형은 기초질서 지키기 캠페인, 학교폭력예방 및 건전한 청소년문화 조성 캠페인, 학교폭력 피해학생 물품 지원, 선거문화개선 캠페인 등의 활동들이 있다.

(7) 환경보호

프로스포츠구단이 실행하는 ESG 경영활동 중 환경보호 유형은 유기동물 보호 캠페인, 친환경 응원 도구 배포 및 개발, 주변 경관 개선사업 등의 활동을 실행하고 있다.

(8) 국가민족

프로스포츠구단이 실행하는 ESG 경영활동 중 국가민족 유형은 탈북민 관련 이벤트, 국가유공자 초청 행사, 군 장병 지원, 국경일 기념행사 등의 활동을 실행하고 있다.

(9) 국제사회

프로스포츠구단이 실행하는 ESG 경영활동 중 국제사회 유형은 스포츠용품 후원, 스포츠 교실, 세계 NGO단체 기금 조성 등의 활동을 실행하고 있다.

프로스포츠구단의 ESG 경영활동은 기업(구단)이미지 제고와 같은 긍정적 효과 이외에도 소비자들의 신제품 평가에 있어서도 일출효과(Spillover)나 후광효과(Halo effect)를 얻을 수 있다. 이러한 맥락에서 기업의 사회공헌활동의 일환으로 운영하고 있는 프로스포츠구단에 그 영역이 확대되어 최근 ESG 경영활동은 프로스포츠구단을 중심으로 증가하고 있는데 이는 스포츠팬 및 지역사회와의 상호협력적 관계 형성은 장기적 관점에서 프로스포츠구단 경영활동의 성공과 실패를 좌우하는 핵심사항이 된다(Babiak & Wolfe, 2006). 이처럼 스포츠기업들이 ESG 경영활동의 필요성을 절감하는 이유를 살펴보면 다음과 같다. 먼저 소비자, 주주, 시민단체, 조직 구성원 등 이해관계자의 가치 변화에 기인한다. 이는 기술의 발전으로 경쟁 제품 간 품질이 유사해져 과거처럼 브랜드를 통한 차별화가 어려워졌으며, 윤리경영 등 기업의 지배구조에 관한 다양한 이해관계자들의 요구가 증대되었기 때문이다(Kotler & Nancy, 2007).

둘째, 지구환경 오염에 대한 기업의 책임론이 대두되었기 때문이다. 기업의 생산 활동 과정에서 배출되는 이산화탄소 등이 지구온난화의 주요 원인으로 지적되고 있다. 이에 따라 기업의 환경 파괴에 대한 책임론이 강하게 대두되고 있다. 끝으로 정보화 사회 진입과 같은 4차 산업혁명은 기업의 장기적 관점에서 기업이 안정적 수익 창출을 위해 환경, 사회, 지배구조의 비재무적 요소를 관리하는 기업의 장기투자 위험관리전략을 추구하지 않을 수 없는 경영환경으로 바뀌고 있기 때문이다(이정학, 김욱기, 2011).

프로스포츠구단과 연계한 ESG 경영활동

출처: KBO

스포츠와 ESG 경영

ESG 경영에 대한 사회적 관심이 매우 높다. 기업의 활동에 있어 친환경과 사회적 책임경영, 지배구조 개선을 통해 지속가능한 발전을 도모한다는 의미로 2025년부터 자산총액 2조 원 이상의 유가증권시장 상장사의 ESG 공시 의무화가 도입되어 2030 년부터는 모든 코스피 상장사로 확대된다.

국내 스포츠산업에도 프로스포츠를 중심으로 ESG경영이 활발히 추진되고 있으며, 이는 성적과 흥행을 넘어 스포츠를 통한 건강하고 즐거운 사회적 가치를 실현하고, 지역 연고 구단으로 사회에 기여해야 하는 프로스포츠의 존재가치에 의해 출발하였다.

ESG 경영활동 일례로 K리그와 KBO 구단의 다양한 친환경 캠페인을 들 수 있는데 '친환경 유니폼', '일회용품 줄이기', '재활용 응원도구', '사회복지 기금 조성 및 기부 행사' 등이 대표적이다. 프로야구 SSG구단은 구장 내 투명 페트병 수거함을 별도로 설치하고, 수집된 페트병으로 친환경 원사를 만들어 선수들의 유니폼을 만드는 계획을 가지고 '에코 프렌더스' 캠페인을 진행하고 있다. 또한 퓨처스 선수단이 함께하는 '강화 나들길 플로깅'을 통해 환경과 지역 관광지를 소개하는 행사와 시즌 종료 후 선수단이 직접 지역사회에 봉사하는 '랜더스 봉사단'을 운영하고 있다.

스포츠 국제기관에서도 ESG를 위해 노력하고 있다. UN 기후변화협약 사무국은 기존 기후변화 행동의 진행상황과 성공사례 등을 공유하고 있으며, 현재 스포츠 기후 행동 원칙에 가입한 스포츠 조직 또는 단체들은 프로스포츠 클럽부터 스포츠 연맹 및 협회, 국제 스포츠기구, 학교체육클럽까지 총 229개에 이른다. 요트 그랑프리의 인스파이어 프로그램은 지역사회와 함께 하는 프로젝트 학습(Inspire Learning), 경력 (Inspire Careers), 경주(Inspire Racing)의 세 가지 프로그램으로 18-23세의 청년들에게 요트와 해양 자연에 대한 교육 및 직무경험을 공유하며 ESG 경영을 실행하고 있다. 또한 스포츠반부패국제협력(IPACS: International Partnership Against Corruption in Sport) 기구는 국제스포츠조직으로서 더 투명하고 공정한 경영 지배구조 확립을 위해 노력 중이다.

국내 최대 공공 스포츠기관인 국민체육진흥공단은 경륜과 경정 사업의 환경, 사회, 지배구조 분야에 대한 경영전략을 수립하여 친환경 전기 모터보트 개발과 저탄소 친환경 성과관리를 통한 가치 확산, 스포츠문화복합공간 조성과 사회공헌활동 강화, 그리고 투명하고 청렴한 조직문화 조성 및 구성원의 의사결정구조 확립, 고객과의 소통강화 등 ESG 경영을 실현하여 국민에게 신뢰받는 선도 기관으로의 도약을 계획하고 있다. 이렇듯 국내외 공공 및 민간스포츠 기업에서는 ESG 경영활동을 미래 핵심 가치를 기반으로 향후 더욱 고도화될 것으로 예상된다.

최근 스포츠산업은 4차 산업의 핵심기술과 결합되어 유기적으로 발전하고 있다. 코로나와 같은 팬데믹으로 인한 스포츠이벤트의 붕괴는 지역사회와 경제에 많은 타격을 주었고, 환경오염과 지구온난화 문제는 앞으로 우리가 극복해야 할 과제이다. 스포츠는 4차 산업혁명과 상생, ESG와 같은 시대적 화두에 마주했다. 결국 스포츠기업들이 이러한 시대적 과제를 제대로 바라보고 지혜롭게 대처해 나가는 것이 향후 치열한 산업현장에서 지속성장을 가능하게 하는 스포츠기업 경영의 핵심역량이 될 것이다.

출처: 홍진배의 휘슬: 스포츠와 ESG 경영(2022.04.22.)을 재구성

4. 스포츠기업의 ESG 경영활동에 대한 성과

ESG는 현대사회의 대표적 비재무적 활동이다. 표면적으로는 CSR과 유사하나 세부적으로는 ESG는 형식이 아닌 정량적으로 산출하고 분석하여 평가하는 것이 특징이다. 이처럼 ESG는 분석과정이 반드시 요구된다. 그러나 CSR은 분석보다는 역할에 중점을 둔다. 이해관계자 및 소비자를 비롯하여 지역사회와 연계하는 봉사, 혹은 긍정적 역할을 통하여 기업의 이미지를 긍정적으로 제고하는 것을 근본으로 삼는다(Gillan, Koch, & Starks, 2021).

스포츠기업이나 조직의 지속가능성을 위한 ESG 경영활동은 재무적 요소를 포함한 비재무적 요소에까지 영향을 미치며 기업 경영에 도움이 된다(Van Duuren, Plantings, & Scholtens, 2016). 이들은 ESG 경영이 기업 경영성과에 긍정적인 영향을 미친다는 점을 강조하고 있다. 이러한 맥락에서 스포츠기업의 ESG 경영활동은 고객이나 이해관계자가 기업에 대한 자발적 참여를 바탕으로 해당 서비스와 생산에 대한 목적뿐만 아니라 기업 신뢰와 사회적 의무에 대한 평가로 설명될 수 있다. 이처럼 기업이 경제적 책임활동에 관한 ESG 경영활동에 노력을 경주하면 해당 기업에 대한 소비자들의 행위가 달라진다(Ilkhanizadeh & Karatepe, 2017). 따라서 기업의 ESG 경영활동에 대한 경영성과는 고객만족과 서비스 품질 향상을 제고하고 기업신뢰 증진과 같은 성과가 있다. 이에 스포츠기업의 ESG 경영활동 실행에 따른 성과를 살펴보면 다음과 같다.

(1) 고객만족

고객만족은 스포츠기업 및 조직에 있어 핵심전략 요소 중 하나이다. Taghian, D'Souza, & Polonsky (2015)에 의하면 기업의 자선활동은 재무적 만족도와는 별도로 고객만족의 길을 열어주는 매개체 역할을 한다고 하였다. 즉 기업이 비재무적 활동에 적극적으로 참여하면 기업에 대한 고객의 만족도가 높아질 수 있으며, 이러한 비재무적 활동인 ESG 경영활동은 소비자나 이용객들을 통해 기업의 경영성과에 긍정적인 영향을 미치고 만족도를 높이는 데 도움이 된다(Sen & Bhattachatya, 2001). 특히 기업의 사회공헌활동은 내부적으로 직무 만족도를 향상시키고 있으며 조직은 물론이고 외부의 사회적 반응에도 긍정적 영향을 미친다.

Muflih (2021)은 기업의 ESG 경영을 통한 조직관리와 경영활동이 고객만족에 긍정적인 영향을 미친다는 연구로 고객만족에 대한 개념적 접근을 통해 ESG 경영을 강조하였다. 뿐만 아니라 고객이 재구매 의사를 가지게 되는 것은 기업이 제공하는 서비스에 만족하기 때문이며, 또한 고객만족은 지역사회에 대한 사회적 지원에 기여하는 기업의 가치, 관점 및 인식을 포함하여 윤리적 행동, 친환경적 경영전략을 높이는 데 도움이 될 수 있다고 한다. 이러한 맥락에서 고객만족도가 높으면 재구매 행동으로, 재구매 행동이 높으면 고객 충성도가 높아지게 되는 연쇄적 소비행동 현상을 낳게 된다. 따라서 스포츠기업의 ESG 경영활동은 고객만족도를 높이는 주요요인이 되며 기업의 경영성과를 성취할 수 있는 전략적 경영이 된다.

(2) 서비스 품질 향상

스포츠기업은 서비스 활동에 다양한 가치를 부여한다. 즉 기업의 유지와 생존을 위한 경영방법으로 서비스 품질 향상을 위해 노력하고 있다. 서비스 품질 고도화는 단순히 시장 점유뿐만 아니라, 기업의 높은 경영성과를 가져올 수 있으며 가격의 고부가가치로 프리미엄을 통한 수익도 기대할 수 있다.

Parasuraman, Zeithaml, & Berry (1985)는 기업의 ESG 경영활동은 서비스 품질 향상이라는 개념적 접근을 강조하고 있다. 즉 기업에 대한 서비스 품질은 이해관계자의 태도와 행동을 통해 만족감을 느낄 때 서비스 품질의 인식은 이상적인 서비스 품질향상으로 나타난다고 강조하고 있다. 이처럼 서비스 품질은 사용자인 고객에 의해 인식되고 평가됨에 따라 치열한 경영현장에서 서비스품질 향상을 위해 경주하고 있다. 이는 ESG 경영활동을 통해 기업이 제공하는 서비스는 서비스 품질 향상이라는 경영성과에 상당한 영향을 미치기 때문이다(Kelley, 1992).

(3) 기업신뢰 증진

기업의 평판, 신뢰, 이미지 등 비재무적인 성과와 연결된 주요 요인들은 다양한 ESG 경영활동을 통해 만들어진다(Muflih, 2021). 즉 기업의 사회공헌활동 전개는 조직 내부의 변화를 이끌어 내고 이를 새로운 경영관점에서의 활동을 추가함으로써 기업신뢰가 강해짐을 강조하고 있다.

오늘날 기업의 비재무적 ESG 경영활동은 친환경적, 사회적 윤리경영과 연계된 서비스와 정보 제공을 통해 기업의 경영활동에 긍정적 영향을 미치고 있다. 이 중 기업의 ESG 경영활동은 이해관계자들의 신뢰를 높이는 가장 효과적인 전략 중의 하나이다. 기업의 ESG 경영선택 및 참여는 이해관계자들에게 이윤추구보다 도덕적 가치와 사회적 요구에 부합한 경영전략으로서 기업의 신뢰를 증진시킬 수 있기 때문이다(Abdi, Li, & Camara-Turull, 2022).

최근 기업의 성과는 이처럼 ESG 경영활동을 통해 기업의 전체 성과에 영향을 미치는 중요한 지속가능한 경영 개발전략이 된다. 기업의 경영성과가 재무적 성과 외에도 고객만족도, 고객충성도, 서비스 품질 향상 등 비재무적 요소가 기업경영에 있어 재무성과와 함께 기업 성과 요인 중 핵심적 구성요소로 다루어지고 있기 때문이다. 따라서 스포츠기업의 ESG 경영활동에 대한 수립 및 실행은 환경, 사회적 문제, 지배구조 시스템에 대한 핵심전략으로서 스포츠기업 경영 성과 측면에 대한 가치와 그 중요성을 인지하고 빠르게 적용 및 실행되어야 한다.

참고문헌

고원예 (2022). **기업의 ESG경영이 기업이미지, 브랜드자산 및 구매의도에 미
치는 영향.** 미간행 석사학위논문, 충북대학교 대학원.

고현숙 (2019.03.04.). 잘 대해주면 좋은 팀장?(크고 야심찬 목표)가 성장을
이끈다. **인터비즈.** m.blog.naver.com/businesssinsight/221479875052

김경윤 (2021.08.05.). '배구 히딩크' 라바리니 "우리의 여정 남아…끝까지 응원
해달라." **연합뉴스.** https://www.yna.co.kr/view/AKR202108051592000
07?section=search.

김광기 (2020.12.22.). ESG 경영의 으뜸은 '기업 거버넌스'... 좋은 리더의 덕목
은?. **ESG 경제.** http://www.esgeconomy.com/news/articleView.html?idx
no=88

김국현 (2021.02.09.). 세계는 지금 ESG 혁신 중, 다양한 사례를 통해 알아본
ESG 경영. **지속가능경영.** https://news.skhynix.co.kr/post/esg-manage
ment?gclid=EAIaIQobChMI-r6Znoq__QIVDjdgCh3xkgUOEAAYASAA
EgL0WfD_BwE

김준술 (2001.04.03.). '독일 알리안츠 CEO 슐트 놀르.' **중앙일보.** https://
www.joongang.co.kr/article/4057433#home

김찬별 (2011). **머니 볼.** 서울: 비즈니스 맵: 한국물가정보.

김희정 (2012). **프로스포츠구단의 친환경마케팅과 사회공헌활동에 따른 구단
이미지, 구단만족, 구단평판 및 행동의사에 관한 연구.** 미간행 박사학
위논문. 경희대학교 일반대학원.

나인브릿지 홈페이지. https://www.ninebridges.co.kr/introduction/geo.asp.

네이버(NEVER) 지식백과 (2020). 두산백과, 두피디아.

노영호 (2008). **기업지배구조의 변화가 기업경쟁력에 미치는 영향.** 미간행 석
사학위논문. 서울시립대학교 경영대학원.

담덕 (2020.04.15.). "BCG매트릭스 사업포트폴리오 개념 및 사례분석을 통한
활용방법." **모든 경영의 답**(블로그). https://mbanote2.tistory.com/406

류민아 (2022). 스포츠 브랜드의 ESG 활동이 소비자의 자기결정성, 자발적

행동의도, 브랜드이미지, 브랜드 신뢰에 미치는 영향. **한국스포츠학회지**. 20(2), 79-89.

문철수 (2001). 기업 PR 캠페인. **한울 아카데미**.

민두식 (2022). 지속가능성장을 위한 스포츠산업의 ESG 도입과 전략적 대응방안. **한국체육정책학회지**. 20(1), 43-62.

박병유, 서희정 (2022). 프로 스포츠구단의 ESG 평가모델 개발. **한국체육학회**. 61(5), 411-426.

박영곤 (2020). 불안과 트라우마 극복. **도서출판 벗**.

박현성 (2007). **"기업의 환경경영이 기업 가치에 미치는 영향 분석."** 미간행 박사학위논문. 중앙대학교 대학원.

삼성경제연구원 (2002). 히딩크 리더십의 교훈. Issue Paper.

삼정 KPMG (2021). **ESG의 부상, 기업은 무엇을 준비해야 하는가?**. Samjong Insight. 74.

서원밸리CC (2020.03.09.). 대보그룹, 서원밸리CC 사회공헌 활동. **대보그룹 블로그**. https://blog.naver.com/blogdaebo/221845170676

손영우 (2014). 한국판 잡 크래프팅 척도의 타당화 연구. **한국기업경영학회**. 21(4), 181-206.

스포츠서울 (2022.07.22.). **'감독교체'라는 극단적 판타지에 대하여(SS포커스).'**

신치영 (2002.05.23.). '월드컵 때 세계 거물급 CEO 대거입국.' **동아일보**. https://www.donga.com/news/article/all/20020523/7822178/1

안수현 (2007). 기업의 지속가능 성공 시 제도화를 위한 시론: 사회적 책임정보와 그 외 비재무정보 유형화에 기초하여. **한국환경법학회**. 29(1), 35-88.

이상우 (2017.06.26.). '27살에 세계 500대 PC기업을 일군 천재 사업가, 마이클 델.' **동아일보**. https://www.donga.com/news/It/article/all/20170626/85058087/1

이정학 (2002). 스포츠 마케팅. 한국학술정보(주).

이정학, 김보석 (2022). 대한체육회 회원종목단체의 스포츠마케팅 역량강화 방안. **한국스포츠산업경영학회**. 27(6), 1-20.

이정학, 김욱기 (2011). IPA 기법을 활용한 프로야구 구단의 사회공헌활동에 대한 중요도-만족도 분석. **체육과학연구**. 22(2), 1986-1998.

이정현 (2019). 외식기업의 윤리적 리더십이 종사원의 관계동일시, 조직동일시, 조직몰입에 미치는 영향. **관광연구저널**. 33(6), 51-64.

정재훈 (2006). 인적자원관리. 학현사.

조재림 (2002.05.10.). 현장경영. 경희대학교 대학주보.

지용빈 (2022). **국내 기업의 ESG 활동에 대한 소비자 인식이 지각된 가치와 심리적 거리를 통해 행동의도에 미치는 영향 연구.** 미간행 박사학위 논문. 대전대학교 대학원.

지용빈, 서영욱 (2021). 국내 기업의 ESG 활동 인식이 심리적 거리를 통해 구매의도에 미치는 영향: 제품관여도 수준에 따른 차이분석. **한국콘텐츠학회논문지.** 21(12), 217-238.

지효진 (2023). **ESG 경영을 통한 프로야구구단의 IMC 활동이 지각된 가치, 구단이미지, 충성도에 미치는 영향.** 미간행 석사학위논문, 경희대학교 대학원.

한국스포츠정책과학원 (2021). **스포츠팀에게서 배우는 건강한 관계를 위한 소통.** 스포츠 현안과 진단. 56.

한국프로스포츠협회 (2019). 프로스포츠 7개 단체 통합 사회공헌 사업 기반 구축 연구.

한동숙 (2021). 공공기관의 ESG 도입을 위한 정책 방안. **재정포럼. 306,** 30-55.

한우람 (2022.02.11.). LS그룹 '큰 형님' 떠났다...구자홍 초대 그룹회장 별세. **매일경제.** https://www.mk.co.kr/news/business/10215388

홍진배 (2022.04.22.). 스포츠와 ESG 경영. **뉴스더원.** http://www.newstheone. com/news/articleView.html?idxno=97260

Abdi, Y., Li, X., & Camara-Turull, X. (2022). Exploring the impact of sustainability (ESG) disclosure on firm value and financial performance(EP) in airline industry: the moderating role of size and age. *Environment, Development and Sustainability, 24*(4), 5052-5079.

Arnold, J, A, Sharon, A., Jonathan,. A, R, & Fritz., D. (2000). The empowering leadership questionnaire: the construction and validation of a new scale for measuring leader behaviors. *Journal of Organizational Behavior. 21,* 249-269.

Atkinson, J. W. (1964). *An introduction to motivation.*

Babiak, K., & Wolfe, R. (2006). More than just a game?. Corporate social responsibility and Super Bowl XL. *Sport Marketing Quarterly, 15*(4), 214-222.

Burgoon, M., Heston, J. K., Burgoon, J. K., & McCroskey, J. C. (1974).

Small group communication: A functional approach. Holt, Rinehart and Winston.

Canfield, P. (1998). Developing leadership skill in the research student experience. *Institute for Teaching and Learning.*

Douglas M. McGregor, (1966). *Leadership and Motivation.* Cambridge, MA: MIT Press.

Flanagan, R. J., Ehrenberg, R. G., & Smith, R. S. (1984). *Labor economics and labor relations.* Glenview, Ill.: Scott, Foresman.

Franke, R. H. (1994). Competitive advantage through people: Unleashing the power of the work force.

Galbreath, J. (2013). ESG in focus: The Australian evidence. *Journal of Business Ethics. 118*(3), 529-541.

Gamson, W. A., & Scotch, N. A. (1964). Scapegoating in baseball. *American journal of Sociology.* 70(1), 69-72.

Gillan, S., Hartzell, J. C., Koch, A., & Starks, L. T. (2010). "Firms' environment, social and governance (ESG) choices, performance and managerial motivation, *Unpublished working paper, 10.*

Gillan, S. L., Koch, A., & Starks, L. T. (2021). Firms and social responsibility: A review of ESG and CSR research in corporate finance. *Journal of Corporate Finance, 66,* 101889.

Glenn R. Carrol. (1984). Organizational Ecology. *Annual Review of Sociology, Vol. 10,* 71-93.

Goleman, D., Boyatzis, R., & McKee, A. (2001). Primal leadership: The hidden driver of great performance. *Harvard business review, 79*(11), 42-53.

Greenleaf, R. K. (2008). *The servant as leader.*

Grunig, J. E. (2013). *Excellence in public relations and communication management.* Routledge.

Grusky, O. (1963). Managerial Succession and Organizational Effectiveness. *The American Journal of Sociology, 69*(1), 21-31.

Huselid, M. A. (2001). 'Technical and strategic human resource management effectiveness as determinants for firm performance', *Academy of Management Journal, 40*(1), 171-188.

Ilkhanizadeh, S., & Karatepe, O. M. (2017). An examination of the consequences of corporate social responsibility in the airline industry: Work engagement, career satisfaction and voice behavior. *Journal of Air Transport Management. 59,* 8-17.

Jones, D. K. C. (1993). "Environmental hazards in the 1960s", Geography, 78-339, 161-165.

Jones, T. M. (1980). Corporate social responsibility revisited, redefined. *California Management Review, 22*(3), 59-67.

Katz, D., & Kahn, R. L. (1978). *The social psychology of organizations* 2, 528. New York: wiley.

Kelley, S. W. (1992). Developing customer orientation among service employees. *Journal of the Academy of Marketing Science, 20*(1), 27-36.

Kotler, P. & Nancy L. (2007). *Corporate social responsibility: Doing the most good for your company and your cause.* Wiley & Sons. Inc, Hoboken, NJ.

Kotler, P. (1984). Marketing Essentials.

Laroche, M., Bergeron, Jr., & Marbaro-Forle, G. (2001). "Targeting consumers who are willing to pay more for environmentally friendly products." *Journal of Consumer Marketing, 18*(6), 502-519.

Maslow, A. H. (1943). A theory of human motivation. *Psychological Review, 50*(4), 370-396.

McClelland, D. C., Atkinson, J. W., Clark, R. A., & Lowell, E. L. (1953). The Achievement Motive. Appleton-Century-Crofts, New York. *McClelland The Achievement Motive 1953.*

McGuire, J. W. (1963). Business and Society, 144, New York: McGraw-Hill.

Mouton, J. S., & Blake, R. R. (1964). The managerial grid. Houston: *Gulf Publishing.*

Muflih, M. (2021). The link between corporate social responsibility and customer loyalty: Empirical evidence from the Islamic banking industry. *Journal of Retailing and Consumer Services, 61,* 102558.

Parasuraman, A., Zeithaml, V. A., & Berry, L. L. (1985). A conceptual model of service quality and its implications for future research. *Journal of Marketing, 49*(4), 41-50.

Peters, T. J., & Waterman, R. H. (1982). The impact of organizational culture on the implementation of TQM. *American Journal of Industrial and*

Business Management, 2(4).

Pfeffer, G., J. (1986). Management Aspects of Fitness Program Development. *American Journal of Health Promotion. 1*(2), 10-19.

Sen, S., & Bhattacharya. C. B. (2001). Does doing good always lead to doing better? Consumer reactions to corporate social responsibility. *Journal of Marketing Research, 38*(2), 225-243.

Spears, L. C. (2005). The Understanding and Practice of Servant-Leadership. *The International Journal of Servant-Leadership, 1*(1), 29-45.

Stead, J. N., & W. E. Stead (2014). Building spiritual capabilities to sustain stainability-based competitive advantages', *Journal of Management, Spirituality and Religion, 11*(2), 143-158.

Steiner, I. (1972). *Group process and productivity.* New York, NY: Academic Press.

Taghian, M., DSouza. C., & Polonsky. M. (2015). A stakeholder approach to corporate social responsibility, reputation and business performance. *Social Responsibility Journal.*

Turban, D. B., & Greening, D. W. (1997). Corporate social performance and organizational attractiveness to prospective employees. *Academy of Management Journal, 40*(3), 658-672.

Van Duuren, E., Plantings, A., & Scholtens, B. (2016). ESG integration and the investment management process: Fundamental investing reinvented. *Journal of Business Ethics, 138*(3), 5525-533.

Zeigler. E. F.. & Bowie G. W. (1983). *Management competency development in sport and physical education.* Philadelphia : Lea & Febier.

이정학

저자 이정학은 미국 미네소타 대학교(University of Minnesota)에서 스포츠경영학 전공으로 석사와 박사학위를 받았다. 현재 경희대학교 체육대학 교수이다. 관심분야인 스포츠경영, 스포츠마케팅, 스포츠정책, 스포츠IT 비즈니스 등의 연구활동과 저술활동을 하고 있다. [Journal of Sports Management], [Sport Marketing Quarterly], [Sports Management Review], [European Sports Management Quarterly] 등 SSCI, SCI 국제학술지에 수십 편의 논문 발표와 국내 학술지에 논문 200편 이상을 발표했고, [스포츠마케팅], [스포츠소비자 행동론], [스포츠산업 관계 법령집] 등의 저서가 있다. '2012년 체육과학연구상', '제14회 대한민국스포츠산업대상'을 수상하였으며, [Sports Management Review]가 선정한 우수논문 TOP 25에 선정되기도 하였다. 한국스포츠산업경영학회 사무총장을 역임하였고, 한국체육학회 영문편집위원장, 한국스포츠산업경영학회 부회장, 한국골프학회 부회장, e스포츠학회 부회장, 정부 공공기관 경영평가위원과 기금포럼위원 등 국내 프로스포츠 구단 및 체육단체 기업의 자문위원과 기획위원으로 활동하고 있다.

글로벌 스포츠경영

초판인쇄   2023년 04월 14일
초판발행   2023년 04월 14일

지은이   이정학
펴낸이   채종준
펴낸곳   한국학술정보㈜
주 소   경기도 파주시 회동길 230(문발동)
전 화   031) 908-3181(대표)
팩 스   031) 908-3189
홈페이지   http://ebook.kstudy.com
E-mail   출판사업부 publish@kstudy.com
등 록   제일산-115호(2000. 6. 19)

ISBN   979-11-6983-270-0   93690